JOSEF KRAUS | RICHARD DREXL

NICHT EINMAL
BEDINGT ABWEHRBEREIT

*Gewidmet den bislang mehr als 3.200 Soldaten
und zivilen Mitarbeitern, die seit Gründung
der Bundeswehr im Dienst ums Leben gekommen sind.*

Inhalt

Geleitwort von Rupert Scholz 11

Warum dieses Buch? 15

Kapitel I
Gesellschaftliche und politische Umstände: Armee
in einer postpatriotischen Gesellschaft 21
Die »verspätete« Nation auf dem Weg in die NATO 22
Patriotismus und Wiedervereinigung: Fehlanzeige? 24
Die ideologische Basis: ein naiver, oft militanter Pazifismus 26
Wiederkehrende Attacken gegen die Bundeswehr 29
Rechtsextremismus in der Bundeswehr? 31
Politik, Parteien und Bundeswehr 32
Der Gipfel: die De-facto-Abschaffung der Wehrpflicht 35
Bundeswehr und »Krieg« 36
Bestenfalls »freundliches Desinteresse«? 37
Plädoyer für einen aufgeklärten Patriotismus 40

Kapitel II
Strategische Lage 43
Hybride Kriege 43
Die NATO am Scheideweg 45
Deutschland – ein neuralgischer Punkt 46
China auf dem Weg zu einer führenden Weltmacht 50
Sicherheit mit oder vor Russland? 54
Nordafrikanisch-asiatischer Krisenbogen 57
Migration und Klimawandel 59
Der globalisierte Terrorismus 60

Neue Bedrohungsformen – Cyber 62
Primäre Aufgabe der Bundeswehr: Schutz der Bürger 63

Kapitel III
Defizite und Konsequenzen 65

Personal 66
  »Flexibel atmender Personalkörper« 67
  Kopflastige Personalstruktur ohne Unterbau 69
  Einführung einer Bw-spezifischen Besoldungsstruktur 71
  Stechuhrmentalität 72
  Bürokratiemonster 73
  Vom Beteiligungswesen zum Soldatenrat? 75
  Gleichstellung von Mann und Frau oder doch
  Zwangsegalisierung? 79
  Diffusion von Verantwortung 83
  Reservisten als Ersatzarmee 84
  Veteranen im Abseits 85
Organisation – eine Reform jagt die andere 87
  Das Bundesministerium der Verteidigung 89
  Zu Tode organisiert 89
  Luftwaffe und Heer schließen Werften 95
  Zauberwort Cyber 96
  Je aufwendiger und komplizierter, desto besser? 100
Waffensysteme und Rüstung – ein Quell steter Freude 101
  Handelsüblich oder spezifisch militärisch? 102
  Brauchen wir eine eigene Rüstungsindustrie? 103
  Rüstungsprojekte: zu komplex, zu viele Partner 104
  Zu viele Köche verderben den Brei –
  Eurofighter und Leopard im Vergleich 108
  Den Tornado-Nachfolger sollte Frankreich allein verantworten 110
  Milliarden für eine veraltete Zwischenlösung 111
  Hickhack um das Sturmgewehr G36 112
  Übertechnisierung von Panzern, Schiffen und Flugzeugen .. 113
  Verkehrte Technik: UH Tiger 114
  Waffenfähige Drohne unbewaffnet 117

Sparen bis über die Schmerzgrenze: Wartung und Instandsetzung	120
Kanzler und Minister auf Reisen	121
Verantwortung übernehmen? Lieber nicht!	123
Träge Beschaffungsorganisation	124
Die Folgen	126
Ohne Material kein Einsatz und keine Übung	126
Der Geist der Truppe geht verloren	128
Investitionen sind notwendig	129
Wirtschaftliche Großmacht, militärischer Zwerg	132

Kapitel IV
Sieben Jahrzehnte Bundeswehr – ihr Auftrag im Wandel .. 135

Gründung und Aufbau	135
Geburtsurkunde der Bundeswehr	136
Prinzipielle Weichenstellungen	137
Eine Armee entsteht	139
Der Aufbau der Teilstreitkräfte	140
Rechtliche Grundlagen	143
Staatsbürger in Uniform und Wehrpflicht	144
Strategische Rahmenbedingungen	146
Die Nordatlantische Verteidigungsallianz NATO	148
Ende der Aufbauphase und Spiegel-Affäre	153
Starfighter – ein Kampfflugzeug als »Witwenmacher«	155
Kalter Krieg und Blockbildung	156
Rüstungswettlauf und Politik der Eindämmung	157
Die Bundeswehr in den 1970er-Jahren	158
NATO-Doppelbeschluss 1979 – Neuauflage 2019/2020?	159
Armee der Einheit	161

Kapitel V
Armee im Auslandseinsatz: Bedarf, Grenzen, Risiken, Belastungen 165

»Unsere Sicherheit wird nicht nur, aber auch am Hindukusch verteidigt«	168

Bundeswehr in Afrika und Nahost 169
Zwei-Welten-Problematik im Auslandseinsatz 170
Unterstützung zu Hause und Fürsorgepflicht 171

Kapitel VI
Eine europäische Armee – reales Ziel oder Fata Morgana? 177

Erste Ansätze 178
Und nach dem Brexit? 179
Frankreichs Interessen 180
Eine Hinhaltetaktik namens PESCO 184

Kapitel VII
Deutsche Sonderwege 189

»Parlamentsarmee« 189
Innere Führung – nach wie vor einmalig oder überholt? 191
    Kritik an der Inneren Führung 193
    Innere Führung beim Umgang mit Regelabweichungen 196
    Konstruktive Vorschläge statt überzogener Kritik 197
    Es geht um Anerkennung 198
Tradition – politisch und historisch korrekt 200
    Tradition selbstreferenziell schaffen 202
    Umgang mit der Wehrmacht 205
    »Säuberungen« in der Bundeswehr? 208
    Eisernes Kreuz 212
    Patriotismus und Vaterlandsliebe 214
Einsatz der Bundeswehr im Innern 214
    Bundeswehr keine Ersatzpolizei 216
    Innerer Notstand 216
    Den Ernstfall üben 217

Ausblick 219

Anmerkungen 223
Bildnachweise 231
Über die Autoren 232

Geleitwort
von Rupert Scholz

Die Bundeswehr ist in einem katastrophalen Zustand. Es fehlt an ausreichendem Personal und es fehlt ebenso an einer funktionstüchtigen Ausrüstung. Von den Panzern bis zu den Hubschraubern, von den U-Booten bis zu den Fregatten, von der Luftwaffe bis zu so einfachen Dingen wie geeigneter Kleidung und Munition – es fehlt überall. Unter diesen elementaren Defiziten leidet nicht nur die Attraktivität der Bundeswehr, es leidet die gesamte Verteidigungsfähigkeit der Bundesrepublik Deutschland – ein wahrhaft unverantwortlicher Befund.

Jedes souveräne Land ist für seine Verteidigungsfähigkeit verantwortlich, will es die eigene Souveränität und die Sicherheit seiner Bürger gewährleisten. Eine Feststellung, die ebenso selbstverständlich wie verbindlicher Verfassungsauftrag ist. Alles dies scheint leider vielfach in Vergessenheit geraten zu sein. Nach dem Ende des Ost-West-Gegensatzes wurde von einer angeblichen Friedensdividende gesprochen und der Verteidigungshaushalt so massiv heruntergefahren, dass es zu den vorgenannten Mängeln kommen musste. Die Aussetzung der Wehrpflicht erfolgte überstürzt und ohne jene Übergangsregelungen, derer der Schritt von der Wehrpflichtarmee zur Berufsarmee dringend bedurft hätte. Den Beruf des Soldaten ließ man im öffentlichen Bewusstsein so verfallen, dass sich viele unserer Soldaten mit Recht nach der Identifizierung ihres Gemeinwesens mit ihnen und ihrem Auftrag fragen und dass sie beginnen, an sich selbst und ihrem Amtseid zu zweifeln. Wiederum ein verheerender Befund, für den auch die politische Führung der Bundeswehr in hohem Maße und schon seit längerer Zeit verantwortlich ist. Wann in den letzten Jahren hätte sich zum Beispiel der Deutsche Bundestag einmal so grundlegend, wie es notwendig gewesen wäre, mit der Situation der Bundeswehr und dem Befinden unserer Soldaten auseinandergesetzt? Die These von der »Parlamentsarmee« ist längst verkommen. Selbst die vielen kritischen und sehr kompetent vorgetragenen Berichte des Wehrbeauftragten haben an diesem Säumnis nie etwas geändert.

Die gleiche Kritik gilt für die deutsche Bündnispolitik. Seit Jahren gilt das der NATO gegebene Versprechen, zwei Prozent des BIP für die Verteidigung von eigenem Land und Bündnis aufzuwenden. In der Realität wurde und wird jedoch nur wenig über ein Prozent für die Bundeswehr aufgewandt. Die entsprechende Kritik etwa des US-Präsidenten Trump an Deutschland ist leider nur allzu berechtigt. Das von der Bundesregierung immer wieder bemühte Gegenargument von den hohen Aufwendungen Deutschlands für die Entwicklungspolitik ist und bleibt nicht stichhaltig. Denn selbst wenn auch die Entwicklungspolitik sicherheitspolitische Relevanz besitzen kann, die Fähigkeit zur militärischen Landes- und Bündnisverteidigung kann sie nie ersetzen. Der inzwischen lauter werdende Ruf nach einer Europäischen Armee beziehungsweise einer voll integrierten Verteidigungsfähigkeit Europas ist heute mehr denn je begründet. Aber auch dieser Ruf enthebt nicht von der nationalen Eigenverantwortung. Im Gegenteil! Und doch gilt auch hier die Feststellung: In ihrem heutigen Zustand ist die Bundeswehr noch längst nicht europafähig.

Im Weiteren: Zu einer verantwortlichen Landes- und Bündnisverteidigung gehört auch eine funktionstüchtige Rüstungsindustrie. Die deutsche Rüstungsindustrie war dies für lange Zeit. Lange repräsentierte sie vor allem auch im internationalen Vergleich einen außerordentlich hohen Leistungsstand in Qualität wie Technologie. Aber auch hier schlagen die vorgenannten Defizite und Leistungsverweigerungen inzwischen in bedauerlichem Maße durch.

Alles in allem: Es bedarf eines grundlegenden Wandels in der deutschen Sicherheits- und Verteidigungspolitik. In die Bundeswehr muss buchstäblich und wieder massiv investiert werden. Der Beruf des Soldaten muss wieder mit der Achtung und der Anerkennung gepflegt und gewürdigt werden, die unsere Soldaten wahrhaft verdienen. Ist der Beruf des Soldaten doch der einzige, der kraft Selbstverständnis und Amtseid bedeutet, sich mit seinem ganzen Leib und Leben für die Sicherheit der Bürger Tag für Tag einzusetzen.

Alles dies wird mit dem hier vorgelegten Band in eindrucksvoller Weise belegt. Die notwendigen Reformschritte werden beim Namen genannt und in ebenso klarer wie hoffentlich unüberhörbarer Weise an Staat und Gesellschaft adressiert.

Prof. Dr. Rupert Scholz
Bundesminister a. D.*

---

* Prof. Dr. Rupert Scholz (em.) für Öffentliches Recht an der Universität München, Senator für Justiz und Bundesangelegenheiten des Landes Berlin 1981/1988. Bundesminister der Verteidigung 1988/1989.

Warum dieses Buch?

Die Bundeswehr pfeift beinahe aus dem letzten Loch. Seit der Wiedervereinigung wurde sie kaputtgespart, denn »Friedensdividende« war angesagt. Jetzt steht sie personell ausgedünnt da, die Motivation der Truppe ist teilweise im Keller, das Material kaum einsatzfähig, die Organisation ist, so scheint es, in einem desaströsen Zustand. Eine Reform jagt die nächste. Besser ist dadurch kaum etwas geworden, außer dass der Reformeifer die Illusion des Fortschritts aufkeimen ließ. Tatsächlich ist die Bundeswehr mit Ausnahme einiger weniger Bereiche, wie z.b. der Krisenreaktionskräfte KSK (Kommando Spezialkräfte), einzelner Marine-, Heeres- und Unterstützungseinheiten sowie fliegender Verbände, zu einer Reformruine geworden.

Aber nicht nur Deutschland hat es schwer mit seiner Armee, auch die Bundeswehr hat es mit Deutschland nicht leicht. Denn es ist noch weniger als »freundliches Desinteresse«, das die Bundeswehr in Politik und Gesellschaft vorfindet. »Freundliches Desinteresse« – diesen Begriff hatte der damalige Bundespräsident Horst Köhler bei einer Kommandeurtagung am 10. Oktober 2005 geprägt. Mittlerweile ist daraus eine Haltung geworden, die zwischen Gleichgültigkeit und Aversion oszilliert.

Realiter ist die Bundeswehr im Alltag kaum noch sichtbar. Die Wehrpflicht ist seit 2011 ausgesetzt, es gibt immer weniger Soldaten, und von diesen scheuen sich immer mehr, außerhalb ihrer Dienststellen in Uniform aufzutreten. Zugleich befindet sich die Bundeswehr seit einem Vierteljahrhundert im »Einsatz«. Nicht THW-ähnlich, sondern im kriegerischen Einsatz, Deutschland konnte sich nach der Wiedervereinigung nicht länger verweigern. Der mit der NS-Vergangenheit begründete pazifistische Sonderweg genügte nicht mehr, denn mittlerweile wird solche Argumentation, angesichts der kriegerischen Konflikte mitten in Europa oder unmittelbar vor Europas Haustür, eher als Ausrede verstanden. Mit deutscher Sonder- und Hypermoral ist es nicht mehr getan.

Wir sind mit dem Fall des Eisernen Vorhangs und dem Ende der Sowjetunion nicht am Ende der Geschichte angelangt, wie der US-Politologe Francis Fukuyama 1992 meinte.[1] Eine allumfassende friedliche, liberale Weltordnung gibt es nicht und wird es auch nicht so bald geben. Von solcher Illusion ließ sich deutsche Politik allerdings paralysieren – nach dem Motto: Jetzt können wir Milliarden sparen und sozialpolitisch segensreich ausgeben.

Wenn 2018 zeitweise keines der sechs U-Boote der 212A-Klasse fahrbereit war; wenn beim ADAC 6500 Flugstunden angemietet werden mussten, um Fluglizenzen von Bundeswehrpiloten zu erhalten; wenn von den 128 Eurofightern kaum mehr als vier ohne jede Einschränkung einsatzfähig waren; wenn Flugzeugführer regelmäßig ihren Dienst bei der Bundeswehr quittieren; wenn von 68 Hubschraubern des Typs Tiger nur 12 voll einsatzfähig sind; wenn von den Transporthubschraubern CH-53 nur 16 von 72, von den Transporthubschraubern NH 90 nur 13 von 58, vom (neuen!) Transportflieger A400M gerade mal drei von 15, von den Fregatten fünf von 13 und von den Leo-II-Panzern 105 von 244 voll einsatzfähig sind; wenn die Flugbereitschaft der Bundesregierung es nicht schafft, einen Bundespräsidenten, eine Kanzlerin oder einen Bundesminister rechtzeitig ans Ziel zu bringen; wenn deutsche Soldaten in Afghanistan zivile Hubschrauber anmieten müssen ... Ja, dann ist dies zwar ein akutes Problem, doch liegen die Ursachen dafür zum Teil Jahre, wenn nicht Jahrzehnte zurück.[2]

Bei der Einführung neuer Waffensysteme beispielsweise wurde aus Ersparnisgründen darauf verzichtet, ausreichend Ersatzteile zu beschaffen und Rahmenverträge für ihre Instandsetzung abzuschließen. Es galt die Überzeugung, von lauter Freunden umgeben und keinerlei Zeitdruck ausgesetzt zu sein. Auf die damit verbundenen Gefahren haben die militärischen Verantwortungsträger seinerzeit hingewiesen. Parlament und Regierung ignorierten die Einwände, bis 2014 das Erwachen mit der Ukraine-Krise einsetzte. Dass die Russen bereits seit dem Kaukasuskrieg 2008 militärisch in Georgien eingegriffen hatten, wurde erst mit mehrjähriger Verzögerung so richtig zur Kenntnis genommen.

Es passiert, was passieren musste: Wenn Inspektionen fällig werden und ein Kollisionsschaden hinzukommt, steht etwa die ganze U-Boot-Flotte still, weil die Ersatzteile fehlen und eine Instandsetzung kurzfristig nicht möglich ist.³ Im übertragenen Sinne trifft dies für die gesamte materielle Ausstattung der Bundeswehr zu. Die hierfür ursächlichen Entscheidungen wurden von früheren Parlamenten und Regierungen getroffen, die naiv und verantwortungslos vom immerwährenden Frieden ausgingen. Die strategische Zäsur fand unter dem damaligen Verteidigungsminister Peter Struck statt. »Die herkömmliche Landesverteidigung gegen einen konventionellen Angriff als allein strukturbestimmende Aufgabe der Bundeswehr entspricht nicht mehr den aktuellen sicherheitspolitischen Erfordernissen. Die nur für diesen Zweck bereitgehaltenen Fähigkeiten werden nicht länger benötigt«, hieß es in den Verteidigungspolitischen Richtlinien (veröffentlicht am 20. Mai 2003).⁴ Die noch verfügbaren Haushaltsmittel wurden auf die weltweite Konfliktverhütung, Krisenbewältigung und Terrorismusbekämpfung konzentriert. »Bundeswehr im Auslandseinsatz« lautete die Devise. Das übrige Gerät wurde nicht mehr betriebsbereit gehalten, stillgelegt oder gar verschenkt. Ja, gelegentlich ist Zynismus angesagt. So wird eine Armee zum Gespött von Karikaturisten; dass die Motivation vieler Soldaten leidet, muss nicht verwundern.

Auch die Personalprobleme der Bundeswehr sind Legion. Vor allem ist der Übergang von der Wehrpflicht- zur Freiwilligenarmee nicht gelungen. Eine Folge davon ist unter anderem, dass es »mehr Häuptlinge als Indianer« gibt. Jeder vierte Soldat ist heutzutage Offizier. In der Truppe ist zugleich das Personal knapp, und zwar auch deshalb, weil die Verwaltung extrem aufgebläht wurde, jeder Vorgang bedarf mittlerweile der Dokumentation. Der »Bürokratiewahnsinn« (Bericht des Wehrbeauftragten vom 29. Januar 2019) lähmt viele Initiativen und trägt zur Diffusion von Verantwortung bei. Alles und jedes muss gemeldet werden, gefördert von einer misstrauischen, zentralistisch geprägten höheren Führung.

Die Nachwuchsschwierigkeiten dürften bald überhandnehmen. Nicht nur schlägt der gravierende demografische Wandel durch, auch die zwiespältige Einstellung der Bevölkerung zur Bundeswehr und ihren Einsätzen zeigt Wirkung. Seit Aussetzung der Wehrpflicht muss sich niemand mehr mit der Armee befassen. Eine empfehlenswerte allgemeine Dienstpflicht wird nur halbherzig diskutiert, wiewohl darüber für ausreichend Nachwuchs gesorgt werden könnte. So aber grassiert ein eklatanter Personalmangel. Mit Stand Anfang 2019 waren 25.000 offene Stellen nicht besetzt. Zudem soll die Bundeswehr von 180.000 Soldaten bis 2025 auf 203.000 Soldaten anwachsen. Ob in Zeiten einer prosperierenden Wirtschaft und erheblicher Nachwuchssorgen des gesamten öffentlichen Bereichs ausreichend geeigneter Nachwuchs gefunden wird, ist mehr als fraglich.

Die tiefgreifenden Schwierigkeiten in der Organisation der Bundeswehr passen ins Bild. Privatisierungen wurden mit großem Aplomb und Milliardenaufwand betrieben, um am Ende wieder rückabgewickelt zu werden. Die zahllosen Standortschließungen seit der Wiedervereinigung haben die für Infrastruktur Verantwortlichen, auch Ämter und Stäbe, insbesondere aber die Soldaten und Zivilbediensteten, gewaltig belastet.

Eine Anmerkung der Autoren in eigener Sache: Die in diesem Buch vorgetragene Kritik geht ans Eingemachte. Es soll ein Weckruf sein. Über die bestehenden Schwierigkeiten hinwegzusehen, ist keine Lösung, aber eine Verteufelung der Armee aus Prinzip ist noch weniger angezeigt. Kritik kann nur wirken, wenn sie sachlich ist und die Probleme im Detail behandelt. Die Bundeswehr ist eine zutiefst wichtige Einrichtung für unser Land und für Europa. Sie wieder zum Laufen zu bringen, ist jeden Schweißtropfen wert. Beide Autoren haben sich ihr Leben lang mit der Bundeswehr befasst. Entweder im Status eines Berufssoldaten oder eines Zeitsoldaten, der sein Herz an die Truppe verloren hat. Aus diesem Grund war ihm die jahrzehntelange Tätigkeit im Beirat Innere Führung ein persönliches Anliegen.

Über die beschriebenen Probleme hinaus verfügt unsere Bundeswehr auch heute noch über Tausende von hochmotivierten Soldaten und auch zivilen Mitarbeitern, die ihre Treuepflichten gewissenhaft erfüllen. Ganz gewiss soll ihr verdienstvolles Wirken mit diesem Werk nicht schlechtgeredet werden. Im Gegenteil: Der Blick soll geschärft und verstärkt darauf gerichtet werden, wo es kneift: sowohl politisch und gesellschaftlich als auch im Innenverhältnis der Streitkräfte. Um den Dienst für das Vaterland künftig zu erleichtern.

Ein Hinweis zur Quellenlage: Wir haben uns intensiv und wiederholt bemüht, über das Bundesministerium der Verteidigung und über das Bundesamt für Ausrüstung, Informationstechnik und Nutzung der Bundeswehr (BAAINBw) in Koblenz amtliche Daten über Personalfragen und den Ausrüstungsstand zu erhalten. Die Bereitschaft, entsprechende Informationen zur Verfügung zu stellen, beschränkte sich auf vage Hinweise, manches sei im Netz verfügbar. Ansonsten wurde hinhaltend taktiert und keine einzige der konkreten Anfragen beantwortet. Die Bundeswehr hat systematisch gemauert. Als Informationsbasis neben den Quellen im Anmerkungsapparat des Buches haben die Autoren daher folgende Quellen genutzt: den Wissenschaftlichen Dienst des Deutschen Bundestages, insbesondere die Antworten der Bundesregierung auf Parlamentarische Anfragen der Opposition; ferner folgende Periodika: Internationale Politik, Innere Führung, Y – Das Magazin der Bundeswehr, treue Kameraden, Mittler-Brief, Newsletter Verteidigung, Die Bundeswehr, Das Parlament.

KAPITEL I

Gesellschaftliche und politische Umstände: Armee in einer postpatriotischen Gesellschaft

Deutschland ist ein friedliches Land. Das Volk fühlt sich wohl, seit 1990 ist es nur noch »von Freunden umgeben.« Grundsätzlich ist das – zumal vor dem jüngeren Hintergrund unserer Geschichte – gut so. Das Problem ist nur, dass ab 1990 weltweit keineswegs ausschließlich liberale Ordnungen gesiegt haben. Das Problem ist ferner, dass die Fremd- und Selbst-Pazifizierung Deutschlands um den Preis einer fortschreitenden Selbstaufgabe geschieht. Insofern ist es nicht nur ein Kalauer, wenn gesagt wird: Es ist mittlerweile typisch deutsch, nicht deutsch sein zu wollen. Unsere Nachbarländer und Verbündeten sehen diese Entwicklung durchaus mit Skepsis. Wer mag schon einen Nachbarn, der sich selbst nicht mag? Solches gilt ebenso im Privaten wie im Internationalen.

Der aktuelle Zustand »dieses unseres Landes«, wie Helmut Kohl Deutschland zu nennen pflegte, kann historisch, politisch oder auch (tiefen) psychologisch betrachtet werden. Das folgende Kapitel ist der Versuch, alle drei Aspekte zu vereinen und einen historisch sowie politisch untermauerten mentalitäts- beziehungsweise identitätspsychologischen Befund zu skizzieren. Es geht dabei um ein Syndrom – also um ein Bündel an Symptomen, als da sind: gescheiterte Versuche der Nationwerdung; die Übersteigerung des Nationalen mit ihren katastrophalen Folgen; die Umerziehung der Deutschen nach 1945; die wiederkehrende Dominanz des Romantischen gegenüber dem Aufklärerisch-Rationalen; der Schuldkomplex; die permanente Diskreditierung nationaler Interessen; das öffentlich gepflegte Post-Heroische und Post-Patriotische. Kurz: Die Deutschen wissen eigentlich gar nicht, wer sie sein wollen.

Die »verspätete« Nation auf dem Weg in die NATO

Wiewohl ab dem frühen 19. Jahrhundert als Volk der Dichter und Denker apostrophiert und eine wirkmächtige Sprachgemeinschaft, ist Deutschland eine »Verspätete Nation.« Bis zum Ende der »Heiligen Römischen Reiches Deutscher Nation« im Jahr 1806 war Deutschland in rund 300 Kleinstaaten zersplittert, die mit dem Westfälischen Frieden von 1648 entstanden waren – mit einem spätestens ab 1701 übermächtigen Preußen. »Verspätete« Nation also? Helmuth Plessner (1892–1985) hat dieses Phänomen in einem gleichnamigen Buch analysiert.[5] Plessners Kernthese war: England und Frankreich hatten bereits ab dem 18. Jahrhundert ihre moderne Gestalt angenommen, die deutsche Reichsgründung von 1871 indes brachte nur einen »Machtstaat ohne humanistisches Rechtfertigungsbedürfnis« hervor, eine »Großmacht ohne Staatsidee«.

Jahre später folgte der Erste Weltkrieg: Aus Plessners Sicht verstärkte sich mit der Niederlage von 1918 Deutschlands »Protest gegen den politischen Humanismus Westeuropas«. Der Nationalsozialismus war mit seiner Auflehnung gegen den Humanismus des Westens der Nutznießer. Ein in sich ruhendes, gereiftes und ausgewogenes Nationalgefühl war nicht vorhanden, von 1933 bis 1945 war es nur in extremer, rassistischer Übersteigerung zu haben.

Mittlerweile haben die Deutschen ihre Lektion gelernt. Einen entscheidenden Anstoß dazu gaben ab 1945 die Westalliierten. Schon kurz vor Ende des Ersten Weltkrieges hatten die USA und England ein »Changing of Germany« gewollt.[6] Die historische Schuld sollte sich zum markantesten Identitätsfaktor der Deutschen entwickeln. Auschwitz wurde zum quasi alleinigen Gründungsmythos der Bundesrepublik stilisiert. Bei dieser Betrachtung sollte der US-Philosoph und Pädagoge John Dewey (1859–1952) mit seiner zwischen 1914 und 1942 verfassten Schrift »Deutsche Philosophie und deutsche Politik« eine Rolle spielen. Vor allem der deutschen Philosophie des 19. Jahrhunderts warf Dewey vor, die Ideen für Hitlers Rassenhass, für seinen Wahn von der Auserwähltheit des deutschen Volkes und seine »Blut-und-Boden«-Ideologie geliefert zu haben. Dewey unterstellt eine genetisch angelegte Neigung der Deutschen zum Nationalsozialismus. Was die philosophischen Vorläufer betrifft, so spannt er dabei den Bogen – mit Luther beginnend – über Kant und Herder bis zu Hegel, Schelling und Fichte über den gesamten philosophischen deutschen Idealismus. Dessen Gemeinsamkeit sei der »Glaube an die wesenhafte Überlegenheit des deutschen Volkes ... und an dessen vorbestimmtes Recht, über das Schicksal anderer Völker zu entscheiden.«[7]

John Dewey spielte bei der Bildung des in den USA ab 1943 entwickelten Konzepts der »re-education« der Deutschen nach dem Krieg eine große Rolle. Nicht zuletzt deswegen ist die Bundesrepublik an der Schwelle zum achten Jahrzehnt ihres Bestehens antimilitaristisch, pazifiziert, postnational, postheroisch und postpatriotisch.

Es war also – wie in Japan – »Umerziehung« angesagt; das geistige und kulturelle Leben in Deutschland sollte zunächst mithilfe des amerikanischen Office of Strategic Services (OSS) umgestaltet werden. Ziele waren die vier »D«: Demilitarisierung, Denazifizierung, Dekartellisierung, Demokratisierung. Es dauerte nicht lange, dann wurde »re-education« auch von deutschen Intellektuellen bereitwillig übernommen: von Horkheimer, Adorno, Abendroth, Kogon, von den 1968ern ohnehin, zudem von evangelischen Christen wie Niemöller und Gollwitzer. Caspar von Schrenck-Notzing (1927 – 2009) nannte das Charakterwäsche.[8]

Linke Kräfte, allen voran die SPD, wollten ein zunächst neutrales, dann sozialistisches Gesamtdeutschland; sie waren erbost darüber, dass Adenauer 1952 die sogenannte Stalin-Note mit dem Angebot einer deutschen Einheit auf neutraler Basis zurückgewiesen hatte. Die größte politische Kraft des linken Spektrums, die SPD, wollte weder eine Bundeswehr noch einen Beitritt zur NATO. Dies schlug sich im Widerstand gegen die Gründung der Bundeswehr und gegen die NATO nieder. Ab 1958 gab es die Ostermärsche unter dem Motto »Kampf dem Atomtod«.

Patriotismus und Wiedervereinigung: Fehlanzeige?

Aus der Sicht von Friedrich Sieburg oszillieren die Deutschen zwischen Größenwahn und Selbsthass.[9] Ausgerechnet mit der Wiedervereinigung neigte sich dieses Schwanken in Richtung Selbsthass, zumindest in Richtung Schuld- und Sündenstolz. »Die deutsche Zivilbußfertigkeit ist inzwischen sehr ausgeprägt. Aber sie bläht sich gelegentlich sogar pharisäisch zu einigem Pflichterfüllungsstolz auf und macht geneigt, Subjekte geringer ausgeprägter Schuldbekenntnisfreudigkeit zu tadeln«, so Hermann Lübbe 2001.[10] Gerd Koenen schrieb 2002 das Kapitel »FELIX CULPA – Vergangenheitsbewältigung als deutsche Selbstfaszination« und dort vom deutschen Monopolanspruch des »Auschwitz gehört uns!«.[11] Vermutlich steckt dahinter eine Hybris, nämlich die Hybris im Negativen als Fortsetzung des Größenwahns.

Auch scheinen die Deutschen ein Problem mit dem Begriff »Volk« zu haben, dabei ist im Grundgesetz eindeutig vom »deutschen Volk« und vom »Wohle des deutschen Volkes« die Rede. In der Noch-DDR hatten Hunderttausende von Demonstranten mit dem Begriff »Volk« kein Problem. Sie skandierten »Wir sind das Volk!«. Und später »Wir sind ein Volk!«. Zugleich glaubte kein westdeutscher Linker an die Wiedervereinigung, und kaum einer wollte sie – weder in den 1960er- noch in den 1980er-Jahren. Willy Brandt (SPD) erklärte in einer Rede am 14. September 1988 die Wiedervereinigung zur »Lebenslüge der zweiten deutschen Republik«. Ein Jahr später, mit dem Fall der Mauer, prägte sich freilich sein Satz ein: »Hier wächst zusammen, was zusammengehört.« Oskar Lafontaine, SPD-Kanzlerkandidat von 1990, tat sich im Herbst 1989 angesichts des Massenexodus aus der DDR mit der Forderung hervor, künftig nur noch Übersiedler aufzunehmen, die sich bereits von der DDR aus Wohnung und Arbeit im Bundesgebiet besorgt hätten.[12] Gerhard Schröder (SPD) hielt in der Hannoverschen

Allgemeinen Zeitung vom 27. September 1989 eine auf Wiedervereinigung gerichtete Politik für »reaktionär und hochgradig gefährlich«. Dabei gab es bei der dann erfolgten deutschen Einigung keine nationalen oder gar nationalistischen Töne. Denn: »›Wir sind das Volk!‹ ist die Parole des befreienden Patriotismus. ›Wir sind das bessere Volk!‹ wäre der Kampfruf eines aggressiven Patriotismus.«[13]

In Kreuzberg und in Frankfurt/Main fanden sich zum 3. Oktober 1990 dennoch Sprüche wie »Deutschland verrecke!« oder »Nie wieder Deutschland!«. Jutta Ditfurth (Bündnis 90/Die Grünen) fand – im Neuen Deutschland vom 12. Oktober 1991 – Deutschland »zum Kotzen«. Hinter solchen Formeln läuft später schon mal – ohne einzugreifen – eine Vizepräsidentin des Deutschen Bundestages namens Claudia Roth (Bündnis 90/Grüne) hinterher. »Deutschland verschwindet jeden Tag immer mehr, und das finde ich einfach großartig« (Jürgen Trittin, FAS vom 2. Januar 2005). Zu diesem Zeitpunkt ist er Bundesumweltminister (1998–2005).

Wieder andere stänkern gegen die Nationalhymne. Gegen die dritte Strophe einer Nationalhymne, in deren Namen es zur friedlichen Revolution in der DDR kam und die eine friedliche ist. Umso abwegiger war der Versuch der linken Lehrergewerkschaft GEW, die deutsche Nationalhymne in einem Pamphlet öffentlich zu Beginn der Fußball-WM 2006 als »furchtbares Loblied« zu diskreditieren. Auch die Deutschlandfahne ist immer wieder Objekt des deutschen Selbsthasses. Die »grüne« Jugendorganisation Rheinland-Pfalz forderte ein deutschlandweites Beflaggungsverbot während der Fußball-EM 2016. Dazu wörtlich: Wir fordern »alle Fans dazu auf, nationalistischem Gedankengut keinen Raum zu lassen! Fußballfans Fahnen runter«.[14]

Dieses ambivalente, wenn nicht gar aversive Verhältnis eines Teils der Bundesdeutschen zu ihrem Land sowie eines Großteils zu allem Militärischen ist geblieben: politisch sowie in weiten Kreisen der Medien. Dort wird so getan, als gebe es nichts Deutsches, das es wert sei, geschützt und womöglich militärisch verteidigt zu werden. Mit sichtbaren Folgen: Die ab 1990 heruntergewirtschaftete Bundeswehr, die vom großen Teil der Medien und der pazifistischen Gesellschaft eher geduldet als geachtet oder gar geliebt wird, hat eben in einer Wohlfühl- und »Zivil«-Gesellschaft keine Lobby.

Die ideologische Basis: ein naiver, oft militanter Pazifismus

Der pazifistischen Gesellschaft in Deutschland scheint das Verständnis für die Grundlagen einer freiheitlichen Demokratie schon sehr früh abhandengekommen zu sein. Die Mitte der 1950er-Jahre und zu Zeiten des NATO-Doppelbeschlusses ab 1979 beliebte Parole »Lieber rot als tot« sowie die explodierenden Zahlen an Wehrdienstverweigerung (in den 1980er-Jahren pro Jahr bis zu 77.000) sind ein deutlicher Hinweis darauf. Nach wie vor gilt es auch als nicht opportun, dass Deutschland wie jedes andere Land der Welt legitimerweise ureigene Interessen hat.

Die Folge davon ist jedenfalls, dass in kaum einem anderen Land der Welt der Unwille so groß ist, gegebenenfalls für das eigene Land zu kämpfen, was eine Studie des Gallup-Instituts aus dem Jahr 2015 belegt: In 68 Ländern wurde unter einer jeweils repräsentativen Stichprobe die Frage gestellt: »Wären Sie bereit, für Ihr Land zu kämpfen?« Deutschland liegt mit 18 Prozent auf Platz 66, knapp hinter Österreich (21 Prozent) und Italien (20 Prozent).

Vor diesem Hintergrund sollten sich die politisch Verantwortlichen gelegentlich an große Gedanken und Denker erinnern. Für die Römer galt: Si vis pacem, para bellum. (Frei übersetzt: Wenn du den Frieden willst, rüste dich für einen möglichen Krieg.) Der britische Universalhistoriker Arnold Toynbee (1889–1975) formulierte, dass pazifistische Staaten denen, wo der Pazifismus nicht obsiegt hat, hilflos ausgeliefert seien. Folge wäre, »dass die gewissenlosesten Regierungen und die rückständigsten Militärstaaten sich zu Herren der Welt machen könnten.«[15] Oder nehmen wir Winston Churchill: Für ihn ist ein Pazifist ein Mensch, der ein Krokodil füttert – in der Hoffnung, dass er als Letzter gefressen wird.

Deutschland indes ist seit 1945 beziehungsweise 1949 geprägt von einem moralisch zwar hochwertigen, aber unrealistischen »Nie wieder« und von dem sogar gerichtlich abgesegneten Tucholsky-Satz »Soldaten sind Mörder«. Tucholsky hatte dies am 4. August 1931 in der »Weltbühne« in einer Glosse geschrieben.[16] Der verantwortliche Redakteur Carl von Ossietzky (gegen den Willen der Nationalsozialisten Träger des Friedensnobelpreises 1935) wurde wegen der Veröffentlichung dieses Satzes 1932 wegen »Beleidi-

Gesellschaftliche und politische Umstände

Rangplatz	Land (ausgewählte Länder)	Anteil JA-Antworten in %
1	Marokko	94
3	Pakistan	89
10	Indien	75
12	Türkei	73
16	China	71
20	Israel	66
27	Russland	59
31	Schweden	53
39	USA	44
50	Frankreich	29
52	Großbritannien	27
63	Österreich	21
64	Italien	20
65	Belgien	19
66	Deutschland	18
67	Niederlande	15
68	Japan	11

Aus der Studie des Gallup-Instituts 2015: Antworten auf die Frage »Wären Sie bereit, für Ihr Land zu kämpfen?«

gung der Reichswehr« angeklagt, aber freigesprochen, weil das Gericht in dem Zitat keine konkreten Personen angegriffen sah. Im Dezember 1932 übrigens erließ Reichspräsident Hindenburg per Notverordnung einen besonderen »Ehrenschutz für Soldaten«, gesetzlich fixiert im Strafgesetzbuch (§134a), 1946 vom Kontrollrat aufgehoben.

Jahrzehnte später, bei einer Podiumsdiskussion vom 31. August 1984, äußerte ein ehemaliger Sanitätsoffiziersanwärter und Arzt der Organisation IPPNW[17] gegenüber einem anwesenden Jugendoffizier: »Jeder Soldat ist ein potenzieller Mörder – auch Sie, Herr W. In der Bundeswehr gibt es einen Drill zum Morden.« Der Tucholsky-Spruch macht seitdem die Runde:

skandiert oder als Aufkleber. Es kam zu Beginn der 1990er-Jahre zu mehreren Gerichtsprozessen und »Soldatenurteilen« Frankfurter Gerichte. Im November 1995 schließlich bekräftigte das Bundesverfassungsgericht (BVerfG), dass die Verwendung des Tucholsky-Zitats »Soldaten sind Mörder« unter bestimmten Voraussetzungen keine Beleidigung darstelle und deshalb nicht bestraft werden dürfe. Der Erste Senat betonte, das Tucholsky-Zitat sei so lange vom Grundrecht auf freie Meinungsäußerung gedeckt, wie es sich um eine allgemeinpolitische Aussage handele. Dies sei aber kein Freibrief für die Beleidigung einzelner Soldaten oder der Bundeswehr. Aussagen wie »Soldaten sind Mörder« oder »Soldaten sind potenzielle Mörder« stellten dann keine strafbare Beleidigung dar, wenn damit das »Soldatentum« und »Kriegshandwerk« an sich verurteilt werden sollten. Es sei aber ein Angriff auf die persönliche Ehre, wenn jemand einzelne Soldaten oder die Bundeswehr pauschal als Mörder bezeichne. Das BVerfG hob damit Urteile gegen vier Pazifisten zu Geldstrafen auf und verwies die Verfahren zurück an die Strafgerichte. Diese mussten erneut prüfen, ob die Angeklagten das »Mörder«-Zitat allgemeinpolitisch verwendet hatten oder ob es eindeutig auf bestimmte Soldaten gemünzt war. Der Historiker Egon Flaig hat es wie folgt auf den Punkt gebracht: »Wer damals politische Urteilskraft besaß, musste die verheerenden Auswirkungen dieser Urteile antizipieren.«[18]

Ein extremes Beispiel ist der Luftangriff von Kundus: Dort kamen am 4. September 2009 bei einem von einem deutschen Oberst angeforderten Luftschlag 91 Menschen, darunter bewaffnete Taliban, aber auch Kinder, ums Leben. US-Kampfflugzeuge hatten zwei von Taliban womöglich für Terrorzwecke entführte Tanklaster bombardiert. Die Reaktion der Friedensbewegten war bezeichnend: Das Büro für Antimilitaristische Maßnahmen (BamM!) sowie der Berliner Landesverband der Deutschen Friedensgesellschaft-Vereinigte KriegsdienstgegnerInnen (DFG-VK) forderten im Dezember 2009 dazu auf, jeden gefallenen Bundeswehrsoldaten mit einem Saufgelage am Ehrenmal der Bundeswehr im Bendlerblock zu feiern. Das Motto lautete: »Man soll Feste feiern, wie sie fallen!« Schließlich sei der Tod eines deutschen Soldaten ein weiterer Schritt »zur Abrüstung – wieder einer weniger«.[19]

Gelegentliche Initiativen Ende der 1990-Jahre, für die Soldaten der Bundeswehr gesetzlich einen Ehrenschutz zu verankern, scheiterten im Juni

1999 – zu einem Zeitpunkt, als die Bundeswehr schon drei Monate an dem völkerrechtlich umstrittenen Krieg gegen Serbien beteiligt war. Der Bundestag begründete das so: »Nach Ansicht der Mehrheit des Hauses ist ein besonderer strafrechtlicher Ehrenschutz für die Bundeswehr weder gerechtfertigt oder erforderlich, noch werde dieser von den Streitkräften selbst gewünscht.«[20]

Wiederkehrende Attacken gegen die Bundeswehr

Ein Blick zurück: Bundeskanzler Willy Brandt hat die für Schulbildung zuständigen deutschen Länder im November 1970 aufgefordert, bei jungen Menschen »Verständnis zu wecken für die Notwendigkeit einer ausreichenden Verteidigung als Voraussetzung jeder Entspannungspolitik«. Zwei SPD-Verteidigungsminister (Helmut Schmidt 1971 und Hans Apel 1980) sprachen ähnlich. Heute würden die drei dafür wahrscheinlich in die bellizistische, wenn nicht nationalistische Ecke gestellt.

Aber auch damals ernteten Brandt, Schmidt und Apel eher im Lager der CDU/CSU Beifall. Die Union zum Beispiel legte im März 1983 einen Entwurf für die Einbindung sicherheitspolitischer Fragen in den schulischen Unterricht vor. Der Titel war: »Bundeswehr und Friedenssicherung im Unterricht«. Die SPD freilich, die Partei Brandts, Schmidts und Apels, sah das anders. Mit ihrem Gegenpapier »Friedenserziehung in der Schule« setzte sie andere Akzente. Eine Förderung der Verteidigungsbereitschaft qua Schule lehnte sie ab. Zu einer Entscheidung kam es damals nicht, denn die damals elf deutschen Länder konnten sich innerhalb der Kultusministerkonferenz auf keinen Beschluss einigen. Die SPD des Landes Berlin knüpft daran inzwischen nahtlos an und verlangt, dass »militärischen Organisationen« gesetzlich verboten werden soll, an Berlins Schulen tätig zu werden. Gemeint sind Bundeswehr und deren Jugendoffiziere.[21]

Nach der Jahrtausendwende gelang es immerhin, in einigen deutschen Ländern ganz offiziell, Jugendoffiziere in den Unterricht, aber auch in die Aus- und Fortbildung von Lehrern einzubinden. Den Anfang machte 2008 Nordrhein-Westfalen, 2009 folgten Baden-Württemberg und das Saarland,

2010 Sachsen, Rheinland-Pfalz, Bayern, Hessen und Mecklenburg-Vorpommern. Es geht hier um die Tätigkeit von 94 hauptamtlichen Jugendoffizieren – eine 1958 errichtete und personell stets bestens besetzte Institution. Im Jahr 2017 erreichten sie immerhin 90.000 Schüler. Auf Wunsch werden Truppenbesuche für ca. 10.000 Schüler pro Jahr organisiert. Zudem bieten die Jugendoffiziere das Simulations- und Planspiel POL&IS an (= Politik & internationale Sicherheit, ein interaktives Plan- und Strategiespiel), mit dem politische, sicherheitspolitische, ökonomische und ökologische Aspekte der internationalen Politik veranschaulicht werden können. Rund 8000 Schüler beteiligen sich jährlich daran.

Obwohl es in der Aufgabenstellung eine klare und in der Praxis streng eingehaltene Trennung zwischen Jugendoffizieren und Karriereberatern gibt, wird den Jugendoffizieren immer wieder unterstellt, sie würden für den Eintritt in die Bundeswehr werben. Auch wird die sicherheitspolitische Unterrichtung immer mal wieder mit dem von 1978 bis 1989 in der DDR etablierten Pflichtfach »Wehrkundeunterricht« in Verbindung gebracht, zum Beispiel von der Partei Die Linke. »Ausgewogenheit« und die gleichen schulischen Möglichkeiten für »Friedensinitiativen« sind das angebliche Ziel. Die Lehrergewerkschaft GEW assoziiert Jugendoffiziere mit »Kinder im Visier«. Außerdem müssten solche Initiativen die gleichen Möglichkeiten haben wie die Jugendoffiziere – wohlgemerkt Repräsentanten einer grundgesetzlich verankerten und auch in all ihren Einsätzen demokratisch legitimierten Institution, einer Parlamentsarmee.

Die Spitze der Stänkerei gegen die Bundeswehr und ihre Jugendoffiziere stellen einzelne Schulen dar, die sich rühmen, der Bundeswehr die Schultore zu versperren. Im Jahr 2013 zum Beispiel wurden zwei »Schulen ohne Bundeswehr« mit dem Aachener Friedenspreis ausgezeichnet, und zwar das Robert-Blum-Gymnasium in Berlin und die Käthe-Kollwitz-Schule in Offenbach. Sie hatten Jugendoffizieren den Zutritt verwehrt. Dem Verein »Aachener Friedenspreis« gehören unter anderem an: die Stadt Aachen, der DGB NRW, die katholische Organisation Misereor, der Diözesanrat der Katholiken des Bistums Aachen, der evangelische Kirchenkreis Aachen, der SPD-Unterbezirk, der Kreisvorstand der Grünen. Eine interessante Konstellation: Linke und Kirchen in einem Boot!

Schwer tun sich Vertreter der Bundeswehr oft auch bei ihren Auftritten an Universitäten. Ein besonders markantes Beispiel: Im April 2013 wollte Verteidigungsminister de Maizière an der Humboldt-Universität Berlin einen Vortrag halten. Randalierende Studenten verhinderten dies. Es waren Rufe wie »Nie wieder Krieg«, »Nie wieder Deutschland« und »Deutschland ist Scheiße« zu hören. Mehrere blutrotbefleckte Studenten warfen sich vor ihm auf den Boden. Der Minister zog unverrichteter Dinge von dannen. Viele Hochschulen wollen nichts mit dem Militär zu tun haben. Sie verpflichten sich im Rahmen einer Zivilklausel dafür, ausschließlich für zivile Zwecke zu forschen. Die erste Zivilklausel trat 1986 an der Universität Bremen in Kraft. Damit verschwindet natürlich auch das Themenfeld Sicherheits- und Rüstungspolitik aus der hochschulpolitischen Öffentlichkeit.

Seit 1980 finden Gelöbnisse junger Rekruten öffentlich statt. In den Jahren zuvor traute sich die Bundeswehrführung das nicht. Bei der ersten Gelegenheit in Bremen gab es denn auch gleich einen Eklat. Mehrere Tausend Demonstranten versuchten, die Zeremonie zu stören. Einige lieferten sich Straßenschlachten mit Polizei und Feldjägern. Unter dem Titel »GelöbNix!« protestierten ab 1996 diverse autonome Gruppierungen gegen öffentliche Gelöbnisse – auch am 20. Juli. Ab 1999 fanden Gelöbnisse teilweise am Bendlerblock statt, um zu verhindern, dass Protestgruppen stören konnten. 2008 wurde ein Gelöbnis erstmals vor den Reichstag verlegt. Wo die Gelöbnisse öffentlich stattfanden, etwa in Husum (2017) oder in Mainz (2014), mussten die Veranstaltungsorte jeweils weiträumig abgesperrt und zu einer Art Hochsicherheitszone umgewandelt werden.

Rechtsextremismus in der Bundeswehr?

Immer wieder wird behauptet, es gebe in der Bundeswehr rechtsextreme oder gar rechtsradikale Kräfte oder Netzwerke in größerer Zahl, gar eine »Schattenarmee«. Dafür gibt es keine Bestätigung. Zwischen 2008 und 2018 wurden 199 Rechtsextreme entlassen. Gewiss ist jeder politisch Radikale einer zu viel, aber gemessen an der Größe der Bundeswehr sind 199 in zehn Jahren eine geringe Zahl; sie reicht nicht aus, die Gesamtheit unter Generalverdacht zu stellen. Auch wurden 32 Islamisten und 14 Linksextreme identifiziert. Der Fall Franco A., der mit der fiktiven Identität eines syrischen Flüchtlings subsidiären Schutz genoss und Anschläge auf Spitzenpolitiker geplant haben soll, wurde maßlos überschätzt. Auch von der Verteidigungsministerin, die daraus ihr später zurückgenommenes Pauschalurteil ableitete, die Bundeswehr habe ein »Haltungsproblem«. Letztlich wurde vom Oberlandesgericht Frankfurt wegen der Planung terroristischer Anschläge nicht mal Anklage erhoben. Von den 199 waren übrigens 170 noch zu Zeiten der Wehrpflicht zur Bundeswehr gekommen. Seit dem 1. Juli 2017 wird nun jeder Bewerber durch den Militärischen Abschirmdienst überprüft. »Es ist eine Binse, dass Dienst in der Bundeswehr Menschen mit rechtsextremen Einstellungen anzieht. Es ist aber auch eine Tatsache, dass in aller Regel nichts so zuverlässig zu disziplinaren Maßnahmen bis hin zu einer Entlassung führt, wie das Auffälligwerden solcher Einstellungen.«[22] Noch deutlicher wird Generalmajor a. D. Jürgen Reichardt, wenn er festhält: »Niemals konnte nachgewiesen werden, dass in den Streitkräften jemals ein höheres Maß an staatsgefährdender Gesinnung oder Betätigung herrsche als an Gymnasien, Universitäten, in Werkhallen oder Behörden.«[23]

Politik, Parteien und Bundeswehr

Eigentlich sollte angenommen werden können, dass das Volk hinter einer Parlamentsarmee steht, wie es die Bundeswehr sein soll. Immerhin ist der Bundestag die Vertretung des Souveräns, also des Volkes. Dass die Bundeswehr damit eine Armee ist, hinter der das Volk steht, ist damit aber eben leider nicht gewährleistet.

Das Prinzip »Parlamentsarmee« mag aus einsatzpraktischen Gründen skeptisch oder als typisch deutscher Sonderweg betrachtet werden. Denn dieses Prinzip macht den Einsatz der Bundeswehr im Falle von notwendigen beziehungsweisebündnisgebundenen Einsätzen schwerfällig. Von der sicherheitspolitischen Lage scheint das Prinzip Parlamentsarmee jedenfalls längst überholt. Kein anderes NATO-Land hält seine Armee an so kurzen parlamentarischen Zügeln. Seit dem Grundsatzurteil 1994 des Bundesverfassungsgerichts muss das Parlament jedem Auslandseinsatz der Bundeswehr zustimmen. Das vernebelt ein wenig, dass die Bundeswehr ein Wirkmittel der Exekutive ist. Das deutsche Prinzip Parlamentsarmee dient realiter vornehmlich dazu, den Einsatz deutscher militärischer Kapazitäten Partnern gegenüber zu erschweren beziehungsweise Zahl und Dauer von Einsätzen zu minimieren. Dass der Soldat einer Parlamentsarmee das Gefühl des Rückhalts der Volksvertretung haben könne, ist zudem kaum mehr als eine Suggestion. Das Prinzip Parlamentsarmee wird geradezu als Fetisch benutzt, um eine Einbindung der Bundeswehr in die Gesellschaft zu suggerieren, die es so nicht (mehr) gibt.

Auch die von März 2014 bis Juni 2015 tätige Rühe-Kommission hat in Sachen Parlamentsbeteiligungsgesetz kaum mehr Klarheit geschaffen. Die Kommission schlägt einen jährlichen Bericht über zu sichernde multilaterale Verbundfähigkeiten[24] vor. Konsequent wäre es gewesen, ein Gesamtmandat für die Bundeswehr anzustreben. Außerdem will die Kommission mehr Transparenz auch bei geheimen KSK-Einsätzen hergestellt sehen, indem die Bundesregierung den Bundestag zukünftig nach Abschluss geheimer Einsätze informiert. Die Ergebnisse der Rühe-Kommission führen nicht weiter, vor allem nicht, was die Einbindung der Bundeswehr in die Gesellschaft betrifft.

Nehmen wir den Koalitionsvertrag der im Februar/März 2018 konstituierten Bundesregierung: Wenn der Umfang einzelner Kapitel etwas aussagt über die Bedeutung eines Politikfeldes, dann steht es um die Bundeswehr schlecht. Gerade etwas mehr als drei Seiten (S. 156 bis 159) dieses 177-seitigen GroKo-Vertrages von CDU, CSU und SPD sind dem Punkt »Moderne Bundeswehr« gewidmet. Mehr Personal, beste Ausbildung und moderne Ausstattung durch einen höheren Verteidigungsetat werden versprochen. Der Ausbau der europäischen Verteidigungsunion wurde mit PESCO* in Aussicht gestellt, ein europäischer Verteidigungsfond sowie Schritte auf dem Weg zu einer »Armee der Europäer« angepeilt.

---

* PESCO = Permanent Structured Cooperation (»Ständige strukturierte Zusammenarbeit«)

Dass sich CDU/CSU und SPD zu nicht mehr als drei Seiten bereitfanden, verwundert. Denn die eigentlichen Anti-Bundeswehr-Parteien sind die Grünen und die Links-Partei. Dafür gibt es viele Belege: Als die »Rühe-Kommission« tagte, um das Prinzip Parlamentsarmee fortzuschreiben, nahmen die Fraktionen der Grünen und der Links-Partei erst gar nicht teil. Ein Wandel kam zwar mit Joschka Fischer zustande (unter anderem wurden die Auslandseinsätze auf dem Balkan und in Afghanistan mitgetragen), aber in der Grundausrichtung blieben die Grünen pazifistisch. Namhafte Fachleute wie Winfried Nachtwei (Bündnis 90/Die Grünen, MdB von 1994 bis 2009 und Experte für Friedens- und Sicherheitspolitik) verbinden Pazifismus immerhin mit einer gehörigen Portion Realismus.

Die andere sich pazifistisch gebende Partei ist Die Linke, die 2007 durch Verschmelzung der SPD-Abspaltung WASG und der PDS bzw. vormaligen SED entstanden ist. Sie geriert sich seit Jahr und Tag als Anti-Bundeswehr-Partei und lehnt Auslandseinsätze der Bundeswehr generell ab. Wenn es nach ihr geht, ist die NATO aufzulösen und durch ein kollektives Sicherheitssystem unter Beteiligung Russlands zu ersetzen. Die Linkspartei setzt in Fragen der Sicherheit auf zivile Konfliktlösung und Kooperation. Und die SPD? Zusammen mit Grünen und Linken lehnt auch die SPD das Zwei-Prozent-Ziel (zwei Prozent vom BIP für Verteidigung und Rüstung) mittlerweile ab, obwohl sie dem Ziel 2014 als Koalitionspartner zugestimmt hat. CDU/CSU und FDP halten kaum dagegen, sie wollen eine tendenziell pazifistische Öffentlichkeit offenbar nicht vergraulen.

Beispiel: Am 22. Mai 2010 sagte der damalige Bundespräsident Horst Köhler im Deutschlandradio in einem Interview auf dem Rückflug nach einem Besuch in Afghanistan: »Meine Einschätzung ist aber, dass insgesamt wir auf dem Wege sind, doch auch in der Breite der Gesellschaft zu verstehen, dass ein Land unserer Größe mit dieser Außenhandelsorientierung und damit auch Außenhandelsabhängigkeit auch wissen muss, dass im Zweifel, im Notfall auch militärischer Einsatz notwendig ist, um unsere Interessen zu wahren, zum Beispiel freie Handelswege, zum Beispiel ganze regionale Instabilitäten zu verhindern, die mit Sicherheit dann auch auf unsere Chancen zurückschlagen negativ durch Handel, Arbeitsplätze und Einkommen.« Kritiker Köhlers sprachen von »Kanonenbootpolitik«, die dieser wolle, seine

Äußerung sei »brandgefährlich«. Wenige Tage später, am 31. Mai, trat Köhler nicht zuletzt wegen dieser Kritik zurück. Auch CDU und CSU hatten ihm nicht zur Seite gestanden und damit so getan, als dürfe Deutschland keine Interessen etwa an der Sicherung von Handelswegen haben.

Der Gipfel: die De-facto-Abschaffung der Wehrpflicht

Wie war es überhaupt zum Aussetzen der Wehrpflicht gekommen? Der damalige Verteidigungsminister Karl-Theodor zu Guttenberg (CSU) hatte 2010 eine Defizitanalyse zur Lage der Bundeswehr in Auftrag gegeben. Eine Strukturkommission unter Leitung des damaligen Chefs der Bundesagentur für Arbeit, Frank-Jürgen Weise, sollte Ideen entwickeln, wie die Bundeswehr künftige sicherheitspolitische Herausforderungen bewältigen könne. Im Juni 2010 schlug zu Guttenberg dem Bundeskabinett vor, die Wehrpflicht auszusetzen, sie aber im Grundgesetz zu belassen. Dort heißt es nach wie vor in Artikel 12a: »(1) Männer können vom vollendeten achtzehnten Lebensjahr an zum Dienst in den Streitkräften, im Bundesgrenzschutz oder in einem Zivilschutzverband verpflichtet werden. (2) Wer aus Gewissensgründen den Kriegsdienst mit der Waffe verweigert, kann zu einem Ersatzdienst verpflichtet werden.«

Das Bundeskabinett folgte zu Guttenbergs Vorschlag am 15. Dezember 2010. Ab dem 1. März 2011 sollte niemand mehr einberufen werden. Vonseiten der CDU und ihrer Kanzlerin gab es keinen Widerstand, die FDP sah in diesem Beschluss ohnehin die Erfüllung eines lange gehegten Wunsches. Auch die CSU machte die Pläne ihres damaligen Stars mit. Der CSU-Parteitag hatte der Aussetzung der Wehrpflicht am 20. Oktober 2010 mit überwältigender Mehrheit zugestimmt. Ohne Gegenrede bei nur wenigen Gegenstimmen folgten die 1000 Delegierten »ihrem« Bundesverteidigungsminister. Dieser hatte das praktische Ende der Wehrpflicht mit folgendem Satz begründet: »Es ist eine sicherheitspolitische wie eine patriotische Verantwortung, die wir für die Bundeswehr haben.«[25]

Kapitel I

Bundeswehr und »Krieg«

Die Bundeswehr und deren Spitze ist vor diesem Treiben oft genug eingeknickt. Zu lange hat sie so getan, als sei »Soldat« ein Beruf wie jeder andere, mit flexiblen Arbeitszeiten, Personalvertretungen, Kinderbetreuungsplätzen und anderem mehr. Zum Beispiel mit dem »Gesetz zur Steigerung der Attraktivität des Dienstes in der Bundeswehr« vom Mai 2015. Die Bundeswehr als ganz normaler Arbeitgeber? Das Ergebnis sind pazifizierende Ablenkungen in Werbekampagnen: »Nicht jeder bei uns trägt Uniform«; »Studieren bei vollem Gehalt«. In der Folge sind zwischen 62 (2015) und 68 Prozent (2016) der Bevölkerung der Auffassung, die Bundeswehr sei ein attraktiver Arbeitgeber für junge Menschen.[26]

Nun ist aber die Bundeswehr seit mehr als einem Vierteljahrhundert weltweit im militärischen Einsatz. Diese Einsätze haben fast immer mit Krieg zu tun, auch wenn das schwierige Wort lange gemieden wurde. Aus versicherungstechnischen, auch aus verfassungsrechtlichen Gründen wurde der Begriff »Krieg« gemieden. Viele Lebensversicherungen enthalten nämlich eine »Kriegsausschluss-Klausel«; die Hinterbliebenen von gefallenen Bundeswehrsoldaten gehen dann leer aus. Und »Krieg« könnte ja auch bedeuten, dass der Kanzler/die Kanzlerin zum Oberbefehlshaber erklärt werden müsste.

Als der erste Soldat der Bundeswehr im Ausland ums Leben kam, waren die Begriffe »Krieg« und »gefallen« noch Tabu. Das war erstmals am 14. Oktober 1993 geschehen, als ein Bundeswehrsoldat im Rahmen des Sanitätseinsatzes bei einem Attentat in Kambodscha ums Leben gekommen war. Erst bei der Trauerfeier für zwei in Afghanistan gefallene Soldaten sagte Verteidigungsminister Franz Josef Jung am 24. Oktober 2008 in der Zweibrücker Alexanderkirche, er verneige sich »in Dankbarkeit und Anerkennung vor den Toten, die für unser Land im Einsatz für den Frieden gefallen sind«. »Verunglückt« lautete zuvor die Sprachregelung. Eine Sprachregelung, die viele Kameraden traurig oder wütend machte.

Gleichwohl war der Begriff »Krieg« immer noch tabu. Am 12. Mai 2009 sagte Jung in einem Interview mit der Frankfurter Rundschau: »Ich halte es für falsch, von einem Krieg zu sprechen ... In Afghanistan ist kein Krieg.« »Stabilisierungseinsatz« und »Friedenseinsatz« waren die Worte der Wahl.

Jungs Nachfolger zu Guttenberg sprach im November 2009 immerhin von »kriegsähnlichen Zuständen«; sein Kabinettskollege Westerwelle 2010 von »bewaffneten Konflikten«.

Jungs Amtsvorgänger Volker Rühe (CDU) und Rudolf Scharping (SPD) waren zu diesem Zeitpunkt bereits ehrlicher. Rühe: Es sei »irreführend, wenn die Regierung so tut, als handele es sich beim Afghanistan-Einsatz um eine Art bewaffneter Entwicklungshilfe«. Vielmehr handele es sich um einen »Krieg der NATO, des Westens, der Zivilisation gegen die Welt-Krake Terrorismus«.[27] Und Scharping: »Für die Angreifer handelt es sich in jedem Fall um Krieg. Die Taliban sagen es ja auch, wenn sie vom ›Dschihad‹, dem Heiligen Krieg, sprechen.«[28]

Bestenfalls »freundliches Desinteresse«?

»Das Bild, das die Deutschen von der Bundeswehr haben, ist bedenklich«, sagte Professor Klaus Schweinsberg, Geschäftsführer des Centrums für Strategie und Höhere Führung, im Februar 2018, »nur 22 Prozent halten die Truppe für einsatzfähig und gut ausgerüstet, nur noch 45 Prozent haben Vertrauen in die Bundeswehr und eine deutliche Mehrheit lehnt weitere Investitionen ins Militär ab. Die Bundeswehr hat ein massives Imageproblem.«[29] Das ist das Problem. Anlässlich der Münchner Sicherheitskonferenzen (MSC) demonstrieren Gruppierungen wie Attac, Blockupy, Die Linke, die Gewerkschaften Erziehung und Wissenschaft (GEW) und Verdi, das Münchner Friedensbündnis, das Bündnis gegen Krieg und Rassismus, Pax Christi und viele mehr. Sie rufen damit stets 4000 Polizisten auf den Plan.

Solche Entwicklungen sind einerseits Symptom, andererseits Verstärker einer eigenartigen Entwicklung. Die Einstellungs- und Meinungsforschung ist zwar hier nicht einhellig, aber die Tendenz ist klar: Das Ansehen der Bundeswehr und das Interesse an ihr nehmen ab. 2008 etwa war nach einer Umfrage des Sozialwissenschaftlichen Instituts der Bundeswehr die Zustimmung auf 64 Prozent gestiegen. Ob das die Bewertung rechtfertigt, das Ansehen der Bundeswehr sei besser als vermutet? Auf die Frage »Sollten die Ausgaben für die Verteidigung in Zukunft erhöht werden, sollten diese verringert werden oder sollten sie gleich bleiben?« antworteten die Befragten offenbar ohne dauerhaft festen Standpunkt.[30] Der 11. September 2001 und die Ukraine-Krise 2014 hatten offensichtlich Auswirkungen auf das Bedrohungsgefühl.

Jahr	Verteidigungsausgaben sollen »stark« beziehungsweise »eher« erhöht werden in % der Befragten
2000	20
2001 (siehe 11.9.2001)	42
2002	31
2003	24
2009	21
2010	21
2011	21
...	
2013	19
2014 (Beginn des Ukraine-/Russland-Konflikts)	32
2015	51

Tendenziell ähnlich waren die Ergebnisse der Befragung von 2464 zufällig ausgewählten Bürgern durch das Zentrum für Militärgeschichte und Sozialwissenschaften« (ZMSBw) Mitte 2018: Rund 80 Prozent würden die Bundeswehr zwar positiv bewerten. Emotionale Bekenntnisse seien freilich seltener. Bevorzugt werden von der Bevölkerung Hilfseinsätze der Bundeswehr und Einsätze gegen den Terrorismus. Maßnahmen im Rahmen der Bündnisverteidigung wie etwa die Luftraumüberwachung im Baltikum oder die Beteiligung an der multinationalen Kampftruppe in Litauen dagegen genießen mit 32 beziehungsweise 33 Prozent weniger Zustimmung.[31]

Allerdings dürfen an der Aussagekraft von Umfragen Zweifel gehegt werden. Als FORSA im August 2018 die Frage stellte:» Wofür Soldaten der Bundeswehr eingesetzt werden sollen«, gab es folgende Antwortquoten:

Gesellschaftliche und politische Umstände

	Antworten in %
Für Landesverteidigung	88
Für Bündnisverteidigung	72
Für Auslandseinsätze bei humanitären Krisen	71
Für Auslandseinsätze zur Sicherung des Friedens	65
Für Kampfeinsätze im Ausland zur Beendigung von Konflikten	25

Die Antworten förderten – differenziert nach parteipolitischer Affinität – kaum Unterschiede zu Tage. Mit einer Ausnahme: AfD-Wähler messen allen Zwecken außer der Landesverteidigung signifikant weniger Bedeutung bei als die Wähler der anderen Parteien.

Ebenfalls 2018 haben das Institut für Demoskopie Allensbach und die Beratungsgesellschaft Centrum für Strategie und Höhere Führung in ihrem »Sicherheitsreport 2018« eruiert: Das Vertrauen in die Bundeswehr ist stark zurückgegangen – von 53 Prozent im Jahr 2011 auf nur noch 45 Prozent im Januar 2018. Die Bevölkerung ist zudem nicht bereit, mehr Geld für die Bundeswehr auszugeben: Nur 27 Prozent sprechen sich dafür aus. Von Forsa wird diese Tendenz im Januar 2019 bestätigt: Danach vertrauen der Bundeswehr nur 40 Prozent der Bundesbürger; das ist laut Forsa gegenüber 2018 ein Minus von 13 Prozent.[32]

Zugleich ist festzustellen, dass diese Haltungen, Einstellungen, Bewertungen oft aus dem sprichwörtlich hohlen Bauch kommen. Denn das Wissen breiter Bevölkerungsschichten um die Bundeswehr ist miserabel. Die Zahl der Soldaten im Auslandseinsatz wird nur von 17 Prozent der Befragten näherungsweise richtig eingeschätzt, die Zahl der Soldaten der Bundeswehr insgesamt nur von 11 Prozent.[33] Man könnte auch sagen: Wenig Wissen, aber viel Meinung!

Woher dieses – etwas verharmlosend von Horst Köhler so genannte – »freundliche Desinteresse« kommt? Neben den genannten Ursachen (u. a. Schlingern der Parteien, verbreitete pazifistische Einstellung) spielt eine große Rolle, dass die Bundeswehr nach dem Aussetzen der Wehrpflicht im Alltag, in den Familien und in gesellschaftlichen Gruppierungen kaum noch präsent ist. Die überzeichnete Skandalisierung von Einzelfällen durch die Medien spielt dabei auch eine Rolle.

Plädoyer für einen aufgeklärten Patriotismus

»Allein die Nation kann die innere Bereitschaft der Menschen wecken, sich solidarisch und selbstlos für das Gemeinwesen einzusetzen.« (Max Weber)[34] Dieser Grundsatz gilt auch in Zeiten von Globalisierung und Europäisierung. Er hat zudem mit der Einstellung einer Nation zur Wehrhaftigkeit zu tun. »In« ist freilich etwas anderes: »Der Staat soll alles Mögliche können, aber nichts mehr dürfen.«[35] Der Staat soll innere und äußere Sicherheit sowie Chancen, Chancen und nochmals Chancen garantieren. Das Ganze aber möglichst mit Vollkaskogarantie ohne Eigenbeteiligung, zum Beispiel ohne Dienst- oder Wehrpflicht, so scheint es. Dabei wäre es des Nachdenkens wert, ob nicht eine allgemeine Dienstpflicht für beide Geschlechter sinnvoll wäre. Schließlich investiert das Gemeinwesen riesige Summen in Bildung, Studium und Ausbildung. Davon zehren die jungen Leute ein Leben lang. Warum also sollten sie nicht ihrerseits neun oder zwölf Monate in dieses Gemeinwesen investieren? Es hätte dies neben der Förderung des gesellschaftlichen Zusammenhalts zudem einen großen erzieherischen Nutzen.

Mittlerweile bedarf es eines gewissen Mutes, die Bedeutung eines aufgeklärten Patriotismus zu diskutieren. Etwa wie folgt: Nationalismus ist Hass auf andere, ist irrationales Freund-Feind-Denken; Patriotismus ist Liebe zum eigenen Land und dessen Geschichte, zum Vaterland, zur Heimat. Aufgeklärter Patriotismus hat als Kehrseite Globalisierung mit Bindung nach innen, mit Wir-Gefühl und mit Geborgenheit zu tun. Mit anderen Worten: Je globalisierter die Welt, desto notwendiger patriotische Gefühle. Aufgeklärter Patriotismus hat mit Offenheit und Toleranz zu tun.

Ein aufgeklärter Patriotismus braucht auch kein Hinausposaunen. Vielmehr gehört zu ihm eine gewisse Leichtigkeit und Selbstverständlichkeit. Mit einem unaufgeregten Patriotismus verhält es sich wie mit einem Skelett.

Gesellschaftliche und politische Umstände

Der Mensch braucht es, aber er muss nicht ständig seine Knochen zählen. George Bernard Shaw hatte diesen Gedanken bereits: »Eine gesunde Nation ist sich ihrer Nationalität so wenig bewusst wie ein gesunder Mensch seiner Knochen.« Ein aufgeklärter, unaufgeregter Patriotismus ist ferner die wirksamste Haltung, um Extremisten abzublocken. Ein patriotisches Bekenntnis wäre im Übrigen auch ein Bollwerk dagegen, dass unser Land in Parallelgesellschaften auseinanderdriftet.

Es ist aber ein Irrweg zu glauben, Patriotismus könne auf Verfassungspatriotismus reduziert werden. Denn Verfassungspatriotismus erfasst, so wertvoll er ist, nur das rationale Bekenntnis zu einem Rechtssystem, zu Bürger- und Menschenrechten. Damit aber sind keine emotionalen Bindungen gestiftet wie bei einer Liebe zum eigenen Land, zum Vaterland, zur Heimat – ohne nationale oder gar nationalistische Überheblichkeit, ohne »Hurra«, ohne Taumel und ohne Völkisches. Nur Verfassungspatriotismus wäre so, wie wenn man das Fußballspiel nur wegen seiner Regeln mögen dürfte.

Dass der Dienst in einer Armee eng verbunden ist mit Vaterland, womöglich mit dessen Verteidigung, verbunden ist mit Identifikation mit den Werten des Grundgesetzes, dass Dienst in einer Armee hoheitliche Aufgabe ist ... Solche Loyalitäten erscheinen als überflüssig und überholt in einer postheroischen, postpatriotischen Gesellschaft. Eine Öffnung der Bundeswehr für EU-Ausländer würde diese Entwicklung noch verstärken. Nein, die deutsche Staatsangehörigkeit ist elementar für den Dienst in der Bundeswehr, weil nur sie ein Minimum an staatsbürgerlicher Loyalität garantiert. Siehe das seit Gründung der Bundeswehr geltende Leitbild des »Staatsbürgers in Uniform«. Der Beruf des Soldaten ist eben kein Beruf wie jeder andere und schon gar kein Job.

Nicht umsonst sind Eid und feierliches Gelöbnis in Paragraph 9 Soldatengesetz (SG) wie folgt formuliert: »Ich schwöre (bei freiwillig Wehrdienstleistenden: ich gelobe), der Bundesrepublik Deutschland treu zu dienen und das Recht und die Freiheit des deutschen Volkes tapfer zu verteidigen ...«, ggf. abgerundet mit der religiösen Beteuerung: »... so wahr mir Gott helfe.« Mit einer nach allen Seiten personell offenen, postpatriotischen Bundeswehr sind solche Loyalitäten nicht zu machen. Dann verkäme die Bundeswehr vollends zu einer Armee von Söldnern.

KAPITEL II

Strategische Lage

Hybride Kriege

Die Weltlage ist schon mal einfacher gewesen. Jedenfalls haben in den letzten Jahren neue Machtfaktoren an Bedeutung gewonnen, die vor der Jahrtausendwende noch niemand auf der Rechnung hatte. Neue regionale Machtzentren entstehen, im Vergleich dazu war die Situation im Kalten Krieg mit den beiden Weltmächten Sowjetunion und USA überschaubar und in den großen Linien nach Stalin kalkulierbar. So kämpfen Indien, Brasilien, Indonesien und Ägypten zwar mit Entwicklungsschwierigkeiten, ihr Weg aber weist nach oben. Sie werden sich nicht auf Dauer mit einem Platz am internationalen Katzentisch zufriedengeben.

In der Frage, von wo die größte Bedrohung für die internationale Sicherheit ausgehe, sind die Bürger der Bundesrepublik gespalten. Es scheint Anschauungssache, wenn nicht sogar eine Frage der persönlichen und parteipolitischen Verortung zu sein, was wer als bedrohlich empfindet. So votierten laut Forsa-Umfrage vom 5./6. Dezember 2018 – bei Möglichkeit der Mehrfachnennung – 56 Prozent der Befragten, die größte Gefahr gehe von Russland aus, dicht gefolgt von 55 Prozent, die die USA als größte Bedrohung annahmen. Unter den 30- bis 44-Jährigen lagen die USA sogar mit 63 Prozent ganz vorne; bei den 45- bis 59-Jährigen waren es 58 Prozent. Die über 60 Jahre alten Befragten nannten Russland mit einem Anteil von 60 Prozent. Nordkorea, die Türkei, Saudi-Arabien und China rangierten im Schnitt bei 15 bis 30 Prozent. Markante Unterschiede ergaben sich je nach parteipolitischer Präferenz der Befragten. Anhänger der Linkspartei etwa nannten mit 82 Prozent Anteil die USA als die größte Bedrohung, FDP-Anhänger mit 66 Prozent Russland, AfD-Anhänger hingegen nur mit 38 Prozent Russland. Eine wichtige Rolle bei diesen Einschätzungen, die aufgrund medialer Akzentuierungen sehr augenblicksorientiert sind, dürften auch Donald Trump und Wladimir Putin als Personen spielen.

Die tatsächliche Bedrohungslage ist sehr komplex, so sie denn überhaupt halbwegs zuverlässig erfassbar ist. Zukünftig wird es wohl kaum noch die großen Kriege zwischen Staaten oder die großen Schlachten zwischen regulären Heeren geben. Die »Entstaatlichung« der Kriege zeichnet sich bereits seit Längerem ab. Herfried Münkler beschreibt diese Entwicklung bereits in seinem 2006 erschienenen Buch »Der Wandel des Krieges: Von der Symmetrie zur Asymmetrie«. Er erwartet mehr und mehr substaatliche Akteure am Werk, vor allem den internationalen Terrorismus. Der damit einhergehende Verlust an kriegsvölkerrechtlichen Regeln habe einen Wandel vom legitimen, ethisch vertretbaren »gerechten Krieg« zum quasireligiösen »Heiligen Krieg« bewirkt. Münkler meint ferner, mit neuen Konfliktformen sei die Reziprozität verlorengegangen, denn die haushohe waffentechnologische Überlegenheit, insbesondere der USA, stehe neuen Formen intensivierter Opferbereitschaft gegenüber, die vom Partisanenkrieg bis zum Terrorismus reiche. Vor allem der »Islamische Staat« verfolgt dabei eine Art Mao-Strategie eines »langanhaltenden Krieges«. Überhaupt sind die allermeisten aktuellen Kriege, an denen der Westen beteiligt ist, Kriege gegen irreguläre Truppen. Das spiegelt sich auch im Begriff »Neue Kriege« wider.[36] Das bedeutet: Die Grenzen von Krieg und bloßer Gewalt verschwimmen angesichts parastaatlicher Akteure. (Siehe dazu auch »Der globalisierte Terrorismus« weiter unten in diesem Kapitel.)

Eine große Rolle spielt in der zukünftigen Sicherheitslage der sogenannte Kriegsindex – geltend gemacht von dem Wirtschafts- und Gesellschaftswissenschaftler Gunnar Heinsohn. Er sieht als wirkmächtigsten Kriegsfaktor den Jugendüberschuss. Er meint damit das Verhältnis zwischen auf Beschäftigung nachdrängenden jungen Männern zwischen 15 und 19 Jahren und demnächst Jobs freimachenden älteren Männern zwischen 55 und 59. Je kleiner der Index, desto friedlicher sei eine Bevölkerung. In Entwicklungsländern und in islamisch geprägten Ländern liegt die Relation freilich bei bis zu 9. Das heißt, es gibt neunmal so viele Jugendliche zwischen 15 und 19 wie Männer zwischen 55 und 59.

Für die zukünftigen Kriege wurde der Begriff »Hybride Kriege« geprägt, [»hybrida« (lat.) = Bastard, Mischling]. Damit soll zum Ausdruck gebracht werden, dass sich mehr und mehr reguläre und irreguläre, symmetrische und asymmetrische, militärische und nicht-militärische Kriegsmittel miteinander verbinden. Es vermengen sich konventionelle, verdeckte und Guerilla-Taktiken – vermischt mit Wirtschaftssanktionen, Embargos, Cyber-Spionage und -Sabotage sowie Propaganda. So gesehen war eigentlich jeder Krieg der letzten 100 Jahre, auch der Kalte Krieg, in Teilen hybrid. Außerdem lässt der Begriff der hybriden Kriegführung erahnen, dass es sich hier tendenziell um einen »totalen Krieg« handelt, der sich massiv gegen die Zivilbevölkerung richtet, zum Beispiel durch Beschädigung der Wasserversorgung, der Energieversorgung und der öffentlichen Infrastruktur, Bombenanschläge nicht zu vergessen.

Die NATO am Scheideweg

»Sicherheit ist nicht alles, aber ohne Sicherheit ist alles nichts.« Dieser Satz von Willy Brandt gilt heute wie zu seiner Zeit. Es wäre ebenso zu formulieren: »Ohne innere und äußere Sicherheit funktioniert kein Sozialstaat.« Im Unterschied zum Kalten Krieg sieht sich Europa einer schwer berechenbaren strategischen Lage ausgesetzt. Die NATO als Friedensgarant auf der Nordhalbkugel und insbesondere für Mitteleuropa scheint brüchig zu werden. In der Zusammenarbeit der westlichen Demokratien ist das Schielen auf den nationalen Vorteil zu einem unberechenbaren Faktor geworden. Der Austritt der Briten schwächt die Europäische Union und wirft die Frage auf, ob und wie deren militärisches Potenzial zur Verteidigung des Kontinents künftig beitragen kann.

Auch ist völlig ungeklärt, wie die Europäer ihre militärischen Fähigkeiten stärken können, ohne die NATO zu schwächen. Trumps »USA zuerst« mutiert zum unverhohlenen Imperialismus, ein Welthandelskrieg liegt zeitweise in der Luft. Der US-amerikanische Schirm für Europa ist nicht mehr ohne Gegenleistung zu haben, denn Trump sieht die NATO nicht als unersetzbar an. Seine nationalistische Politik vor allem auch auf dem Energie- und Wirtschaftssektor wird Nachahmer finden. Der transatlantische Rückhalt für Europa bröckelt, unserem Kontinent droht das strategische Fundament abhanden zu kommen.

US-Präsident Trump die Schuld an allem und jedem zu geben, ist dabei ein typisch deutscher Reflex. Wir liefern ihm täglich Munition frei Haus, um gegen die NATO und Deutschland schießen zu können: Es sind unser Unwille und Unvermögen, den USA einen Teil der militärischen Last im Bündnis abzunehmen. Was passiert eigentlich, wenn Trump tatsächlich handelt? Einige Beobachter in Washington sehen die latente Gefahr, dass er den Austritt aus der NATO erklärt. Das scheint nicht so ganz abwegig zu sein, denn der Kongress hat am 25. Januar 2019 mit großer Mehrheit den NATO Support Act angenommen, der es dem Präsidenten verbietet, Finanzmittel des Bundes für einen NATO-Austritt auszugeben.[37] Ein Alarmzeichen sondergleichen!

Nun müsste endlich angegangen werden, was Kanzlerin Merkel angekündigt hat, nämlich das Schicksal in die eigene Hand zu nehmen. Dieser Ankündigung folgten weitere schöne Worte, Taten hingegen Fehlanzeige! Sie werden aber auch nicht eingefordert, Gesellschaft und Politik verharren in Agonie.

Wer in einer Beziehung der Schwächere ist und dennoch keine Anstrengungen unternimmt, aus diesem Abhängigkeitsverhältnis herauszukommen, wird zum Vasallen. Deutschland trägt eine zentrale Verantwortung dafür, dass sich die Europäer endlich auf den Weg zu einer größeren strategischen Selbstständigkeit machen, um ihre eigenen Interessen verfolgen zu können, die keineswegs deckungsgleich mit denjenigen der USA sind. Das gilt völlig unabhängig davon, wer die US-Präsidentschaft innehat.

Deutschland – ein neuralgischer Punkt

Die europäischen wie auch die NATO-Partner wissen nur zu gut, dass Deutschland das schwächste Glied ist. Europa bleibt gelähmt ohne ein zur

Führung entschlossenes europäisches Kernland. Weltweit dröhnen Hammerschläge, aus dem deutschen Resonanzraum ertönt das Geräusch von Stricknadeln. Nie wieder soll ein deutscher Soldat zur Waffe greifen. Über Sanitäter und Logistik lässt unsere Regierung als eine Form von Ablasshandel mit sich reden, ehrlicher wäre es zu sagen, wir wollen nicht kämpfen und schaffen die Kampftruppen ganz ab. Im Weißbuch 2016 der Bundesregierung zur Sicherheitspolitik und zur Zukunft der Bundeswehr kommt das Wort ›kämpfen‹ nicht einmal vor, beklagt der deutsche Historiker Sönke Neitzel.[38] Die Naivität unserer Politik in strategischen Fragen ist beängstigend. Dazu passend türmt Deutschland immer noch weitere Hürden auf und erschwert die Zusammenarbeit mit Partnern zusätzlich.

Ein Paradebeispiel dafür sind die nochmals gesteigerten Restriktionen in Sachen Rüstungsexport, wie sie in den Koalitionsvertrag von CDU/CSU und SPD[39] hineingeschrieben wurden. Wenn diese Regelungen praktische Politik werden, kann die deutsche Rüstungsindustrie gleich ganz abgeschafft werden. Auf dem Weg dahin sind wir bereits. Dass der erfolgreiche deutsche Panzerbauer Krauss-Maffei Wegmann (KMW) mit dem französischen Rüstungskonzern Nexter ein Gemeinschaftsunternehmen gründet, spricht eine deutliche Sprache. Frankreich gewinnt dadurch Zugriff auf deutsche Technologie, gleichzeitig können damit deutsche Exportrestriktionen umgangen werden.

Aber nur, solange nicht wie im Fall des ermordeten saudischen Journalisten Jamal Khashoggi ein genereller deutscher Exportstopp verhängt wird. Frankreich konnte keine Luft-Luft-Abwehrraketen mehr liefern, weil die dafür notwendigen Bauteile aus Deutschland nicht mehr ausgeführt werden durften.[40] Forderungen nach einem Stopp der Rüstungsexporte im Zusammenhang mit dem Fall Khashoggi seien »pure Demagogie«, meinte der französische Präsident Emmanuel Macron im Oktober 2018, und der britische Außenminister Jeremy Hunt zweifelte in einem Brief vom Februar 2019 an seinen deutschen Amtskollegen sogar an Deutschlands Bündnistreue. So funktioniert Zusammenarbeit über Ländergrenzen hinweg nicht. Das ist kein Miteinander, sondern ein gepflegtes Gegeneinander.

Erfolgreiche deutsche Unternehmen werden durch staatliches Handeln vergrault und ins Ausland getrieben, wobei sich schon die Unternehmenskulturen nur schwer vertragen, bei französischen Firmen dominiert allenthalben der staatliche Einfluss. Ein toller Erfolg deutscher Weltverbesserer in Regierungslimousinen.

Unbeschadet dessen kann sich SPD-Bundesfinanzminister Olaf Scholz erlauben, ein Plädoyer zugunsten einer gemeinsamen europäischen Rüstungsindustrie von sich zu geben. Nötig sei die gemeinsame Beschaffung militärischer Ausrüstung und engere Kooperation bis zur Fusion von Rüstungsfirmen.[41] »Mit schönen Worten zu glänzen, stiftet nur zusätzliche Verwirrung«, möchte man dem Minister zurufen, wenn gleichzeitig eine gegenteilige Politik betrieben wird.

Die deutschen Rüstungsexportrestriktionen sind weder in der NATO noch in Europa mehrheitsfähig.[42] Dabei stecken alle rüstungstechnisch relevanten NATO- und EU-Staaten in einem vergleichbaren Dilemma. Deutschland tut sich damit besonders schwer. Zum Ersten will es nicht als Waffenexporteur gelten; zum Zweiten isoliert es sich damit innerhalb von NATO und EU; zum Dritten überlässt es entsprechende Exporte womöglich Russland und China; und zum Vierten verhindert es, dass Waffensysteme mit entsprechenden Stückzahlen halbwegs wirtschaftlich produziert werden können. Ein schier gordischer Knoten.

Folgerung

Bereits seit 2009 existiert eine zwischen den Mitgliedsstaaten abgestimmte EU-Richtlinie für den ›Transfer von Verteidigungsgütern‹.[43] Sofern Bedarf dafür gesehen wird, kann der Versuch unternommen werden, diese Richtlinie im Benehmen mit den Partnern anzupassen. Darüber hinausgehende spezielle deutsche Exportregelungen sind unnötig, erschweren die europäische Zusammenarbeit und sind daher aufzuheben. Deutschland muss im Interesse seiner Partner endlich über die Schatten der Vergangenheit springen.

Unsere staatstragenden Parteien verrechnen sich im Übrigen, wie sie sich schon beim Offenhalten unserer Grenzen für Flüchtlinge verrechnet haben. Sie verkennen den tief im Bewusstsein der Menschen verankerten Schutzinstinkt, man kann auch Überlebenswillen dazu sagen. Der Bürger akzeptiert bei allen Widersprüchlichkeiten am Ende weder schutzlose Grenzen noch eine handlungsunfähige Armee. Beides fällt auf die Regierenden zurück. Funktionsfähige Streitkräfte sind Zeichen der Wehrhaftigkeit, ohne die Freiheit und Sicherheit zur Illusion werden. Ein glaubhafter Wille zur Selbstbehauptung beeinflusst die Optionen der Gegenseite. Insbesondere ist unser Land, dessen Wohlstand einseitig von Rohstoffimport und Warenexport abhängig ist, existenziell auf eine funktionierende Weltordnung und freie Handelswege angewiesen.

Sind es die Spätfolgen der 68er oder ist die nationalallergische Demenz schon so weit fortgeschritten, dass ernsthaft an eine Welt des friedlichen Ausgleichs aller gegensätzlichen Interessen geglaubt wird? Die Regierung orientiert sich an der Bedürfnispyramide der Deutschen, dort rangieren wirtschaftliches und soziales Wohlergehen ganz oben. Wir brauchen aber eine Bundesregierung, die in ihrem Handeln existenzielle Gefahren an die erste Stelle setzt. Auch Kompromisse mit Bündnispartnern halten Partnerschaften am Leben, sie sind eine Art Lebensversicherung auf Gegenseitigkeit für schwierige Zeiten. Die Deutschen predigen Multilateralismus, handeln aber in wesentlichen Fragen nach deutschem Gutdünken, so Christoph von Marschall.[44]

Das unilaterale Vorgehen der Deutschen auf diesem und vielen anderen Feldern beschädigt die Solidarität mit Partnern. Jan Techau bescheinigt Deutschland »eine Kultur strategischer Kindlichkeit«.[45] Am deutschen Wesen soll die Welt schon wieder mal genesen, in diesem Fall eine bessere werden. Die europäische Friedensordnung ist eine wunderbare Entwicklung seit dem verheerenden Zweiten Weltkrieg, und wir sollten nicht nachlassen, daran zu arbeiten. Aber es kann doch niemand ernsthaft davon ausgehen, dass sie – trotz aller Bemühungen – zum weltweiten Beispiel wird und sich alle Gegensätze zwischen Ländern und Kulturen, zwischen Religionen und Gesellschaften werden wegverhandeln lassen? Der glaubhafte Wille zur Selbstbehauptung beeinflusst entscheidend die Haltungen und Optionen der jeweiligen Gegenseite.

Folgerung

Europa braucht eine aus eigener Kraft resultierende Handlungsfähigkeit. Der Ball liegt im Spielfeld der Deutschen, Macron hat seine diesbezüglichen Ziele mehrfach bekräftigt. Eine ernsthaft betriebene deutsch-französische sicherheitspolitische Achse kann andere Länder mitnehmen und wird ausgleichend wirken auf nationale Interessen. Damit könnten auch konzentrierte Effekte im europäischen Umfeld erzielt und notfalls mit Druck und Härte langfristig stabile Entwicklungen unterstützt werden. Ein konkretes Beispiel dafür ist die Situation in Libyen (siehe weiter unten).

Europäische Machtprojektion* auf der Nordhalbkugel ist unabdingbar, sie liegt in unserem nationalen Interesse. Die Zeit einer kleinteilig organisierten europäischen Sicherheitsstruktur ist abgelaufen, es werden Haushaltsmittel verplempert und keine nachhaltigen Wirkungen erzielt. Wirksame Lösungen gibt es nur im europäischen Rahmen im gemeinsamen Verbund aller Politikfelder.

China auf dem Weg zu einer führenden Weltmacht

Vieles an chinesischer Politik geschieht im Namen von Konfuzius. Der unter Mao verfemte Philosoph erfährt dort heutzutage eine staatlich geförderte Renaissance, die vor allem in den Bereichen Erziehung, Bildung und Forschung deutliche Spuren hinterlässt. Es ist dies eine Rückbesinnung auf den Konfuzianismus, der in China seit der Han-Dynastie (206 v. Chr. – 220

---

* Mit Machtprojektion wird die Fähigkeit eines Staates bezeichnet, seine politischen Interessen unter Androhung oder Anwendung von Gewalt auch weit entfernt von seinem eigenen Territorium durchzusetzen.

n. Chr.) bis zum Ende des Kaisertums im Jahre 1912 verbindliche Staatsdoktrin als Mittler jahrtausendealter chinesischer Traditionen war. Mit geradezu konfuzianischer Konsequenz und Logik verfolgt das kommunistische China nun eine Industrie-, Wirtschafts- und Wachstumspolitik der mehr oder weniger sanften, aber nicht weniger nachdrücklichen Expansion. Kulturpolitisch getragen wird dies in über 100 Ländern von 480 Konfuzius-Instituten (Stand 2014).

China ringt schon jetzt mit den USA um Platz 1 in Bezug auf das Bruttoinlandsprodukt (BIP). Bis 2025 will es Nummer 1 sein. Hierzulande wird erst langsam wahrgenommen, dass das »Reich der Mitte« wirtschaftlich mehr und mehr den Takt vorgibt. Weder die EU noch Deutschland vermochten dieser Entwicklung bislang etwas entgegenzusetzen. Es kommt hinzu, dass sich die EU-Mitglieder in ihrem Umgang mit Chinas Expansionsstrategie alles andere als einig sind. Jeder scheint sich selbst der Nächste zu sein. Griechenland etwa hat die Hafengesellschaft von Piräus lukrativ an China verkauft (der staatliche chinesische Logistikkonzern China Ocean Shipping Company, Cosco, übernahm 2016 51 Prozent der Betreibergesellschaft Piraeus Port Authority, PPA.) Auch an der Hafengesellschaft von Barcelona ist China beteiligt, ebenso am Duisburger Binnenhafen. Triest und Genua kommen neuerdings hinzu. Oft wird auch etwas verschlafen: Als sich vor einigen Jahren die Lage in Afghanistan etwas beruhigt hatte, suchte das uns wohlgesonnene Land deutsche Unternehmen, um die dort vorhandenen Seltenen Erden erschließen zu können. Seit 1916 existiert ein afghanisch-deutscher Freundschaftspakt. Die Bundesregierung verschlief aber die Gunst der Stunde, die Chinesen sprangen ein und konnten so ein Quasi-Monopol bei diesen höchst begehrten Rohstoffen aufbauen.

Aber nicht nur wirtschaftspolitisch ist China eine mehr und mehr dominierende Macht. Es hat weitreichende geopolitische Ambitionen, bis spätestens 2050 will es militärische Großmacht sein. Dafür wurden 2017 im Etat 228 Milliarden US-Dollar veranschlagt, inklusive versteckter Haushaltspositionen weit mehr ausgegeben. China expandiert in allen Bereichen und auf allen Ebenen und dehnt seine Einflusssphären sukzessive und unerbittlich aus. Immer häufiger entsendet es Marineeinheiten in den Pazifik, aber auch in den Indischen Ozean sowie in das Mittelmeer und sogar in die Ostsee.

Dort beteiligte sich China 2017 mit drei Kriegsschiffen an einem Manöver mit Russland. So gesehen ist China auch sicherheitspolitisch und militärisch für Deutschland nicht mehr weit weg.

Land	Bevölkerung in Millionen	BIP in Billionen $ 2018	Rangplatz 2018	BIP nach Kaufkraftbereinigung Billionen $ 2018	Rangplatz 2018	Schätzung BIP in Billionen $ 2030
USA	328,4	20,4	1	20,4	2	23,5
China	1397,0	14,1	2	25,2	1	26,5
Japan	126,5	5,2	3	5,6	4	5,5
Deutschland	83,2	4,2	4	4,4	5	4,3
Großbritannien	66,3	2,9	5	3,0	9	3,5
Frankreich	67,3	2,9	6	3,0	10	3,2
Indien	1334,2	2,8	7	10,4	3	7,8
....						
Russland	143,9	1,7	11	4,2	6	2,1
Zum Vgl.: EU	512,6	17,5		20,8		

Quelle: de.statista.com

Wirtschaftlich schafft es weltweite Abhängigkeiten. Seine (angeblichen?) Devisenreserven in Höhe von 900 Milliarden Dollar machen es möglich. Zum Beispiel treibt China Sri Lanka, die Malediven und Pakistan in die Schuldenfalle. Länder Afrikas und Südamerikas geraten mit riesigen fremdfinanzierten Projekten in Abhängigkeit zum chinesischen Drachen. Eine »neue Seidenstraße« soll Asien mit Europa verbinden – maritim und terrestrisch. Mittlerweile sind elf EU-Mitgliedsstaaten mit »an Bord«. Griechenland etwa und die Visegrad-Staaten werden mit hohen Darlehen für Verkehrsverbindungen geködert.[46]

Zugleich riskiert China Konflikte mit seinen Nachbarn: Taiwan wird nach wie vor als abtrünnige Provinz betrachtet, in der Taiwan-Straße kreuzen regelmäßig Kriegsschiffe. Auch mit Südkorea und Indien gibt es immer wieder Spannungen, vor allem aber mit Japan, denn China beansprucht im Süden der japanischen Inselkette die Senkaku-Inseln für sich.

Die Chinesen wissen zu gut, dass es keine Weltmacht gibt, die nicht zugleich Cyber- und Weltraumprojekte unterhält. Siehe die Landung einer chinesischen Sonde auf der Rückseite des Mondes am 3. Januar 2019. Und China weiß sehr wohl, dass es keine Weltmacht gibt, die nicht zugleich Seemacht ist. Insofern war es geradezu logisch, dass China 2012 einen ersten und zwischenzeitlich einen zweiten eigenen Flugzeugträger in Dienst gestellt hat. Das Offenhalten überseeischer Handelswege wird offenbar als eigene Aufgabe verstanden; dabei ist vor allem die Meerenge von Malakka zwischen Singapur und Kuala Lumpur von großer Bedeutung, durch die ein Drittel des Welthandels verschifft wird.

China schüttet nahe den Spratley-Inseln seit 2013 künstliche Atolle auf und baut Inseln aus unter Nutzung riesiger Bagger »made in Germany«. Es werden drei Kilometer lange Landebahnen betoniert, Kasernen gebaut, Radarstationen und Raketensilos aufgestellt. China behandelt das Südchinesische Meer wie sein eigenes Hoheitsgewässer, nicht zuletzt weil in der Gegend reiche Bodenschätze, vor allem Gasvorkommen, vermutet werden. Als am 29. September 2018 der USS-Zerstörer Decatur das Südchinesische Meer durchfuhr, wurde er vom chinesischen Lenkwaffenzerstörer Lanzhou verwarnt. Am 1. August 2017 eröffnete China eine erste Übersee-Marinebasis in Dschibuti am Horn von Afrika.

Der Ferne Osten ist und bleibt ein hochgerüstetes Pulverfass. Nicht nur wegen Nordkorea mit seinen 1,2 Millionen Soldaten, eben auch wegen China mit 2,3 Millionen Uniformträgern. Europa ist bei all dem außen vor. Gespräche mit China über Menschenrechte sind notwendig, bleiben aber angesichts chinesischer Machtpolitik ohne Wirkung. Tibeter, Uiguren und andere Völker werden mit eiserner Hand unterdrückt. Der globale Machtanspruch der Chinesen wird schwache Europäer zur Kooperation zwingen. Europa kann den chinesischen Großmachtgelüsten allenfalls etwas entgegenhalten, indem es an der Seite von Verbündeten steht. Zum Beispiel wenn die USA und Australien einen Marinestützpunkt auf Papua-Neuguinea errichten, oder wenn es Japan unterstützt.

Japan hat militärisch den seit 1945 tiefverwurzelten Ultra-Pazifismus (er hatte sogar Verfassungsrang!) längst verlassen. Bis 2007 besaß das Land nicht einmal ein Verteidigungsministerium, lediglich ein »Selbstverteidigungsamt«. Zugleich sind die USA in Japan noch immer mit 45.000 Mann militärisch präsent; dafür zahlen die Japaner jährlich rund 4,4 Milliarden US-Dollar. Die 7. Flotte der US-Marine hat ihren Heimathafen nach wie vor in Yokosuka auf der japanischen Hauptinsel Honshu. Nun aber heißt es seit 2013: »Japan ist zurück!« Das war ein auf das Militärische gemünztes Motto von Ministerpräsident Shinzo Abe zur neuen Sicherheitspolitik seines Landes, das seinen Verteidigungshaushalt sukzessive auf mittlerweile fast 40 Milliarden Euro erhöhte. Darüber hinaus will sich Japan auch international stärker militärisch engagieren. Zuletzt geschah dies in der Straße von Hormus am Persischen Golf mit Minenräumbooten oder im Rahmen eines UN-Einsatzes im Süd-Sudan.

Sicherheit mit oder vor Russland?

Das Verhältnis zwischen Deutschland und Russland (früher der Sowjetunion) ist seit Jahrzehnten ein schwieriges – und ein sehr wechselhaftes. Letzteres gilt auch nach Auflösung des West-Ost-Dualismus zu Beginn der 1990er-Jahre. Gorbatschow hatte den Nachfolger der Sowjetunion, die Gemeinschaft Unabhängiger Staaten GUS, dem Westen annähern wollen, er sprach von Europa als unserem »gemeinsamen Haus«.* Noch 2001 hatte Wladimir Putin im Deutschen Bundestag erklärt, Russland wolle sich Europa annähern. Seine Rede im Deutschen Bundestag beendet er in deutscher Sprache mit dem Satz: »Russland ist ein freundliches europäisches Land.« Das war Putin Nr. 1. Ab 2007 folgte Putin Nr. 2 mit Stimmungswechsel im Kreml: Dazu dürfte die umstrittene NATO-Osterweiterung beigetragen haben.

---

* Gorbatschow gibt an, diese Metapher in seiner Prager Rede vom 10.4.87 erstmals benutzt zu haben.

Bereits mit dem Zerbrechen der Sowjetunion traumatisiert, kratzte die Ostausdehnung der NATO zusätzlich am russischen Stolz. Dieses Trauma wurde dadurch verschärft, dass sich Staaten der vormaligen Sowjetunion reihenweise dem Einfluss Russlands entzogen. Hier ist der Beitritt der baltischen Staaten sowie Polens, Tschechiens, der Slowakei, Ungarns, Rumäniens und Bulgariens zur NATO sowie das informelle Angebot einer NATO-Mitgliedschaft an Georgien und die Ukraine zu nennen. Hinzu kommt die Position des Westens in der Ukraine- und Krim-Krise (am Rande: Chruschtschow hatte die Krim 1954 an die Ukraine verschenkt) sowie das Liebäugeln des Westens mit dortigen oppositionellen Gruppen, die Anerkennung des Kosovo und das Eingreifen des Westens im Irak und in Libyen. Die Sanktionen gegen Russland taten ein Übriges, das Land fühlt sich zunehmend eingekreist.

Umso wichtiger ist es für Putin, weniger mit der EU als mit den USA auf Augenhöhe zu agieren. Gegebenenfalls stößt er in ein Vakuum vor, das die USA mit ihrer Politik schaffen, als Beispiel sei Syrien genannt. Putin kann auch gut damit leben, wenn sich die vormaligen Staaten des Warschauer Paktes vor Russland ängstigen. Er inszeniert russische Militärmanöver mit der Simulation eines Nuklearangriffs auf Warschau. Im Herbst 2014 ließ er Langstreckenbomber und Kampfjets im internationalen Luftraum über der Nord- und Ostsee, dem Schwarzen Meer und dem Atlantik kreisen.

Verschiedentlich drangen russische Flieger in den schwedischen Luftraum und russische U-Boote in schwedische Hoheitsgewässer vor. Vor allem will Putin Russlands unmittelbare Nachbarschaft destabilisieren. Freilich übersieht er dabei, dass die sichersten Grenzen Russlands seine westlichen Grenzen sind.

Nach all dem kann Russland nicht länger als Deutschlands und Europas strategischer Partner gelten. Vielfach wird angenommen, dass mit einer auf Augenhöhe angelegten Zusammenarbeit mit Russland nach dem Zusammenbruch der Sowjetunion die neuerliche Konfrontationssituation hätte vermieden werden können. Nun hilft es aber nicht, an den Gegensätzen vorbei zu argumentieren. Realismus ist angesagt und dazu gehört, sich als Europäer auf die eigenen Stärken zu besinnen, um ernst genommen zu werden.

Putin setzt auf eine zunehmende Militarisierung der russischen Politik und damit auf Aufrüstung. Und er setzt auf hybride Kriegsführung inkl. Propaganda und Cyber-Attacken. Dass damit auch von inneren Problemen abgelenkt werden soll, ist offenkundig. Islamistische Aktivitäten im Süden, die demographische Entwicklung, Auswanderung, Aids und Alkohol hinterlassen ihre Spuren. Der Anteil der chinesischen Bevölkerung steigt in Sibirien deutlich.[47] Wirtschaftlich befindet sich Russland seit Jahren im Rückwärtsgang, was Putin gegenüber seinem Volk mit Großmachtträumen zu überspielen versucht. Dass angesichts all dieser Fakten Putin (und nebenbei sogar China) dem ZDF-Politbarometer zufolge in der deutschen Öffentlichkeit weniger Misstrauen entgegenschlägt als US-Präsident Trump, ist höchst erstaunlich.[48] Der Vermischung von Wunschdenken und Fakten widerstehen bei uns weder Regierung noch Medien.

Seit 2004 jedenfalls gab es in Russland eine massive Erhöhung der Verteidigungsausgaben, innerhalb von zehn Jahren bis 2014 eine glatte Verdoppelung. Die Gesamtausgaben Russlands für das Militär rangieren dabei aber weit hinter denen von China und den USA.

Land	Militärausgaben in Mrd. $ (2017)[49]
USA	610
China	228
Saudi-Arabien	69,4
Russland	66,3
Indien	63,9
Frankreich	57,8
Großbritannien	47,2
Japan	45,4
Deutschland	44,3
Südkorea	39,2

Zugleich ist Russland jedoch militärtechnisch sehr innovativ: Die ab 2019 einsatzfähige Überschall-Rakete »Awangard« soll beschafft werden, um die Abwehrsysteme etwa der Amerikaner auszuhebeln. Zudem lässt Putin neue Raketen entwickeln, die nicht abgefangen werden können und Reichweitenbeschränkungen umgehen. Neu sind außerdem die russischen S-300- und S-400-Flugabwehrsysteme sowie der neue unbemannte Panzer Armata T-14, von dem bis 2020 2300 Stück produziert werden sollen.

Und die Konsequenzen für Deutschland, die EU und die NATO? Es wäre ein Irrweg, Russlands Stärke damit abzutun, dass es wirtschaftlich ein Scheinriese sei – mit einem Bruttonationaleinkommen (BNE) in der Größenordnung Italiens oder Frankreichs. Russland ist eine Militär- und Energiemacht. Die europäischen Länder sollten den Ausgleich suchen, sich aber dennoch nicht in eine Appeasement-Politik gegenüber Moskau flüchten. Vielmehr muss die NATO im Verein mit der EU vor allem den drei baltischen Staaten und Polen ein Gefühl der Sicherheit geben. Nicht zuletzt wegen Russland werden die NATO mit dem Rückgrat USA und die EU wieder massiv in die kollektive Bündnisverteidigung investieren müssen. Es bedarf auch gegenüber Russland eines westlichen, europäischen Abschreckungspotenzials. Das hat schließlich jahrzehntelang gute Dienste getan und den Frieden gesichert.

Nordafrikanisch-asiatischer Krisenbogen

Europa sieht sich im Süden einem Krisenbogen von Marokko bis Pakistan gegenüber. Der iranische Gottesstaat arbeitet daran, das Atom zu bändigen und zur Waffe werden zu lassen. Das Abkommen, um dies zu verhindern, wurde von den USA gekündigt; es böte aber auch nur einen relativen, zumal zeitlich befristeten Schutz. Wie es weitergeht, ist völlig offen. Der »arabische Frühling« ist in nahezu allen Ländern Nordafrikas gescheitert, einem rasanten Bevölkerungswachstum steht keine entsprechende wirtschaftliche Entwicklung gegenüber. Der Bevölkerungsdruck nimmt weiter zu, die Unzufriedenheit auch. Das Internet zeigt heute selbst Slumbewohnern, dass ein anderes, ein besseres Leben wenn nicht im eigenen Land, so doch in überwindbarer Entfernung möglich ist.

Wie mit kurzsichtigen Eingriffen von außen ein Staatszerfall beschleunigt werden kann, zeigt das Beispiel Libyen. Franzosen, Briten und US-Amerikaner verständigten sich im Zuge der Umwälzungen des Arabischen Frühlings 2011 darauf, in Libyen einen Regimewechsel herbeizubomben, Muammar al-Gaddafi hatte mit seinem erratischen Regime ausgedient. Westliche Ölinteressen spielten mal wieder eine mitentscheidende Rolle. Die Luftwaffen der drei Mächte flogen Angriffe, bald ging den Europäern die Munition aus, die US-Amerikaner mussten in die Bresche springen. Die USA und ihre Kriegspartner Großbritannien und Frankreich schafften es mit vereinten Kräften, das Gaddafi-Regime auszuschalten. Bodentruppen sollten nicht eingesetzt werden, das hätte ja eigene Verluste bedeuten können.

Fortan ohne staatliches Gewaltmonopol, wurde das Land von rivalisierenden Gruppen ins Chaos gestürzt, sogar der IS konnte dort sein Unwesen treiben. Die Deutschen hatten sich mal wieder vornehm zurückgehalten, was sich in diesem Fall in Bezug auf den fragwürdigen Einsatz als richtige Entscheidung herausstellte. Heute wäre es allerdings an der Zeit, sich zusammen mit europäischen Partnern massiv in dem Land zu engagieren und mitzuhelfen, die chaotischen Zustände zu beenden, denn was durch Mitmachen (F, GB, USA und weitere Länder) oder Beiseitestehen (D) angerichtet wurde, geriet zum Desaster für die Libyer. Die Europäer ernten die Folgen: Seit Jahren treiben ungehindert Schleuserbanden ihr Unwesen und schicken Zehntausende Menschen aufs Meer – offenbar egal, wie viele dabei ums Leben kommen.

Sodann Syrien: Das Assad-Regime stand seit Jahren auf der Terrorliste der US-Amerikaner. Die Achse des Bösen – von Georg W. Bush in die Welt gesetzt – war auch dem Friedensnobelpreisträger Barack Obama ein Dorn im Auge. Auch er betrieb mit Geheimdienstaktivitäten und der Finanzierung von Terrorgruppen zusammen mit Saudi-Arabien und anderen den Umsturz. 2011 war es dann so weit: Die repressiven Methoden von Assads Diktatur zur Unterdrückung von Protesten im Rahmen des Arabischen Frühlings gelten als Auslöser für den Bürgerkrieg. Der Iran, Israel, Saudi-Arabien und später die Russen und die USA mischten nach Kräften mit. Millionen Flüchtlinge innerhalb Syriens wie auch in den Nachbarländern suchten – menschlich verständlich – ihren Ausweg aus der Tragödie und machten sich auf den Weg. Ein Ziel waren die europäischen Länder, die zwar nicht direkt am Konflikt beteiligt, aber auch nicht in der Lage waren, dämpfend einzuwirken. Hunderttausende Syrer klopften an die Türen der EU und begehrten Einlass.

Das Versinken Syriens in einem von außen betriebenen Bürgerkrieg unmittelbar vor unserer Haustür zeigte einmal mehr die Hilflosigkeit der EU. Eine europäische Machtprojektion fand nicht statt, die EU wäre dazu auch kaum in der Lage gewesen. Damit bleibt nur übrig, mit anderen die Folgen zu tragen: Flüchtlinge in großer Zahl aufzunehmen und irgendwann mit hohen Mitteln zum Wiederaufbau des zerstörten Landes beizutragen. Unsere Freunde jenseits des großen Teiches schüren zusammen mit anderen den Konflikt, wir sind für die (Flüchtlings-)Folgenbeseitigung zuständig. Ein gutes Beispiel dafür, wie Europa mit sich umgehen lässt!

Migration und Klimawandel

Völkerwanderungen gehören zur Geschichte der Menschheit. Die Gründe zum Verlassen der eigenen Heimat waren schon immer vielfältig: Ein besseres Auskommen zu finden oder schwierigen Umweltbedingungen wie Klimawandel zu entgehen waren hierfür von alters her veritable Triebfedern. Schwierig dürfte es schon immer dann geworden sein, wenn Neuankömmlinge Gesellschaften massiv verändert haben, der vorhandene Wohlstand geteilt werden musste und ein Wohlstandsgewinn durch die Zuwanderung nicht zu erwarten war. So ist die aktuelle Situation in Mitteleuropa, die Armutsmigration nimmt keine Rücksicht auf vorhandene Kulturen und zehrt am Sozialstaat.

Die entwickelten Länder versuchen in der Folge, ihre Grenzen zu kontrollieren und die Zuwanderung auf ein zumutbares Maß herunterzuregeln. Dass offene Grenzen nicht funktionieren und neben Deutschland auch die EU kaputt machen würden, musste irgendwann selbst unsere Regierung einsehen. Grenzschutz ist innerhalb der Staaten Aufgabe der Grenzpolizei, in extremen Situationen kann dafür auch der Einsatz von Militär erforderlich werden. Fluchtursachen zu bekämpfen, die auf massive Menschenrechtsverletzungen oder Gruppenverfolgungen zurückzuführen sind, ist jedenfalls Aufgabe von Streitkräften. Auch aus diesen Gründen steht die Bundeswehr seit Anfang der 1990er-Jahre in Auslandseinsätzen, zum Beispiel in Ländern wie Afghanistan oder Mali, die von terroristischen und/oder kriminellen Strukturen geplagt sind. Die Europäer können gar nicht anders, als sich an derartigen Einsätzen möglichst im Rahmen der Vereinten Nationen (VN) zu beteiligen. Dabei hat sich eine gute Zusammenarbeit vieler Länder entwickelt, auch Deutschland wird hierfür künftig eher mehr als weniger Kräfte vorhalten müssen.

Nicht zuletzt wird der Klimawandel durch steigende Meeresspiegel und Trockenheit ganze Landstriche unbewohnbar machen und zu massiven Konflikten und noch mehr Völkerwanderungen führen. Der Kampf gegen und um das Wasser gerät zur Überlebensfrage. So gräbt zum Beispiel die Türkei den flussabwärts liegenden Anliegern von Euphrat und Tigris wie Syrien und Irak das Wasser ab, und schon ist der Konflikt da. Auf der anderen Seite ermöglicht die Erderwärmung demnächst die Nutzung des Nordpolarmeeres für Schiffspassagen. Wer wird sich um die Sicherung dieser neuen Schifffahrtswege kümmern? Nutzen werden wir sie wollen, aber werden wir uns auch an deren Sicherung beteiligen?

Der globalisierte Terrorismus

Von »neuen« Kriegen war in diesem Kapitel schon die Rede. Mit »neuen« Kriegen ist eine Entwicklung gemeint, die Parviz Amoghli und Alexander Meschnig in ihrem 2018 erschienenen Buch »Siegen oder vom Verlust der Selbstbehauptung« mit Blick auf den globalisierten Terrorismus, vor allem den islamistischen Terror, in Anlehnung an die Taktik der klassischen Reiternomaden gegen die sesshaften Kulturen beschreiben. »Die Verbreitung von Schrecken durch exzessive Gewalt, Hinrichtungen, Versklavung von Frauen, Massenvergewaltigungen in den eroberten Gebieten, (...) Überraschungsangriffe mit Messern und Sprengstoff, das Verschwinden und Untertauchen, nicht mehr in den Weiten der Steppe, sondern in den großen Metropolen unserer Länder«, sind angewandte Methoden der Verbrecher.[50]

Der Militärhistoriker Martin van Creveld ist überzeugt, dass diese Formen vor Europa und den USA nicht haltmachen. »Die alltägliche Gewalt tribalistischer Einwanderer und die regelmäßigen terroristischen Anschläge in europäischen und amerikanischen Städten sind die Vorboten eines Imports von Gewaltformen, die aus unserem Bewusstsein verdrängt werden, ganz einfach deshalb, da sie in einer pazifizierten und wirtschaftlich prosperierenden Gesellschaft keine Rolle spielten. Umso hilfloser sind die heutigen Versuche, darauf zu antworten.«[51]

Im Weißbuch von 2016 geht die Bundesregierung eher allgemein auf Terrorgefahren ein: »Transnational operierende Terrororganisationen und Netzwerke profitieren von Staatszerfallsprozessen, die ihnen Rückzugs- und gar Herrschaftsräume verschaffen. Sie nutzen Soziale Medien und digitale Kommunikationswege, um Ressourcen zu generieren, Anhänger zu gewinnen, ihre Propaganda zu verbreiten und Anschläge zu planen. Sie verfügen zunehmend über die Fähigkeit, Ziele mit Cyberfähigkeiten anzugreifen oder chemische, möglicherweise künftig auch biologische und radioaktive Substanzen bei einem Anschlag einzusetzen.«[52]

In der realen Welt haben sich Terroranschläge in den letzten Jahren zu einer Geißel der Menschheit entwickelt. Sprengstoffe sind mit in jedem Baumarkt verfügbaren Chemikalien herstellbar, der Sprengstoffkoffer ist die Waffe der Wahl für verbrecherische Organisationen, die keinen Zugang zu anspruchsvoller Waffentechnik haben. In Ländern wie dem Irak, Afghanistan und Pakistan sind Sprengstoffanschläge zur beinahe alltäglichen Bedrohung geworden. Der Terror hat sich tief in die Gesellschaften hineingefressen, nicht nur politische oder religiöse Auseinandersetzungen werden mit Anschlägen ausgetragen. Das sind die Spätfolgen des »Krieges gegen den Terror« von US-Präsident Georg W. Bush, der Hunderttausende von Opfern gekostet und eine ganze Weltregion destabilisiert hat.

Europa ist von dieser Heimsuchung epidemischen Ausmaßes nicht verschont geblieben. Die brutalen Anschläge von Paris, Brüssel, Nizza und Berlin haben aber zum Glück nicht weiter Schule gemacht. Nachdem der IS im Wesentlichen ausgeschaltet zu sein scheint, sind auf unserem Kontinent nur mehr vereinzelt Anschläge zu verzeichnen. Gute Polizei- und Geheimdienstarbeit sorgt dafür, dass in Europa mit terroristischer Gewalt kein Staat zu machen ist. Die Gefahr geht aktuell eher von Einzeltätern aus, die mit Handwaffen und Messern oder auch Fahrzeugen ihre blutigen Taten verrichten.

So haben im Jahr 2017 in Europa 68 Menschen durch Terror ihr Leben verloren. Dem stehen 25.300 getötete Verkehrsteilnehmer gegenüber, die auf Europas Straßen ihr Leben gelassen haben.[53] Unabhängig davon verlangt die Öffentlichkeit nach einem wirkungsvollen Schutz gegen terroristische Bedrohungen, die auch von zerfallenden Staaten ausgehen. Dafür ist im Inland in erster Linie die Polizei, im Ausland das Militär zuständig, in beiden Fällen unterstützt durch eine wirkungsvolle Geheimdienstarbeit.

Soldaten bleiben in unserem Land in den Kasernen, weil der Einsatz der Armee im Inneren aus ideologischen Gründen nur in engen Grenzen erlaubt ist (siehe Kapitel VII, Deutsche Sonderwege, Unterkapitel »Einsatz der Bundeswehr im Innern?«). Unsere Nachbarländer haben dieses Problem nicht, bei Bedarf wird zum Schutz der Bevölkerung auf die Streitkräfte zurückgegriffen.

Neue Bedrohungsformen – Cyber

Vor einigen Jahrzehnten noch unbekannt, werden heutzutage technische Anlagen in Wirtschaft, Verwaltung, Industrie und Militär durch IT-Programme gesteuert. Diese Programme aus dem Takt zu bringen und Schaden anzurichten, mühen sich Hacker, man könnte sie auch als Saboteure bezeichnen. »Nur bei einem verschwindend geringen Anteil der Angriffe stecken gut ausgebildete und ausgerüstete Hackergruppen dahinter. Denn ein gut geplanter, zielgenauer Angriff ist teuer und aufwendig« so der IT-Sicherheitsexperte Thomas Reinhold.[54] Mit der Zeit hat sich daraus ein reiches Betätigungsfeld für staatliche und nichtstaatliche Akteure entwickelt. Wie konkret solche Mittel hybrider Kriegführung bereits sind, belegt Russland. Es sind zwei russische Cyberangriffe auf die Ukraine bekannt, bei denen die Steuerungsprogramme ukrainischer Versorgungsunternehmen so schwer beschädigt wurden, dass am 23. Dezember 2015 rund 700.000 Haushalte ohne Strom waren. Russlands aktive Wahlbeeinflussung in den

USA und Hackerangriffe in Deutschland passen ebenfalls in diese Kategorie. Die Bundesregierung scheint die Bedrohung erkannt zu haben. Immerhin kommen die Begriffe »cyber« und »hybrid« im Weißbuch 2016 bereits 72- und 22-mal vor. Wie ausnahmsweise schwungvoll und doch gleich wieder abseits einer ganzheitlichen Wahrnehmung der Bedrohung unsere Regierung auch auf diesem Feld handelt, ist in Kapitel III, Abschnitt »Zauberwort Cyber«, nachzulesen.

Weil noch vor wenigen Jahren der Begriff Cyber völlig unbekannt war, ist guten Gewissens zu unterstellen, dass der menschliche Erfindungsreichtum auch damit nicht an seinem Ende angelangt ist. Was ist eigentlich, wenn es staatlichen oder auch nichtstaatlichen Akteuren gelingen sollte, die Welt mit neuartigen chemischen oder biologischen Waffen in Angst und Schrecken zu versetzen? Wer kümmert sich dann darum? Soll auch hier gelten, dass das schon die »Amis« für uns erledigen werden? Oder gehört es nicht zur Risikovorsorge jedes entwickelten Staatswesens, sich auch auf das Unwahrscheinliche oder (noch) nicht Sichtbare vorzubereiten? Wo ist unser nationaler Sicherheitsrat, der nach Bedrohungsformen der Zukunft Ausschau hält und vorbeugende Maßnahmen einleitet?

Primäre Aufgabe der Bundeswehr: Schutz der Bürger

Bekannten und auch noch unbekannten Bedrohungen mit staatlicher Macht entgegenzutreten, ist vorrangige Aufgabe jedes Gemeinwesens. Es gibt, wenn Politik und Diplomatie versagen, keine anderen Machtmittel als die Kräfte der Nationalstaaten, wenn irgend möglich im Benehmen mit Partnern und im Auftrag von EU oder VN. Deutschland und im engeren Sinne die Bundeswehr ist nur höchst eingeschränkt als Stabilisierungsfaktor zur Wahrnehmung der skizzierten Aufgaben in der Lage. Generalleutnant a. D. Ulf von Krause attestiert der Bundeswehr »(...) die gleichen Probleme wie am Beginn der Auslandseinsätze (...) in den 1990er-Jahren, aus denen man offenbar nichts gelernt hat. Im Gegenteil, die materielle Aushöhlung der Streitkräfte ist weiter fortgeschritten«.[55] Die Soldaten bemühen sich redlich, ihre Mittel sind jedoch höchst eingeschränkt. Es wird künftig nicht mehr ausreichen, von der Friedensmacht Deutschland zu schwadronieren, das militärische Handeln als letztes Mittel der Wahl aber verächtlich zu machen und im Fall des Falles Bündnispartner die Kastanien aus dem Feuer holen zu lassen.

Die ausgleichende und friedensstützende Wirkung von Beschlüssen der Vereinten Nationen (VN), des Einsatzes von Nichtregierungsorganisationen (NGO) und anderer Mechanismen soll mit dieser Argumentation nicht geleugnet werden. Sie haben in vielen Teilen unserer Welt eine positive und nachhaltige Wirkung erzielt. Aber die Wirklichkeit zeigt eben überdeutlich, dass damit allein die friedliche Entwicklung auf unserem Globus nicht gesichert werden kann.

Der speziell deutschen Kultur der Zurückhaltung in diesem Bereich dient der Parlamentsvorbehalt bei Auslandseinsätzen der Bundeswehr; er wird als heilige Kuh betrachtet, aus Sicht der Partner aber zunehmend als Mittel der Drückebergerei empfunden. »(...) einige Nationen können sich verpflichten, ihre Streitkräfte einzusetzen, aber die Deutschen sagen, sie müssten erst das Parlament konsultieren.« Mit der abwartenden Haltung würden die Deutschen anderen Staaten ihre Bedingungen aufzwingen.[56] Siehe hierzu Kapitel VII Deutsche Sonderwege »Parlamentsarmee«. Die Deutschen suhlen sich in ihrer Vergangenheit im »Sündenstolz«, sitzen im Lehnstuhl und tadeln mit besorgter Miene das Weltgeschehen. Außer Geld, Diplomatie und klugen Ratschlägen ist bisher wenig zu erwarten.

Folgerung

Strategien zum Schutz der Bürger vor Bedrohungen von morgen sind der Beginn jedes Handelns. Auf dieser Basis kann mit Partnern globale Prävention betrieben werden. Deutschland muss zu diesem Zweck endlich eigene Zielvorstellungen entwickeln, um nicht zum Spielball der Interessen anderer zu werden.

KAPITEL III

Defizite und Konsequenzen

Die Bundeswehr als Hauptträger der äußeren Sicherheit unseres Landes ist in einem desolaten Zustand und deshalb nicht einmal bedingt einsatzbereit. Sie kostet den Steuerzahler gegenwärtig ca. 43 Milliarden Euro im Jahr, ist aber für ihre primäre Aufgabe, die Verteidigung Deutschlands, kaum einsetzbar. Folglich ist das viele Geld größtenteils rausgeschmissen, halbe Sachen sind nun mal auf diesem Sektor keine Lösung. Unser Land braucht eine andere Bundeswehr, weil die Defizite Legion sind und es an allen Ecken und Enden mangelt. Zweieinhalb Jahrzehnte Abbau von Fähigkeiten haben die Bundeswehr zu einem Torso verkümmern lassen.

Hinter manchen politischen Entscheidungen ist keine Linie erkennbar. Drei Beispiele:

Noch im Jahr 2017 sind vereinzelt Berufssoldaten mit 50 vorzeitig in den Ruhestand geschickt worden. Monate später wurde verkündet, mit einer Trendwende den Personalumfang der Armee wieder vergrößern zu wollen.

Für mit Milliardenaufwand angeschaffte Waffensysteme wurden weder Wartungsverträge geschlossen noch Ersatzteile beschafft mit dem Ergebnis einer katastrophalen Einsatzbereitschaft.

Milliarden Euro teure Privatisierungen zum Beispiel im Bereich der Informationstechnik wurden nach Jahren wieder abgelöst, um sie vom Bund in Eigenregie zu betreiben.

Seit der Jahrtausendwende hat sich keine Regierung mit Ruhm bekleckert. Im Folgenden sollen einige besonders ins Auge stechende Bereiche näher beleuchtet werden.

Personal

Die Truppenstärke der Bundeswehr wurde seit der Wiedervereinigung von 486.825 Soldaten (Stand 1989, ohne übernommene NVA-Anteile) auf 182.055 (Stand 2019) reduziert.[57]

Jahr	Truppenstärke
1959	248.800
1969	455.114
1979	492.344
1989	486.825
1999	331.148
2009	249.900
2019	182.055

Inzwischen ist die Erkenntnis gereift, dass dies für die vielfältigen Aufgaben der Streitkräfte eines großen Landes doch etwas knapp bemessen ist, wobei hinzukommt, dass nur etwa 135.000 dieser Soldaten auch tatsächlich für ihre nominellen Aufgaben zur Verfügung stehen. Die Differenz ist entweder im Krankenstand, befindet sich in Mutterschutz, ist als Personalrat freigestellt, zur NATO oder ins Ministerium abkommandiert, bei der Aus- oder Weiterbildung oder steht anderweitig nicht zur Verfügung.

So wurde im Jahr 2018 von der Verteidigungsministerin eine »Trendwende Personal« ausgerufen mit dem Ziel, die Gesamtstärke der Streitkräfte bis 2025 wieder auf 203.000 Soldaten zu steigern.[58] Abbauen und Strukturen kaputt schlagen ist einfach, sie wieder zum Leben zu erwecken, gerät in der heutigen Zeit jedoch zur Herausforderung. Die Bundeswehr konkurriert auf dem Arbeitsmarkt mit zivilen Arbeitgebern, die zum Teil deutlich attraktivere Bedingungen bieten können. Dies scheint den Verantwortlichen immerhin bewusst geworden zu sein, wie an den zunehmenden Personalwerbemaßnahmen zu erkennen ist. Dazu später mehr.

Bei zurückgehenden Jahrgangsstärken infolge des demografischen Wandels wird es rasch eng werden mit dem geplanten Nachwuchs, zumal auch Polizei, Schulen und prosperierende Verwaltungen allerorten um ihn werben – von der Wirtschaft ganz zu schweigen. Immerhin werden die Dienstzeiten des vorhandenen Personals verlängert; je mehr Soldaten ihren Dienst in wohltemperierten Büros verrichten, umso weniger sollten sie Jahre früher als normale Arbeitnehmer in den Ruhestand gehen dürfen. Ältere Semester nicht mehr in den Schützengraben zu schicken, ist innerhalb einer Armee regelbar.

Um das Ziel zu erreichen, wurde eine flexible Umfangsplanung der Truppe ausgerufen, »atmender Personalkörper« genannt.[59] Traut man der eigenen Personalstrategie nicht und lässt sich ein Hintertürchen offen, falls die Zielgrößen nicht erreicht werden? Ein »flexibel atmender Personalkörper« kann natürlich mal etwas mehr und mal etwas weniger Soldaten umfassen. »Und schon kann die Lage nicht mehr an genauen Zielvorgaben gemessen werden«, könnte eine Überlegung sein.

»Flexibel atmender Personalkörper«

Die Probleme sind gewaltig, geeignetes Personal bei einem zurückgehenden Potenzial an geeigneten jungen Männern und Frauen für das Militär zu finden. Gründliche Überlegungen sind fällig, mit welchen Werbemaßnahmen und Versprechen auf potenzielle Bewerber zugegangen werden soll. Schließlich sind die Zeiten vorbei, in denen die Wehrpflicht junge Menschen in die Kasernen spülte und mit einem gewissen Automatismus für Nachwuchs sorgte.

Die Anzahl ist das eine, die Frage nach der Eignung das andere. Bisherige Werbemaßnahmen lassen Zweifel aufkommen, ob die Richtigen überhaupt angesprochen werden. Jeder fünfte Offiziersanwärter quittiert innerhalb der ersten sechs Monate den Dienst[60] – ein deutliches Zeichen! Der Fehler im System beginnt schon damit, Anwerbestellen als »Karrierecenter« zu betiteln. Ist es das, weswegen die jungen Leute zur Bundeswehr gehen sollen? »Die kommen wegen des Geldes und wegen der geregelten Arbeitszeiten«, kritisiert ein Stabsfeldwebel die bei Jüngeren abnehmende Identifikation mit dem Beruf des Soldaten.[61] Die Werbung fährt hingegen auf dieser Schiene fort mit dem Ausloben eines attraktiven Gehaltes, mit Kindertagesstätte, Einzelstube, Kühlschrank und Flachbildfernseher. Eine »Banalisierung der Bundeswehr« als ein »Arbeitgeber unter vielen«.[62]

Dummerweise können die Wettbewerber auf dem Arbeitsmarkt damit auch dienen. Diejenigen, für die solche Merkmale bei der Arbeitgeberwahl entscheidende sind, werden schwerlich zur Bundeswehr kommen oder wenigstens nicht bei ihr bleiben. Der Truppe fehlen vielerorts Spezialisten, zum Beispiel Kampfschwimmer, Rettungssanitäter oder Kampfmittelbeseitiger.[63] Dabei spielt auch eine Überdifferenzierung bei den Verwendungen eine Rolle. Mit einer breiteren und mehrrollenfähigen Ausbildung in weniger Verwendungsreihen könnte dem Personalmangel leichter begegnet werden, auch ließe sich der immer noch weiter steigende Ausbildungsaufwand eindämmen.

Folgerung

Um den ausufernden Ausbildungsaufwand nicht weiter explodieren zu lassen, sollten Verwendungsreihen zusammengelegt und nicht noch zusätzliche Ausbildungsgänge kreiert werden. Ein Beispiel ist das zusätzliche Aeronautikstudium für Flugzeugführer. Dessen Notwendigkeit darf füglich bezweifelt werden.

Erfolg versprechender wäre die Betonung von Alleinstellungsmerkmalen: Dienen wollen, Kameradschaft ausüben, körperliche Leistungsfähigkeit und Belastbarkeit zeigen, in der Gruppe Gefahren bestehen, in die Welt hinausziehen und mit der Uniform sein Land vertreten gehören zum Kern des Soldatenberufes; das wird kaum ein ziviler Arbeitgeber bieten können. In diesen Attributen spiegelt sich auch die innere Einstellung wider, die von einem Soldaten verlangt werden muss, wenn er in einem militärischen Umfeld bestehen möchte. Werbeanzeigen der jüngeren Vergangenheit heben endlich auf diese Faktoren ab.

Dass es pfiffig auch geht, zeigen die folgenden Beispiele aus Internetauftritten und Werbeplakaten der Bundeswehr:

- Grünzeug ist auch gesund für deine Karriere.
- Wir suchen keine Götter in Weiß, wir suchen Helden in Grün.
- Nach der Schule liegt dir die Welt zu Füßen. Mach sie sicherer!
- Was sind schon 1000 Freunde im Netz gegen einen Kameraden.
- Wir kämpfen auch dafür, dass du gegen uns sein kannst.

Folgerung

Die Werbung um Nachwuchs sollte militärische Alleinstellungsmerkmale zum Inhalt haben und nicht Allerweltsfaktoren in den Mittelpunkt stellen, mit denen auch Autohersteller nach Personal suchen.

Kopflastige Personalstruktur ohne Unterbau

Der sturzgeburtartige Wegfall der Wehrpflicht 2011 hat der Bundeswehr einen »Personalkörper« beschert, der weit überwiegend aus mittleren und höheren Dienstgraden besteht. Die Chefs bleiben mehr und mehr unter sich. Dass dies selbst der Bundeswehrverband beklagt, ist für eine Gewerkschaft, die Beförderungsstaus kritisiert, immerhin bemerkenswert. Höherdotierungen von Dienstposten aus allen nur möglichen und unmöglichen Gründen helfen mit bei der beständigen Verteuerung des militärischen (wie auch zivilen) Personals über die regulären Lohnzuwächse hinaus. Die Personal- und Personalnebenkosten von über 50 Prozent schränken die verfügbaren Anteile im Einzelplan 14 für Investitionen erheblich ein. Die Ausgaben pro Soldat sind in der Bundeswehr signifikant höher als bei vergleichbaren Armeen. Franzosen, Holländer und Amerikaner verdienen im Schnitt bis zu 800 Euro weniger. Polnische Soldaten bekommen sogar nur die Hälfte des deutschen Solds.[64] Die Angaben stammen aus dem Jahr 2008, seither dürfte sich der Abstand zugunsten der deutschen Soldaten eher noch vergrößert haben. Immerhin sagt der Bundeswehrverband, dass die »finanzielle Vergütung (...) einzigartig (ist)«.[65]

Nun leuchtet unschwer ein, dass die Dienstgradstruktur einer Armee, bestehend aus fast nur mehr Zeit- und Berufssoldaten, eine andere ist im Vergleich zu einer Wehrpflichtarmee. Ferner nehmen technisch anspruchsvolle Aufgaben zu mit der Folge, dass höherwertige Bildungsabschlüsse verlangt werden mit im öffentlichen Besoldungssystem höheren Einstufungen. Das ist die eine Seite. Die andere Seite ist in Konsequenz aus der Ausbildungs- und Einstufungssystematik die Folge, dass fast nur mehr Soldaten mit Vorgesetztenausbildung und Vorgesetztenanspruch beschäftigt sind. Selbst mittlere und höhere Unteroffiziere werden als Vorgesetzte ausgebildet, alle Offiziersdienstgrade sowieso. Das ist glatter Unfug. Allein die Zunahme an Offiziersdienstposten in der Bundeswehr seit den 1960er-Jahren verdeutlicht, dass in dieser Struktur etwas gravierend aus dem Lot geraten ist.[66]

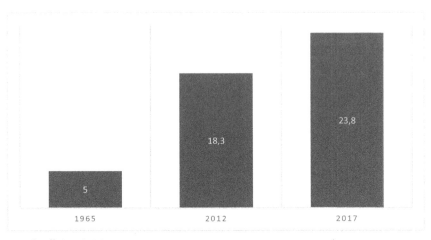

Anteil Offiziere in %

Das endlose Aufeinanderstapeln von Dienstgraden mit Vorgesetzteneigenschaften, die nicht als militärische Führer gebraucht werden, vernebelt die eigentlichen Aufgaben und führt zu Ansprüchen der Einzelnen, die die Organisation nicht erfüllen kann. Eine hochqualifizierte Ausbildung, wie sie die Bundeswehr üblicherweise bietet, die in der Praxis aber nicht umgesetzt werden kann, wird zum Frustfaktor. Ganz zu schweigen davon, dass die dafür notwendigen Ressourcen anderweitig besser investiert wären.

In dieses Bild passt die relative Vermehrung von Generalen/Admiralen trotz der drastischen Verringerung der Sollstärke der Streitkräfte. Die stolze Zahl von 193 Generalen und Admiralen wird im Juli 2018 ausgewiesen.[67] Zu Zeiten der 500.000 Mann starken Armee waren es etwas über 200.

Ein dazu passendes Beispiel ist die relative Vermehrung von Generalstabsdiensttuern in der Armee ab Major aufwärts. Amtliche Angaben hierzu waren nicht zu erhalten. Fakt ist, dass die Bundeswehr trotz drastischer Verringerung der zu führenden Einheiten die Zahl der Generalstabsoffiziere von vor der Strukturreform 2011 beibehalten hat mit der Folge, dass relativ zum Personalumfang deren Zahl kräftig angestiegen ist. In der Folge bläht die Bundeswehr ihre Stäbe im Gegensatz zu den allerorten propagierten schlanken Strukturen der gewerblichen Wirtschaft immer noch weiter auf.

Diese Offiziere mit einer höchstqualifizierten Generalstabsausbildung verdrängen zudem Stabsoffiziere ohne diese Zusatzausbildung von früher möglichen Führungsverwendungen und tragen zu deren Gefühl der zweiten Wahl bei. Eine zusätzliche Frustquelle par excellence innerhalb des Stabsoffizierkorps der Streitkräfte.

Einführung einer Bw-spezifischen Besoldungsstruktur

Derzeit werden Soldaten nach dem Beamtenrecht besoldet. Es ist überfällig, dass für die Bundeswehr eine eigene Besoldungsordnung eingeführt wird, die auf die militärischen Bedürfnisse insofern Rücksicht nimmt, als dass ein vergleichsweise gutes Einkommen nicht an immer höhere Dienstgrade gebunden wird. Das Problem existiert auch in anderen Bereichen des öffentlichen Dienstes, hat aber nirgends so gravierende Auswirkungen wie in der Hierarchie von Streitkräften. Damit könnte der Verwässerung der führungswichtigen Dienstgradstruktur mit immer noch mehr und noch höheren Dienstgraden auf allen Ebenen entgegengewirkt werden. Seit Jahren wird darüber diskutiert, aber es geht nicht voran. Der Bundeswehrverband hat Sorge, dass die Soldaten damit von der allgemeinen Einkommensentwicklung abgekoppelt werden (wofür es keinerlei Hinweise gibt). Eine eigene Besoldungsordnung für Soldaten böte auch weitaus mehr Möglichkeiten, gezielt auf Nachwuchs- und Besetzungsprobleme zu reagieren.

Folgerung

Die Ausbildung aller Portepeeunteroffiziere (alle höheren Unteroffiziersgrade) und Offiziere zum Vorgesetzten ist zu hinterfragen. Eine eigenständige Besoldungsordnung für Soldaten ist überfällig, um den militärischen Besonderheiten in der Personalstruktur Rechnung zu tragen und der Dienstgradinflation zu begegnen.

Stechuhrmentalität

Die Europäische Union hat in Abstimmung mit den Mitgliedsstaaten eine Richtlinie erlassen (2003/88/EG), die für die Bundeswehr 2015 (nach 12 Jahren) in eine neue Soldatenarbeitszeitverordnung (SAZV) umgesetzt wurde. Grundlage war ein Bundesverwaltungsgerichtsurteil vom 15. Dezember 2011. Die Richter urteilten, dass Ausnahmen von der europäischen Arbeitszeitrichtlinie nach den Erfordernissen des militärischen Dienstes möglich seien.[68] Wo nun andere Länder wie Frankreich eigene gesetzliche Regelungen im Rahmen der EU-Verordnung erlassen haben, hielten sich die Deutschen eng an die prinzipiellen europäischen Vorgaben. Damit wurde der Spielraum für die Arbeitszeit von Beschäftigten im Grundbetrieb erheblich eingeschränkt, nach 41 Wochenstunden ist bis auf Ausnahmen in mandatierten Einsätzen, einsatzgleichen Verpflichtungen und Übungen Schluss.[69]

Verkauft wurden diese Maßnahmen als Steigerung der Attraktivität des Soldatenberufs.[70] Dass damit die Flexibilität im Personaleinsatz massiv eingeschränkt wird, wurde erst später bemerkt.* Die Konsequenzen sind verheerend. Neben einer detaillierten Erfassung der Arbeitszeit für jeden Soldaten, die allein über 1400 Dienstposten erfordert,[71] hat sie gravierende Auswirkungen auf den militärischen Dienst. Wo früher Soldaten in Abstimmung zwischen allen Beteiligten (Vorgesetzter mit Vertrauensperson oder Personalrat) ohne große Formalitäten nach Einsätzen und Übungen wie auch im Kasernendienst Überstunden abbauten (gegen Zeitausgleich oder Bezahlung), ist dafür nun ein neues Bürokratiemonster geschaffen worden.

Haben sich früher Chef und Spieß fürsorglich um die Arbeitszeit ihrer Männer und Frauen gekümmert, werden heutzutage Computerdateien oder Formblätter mit Angaben befüllt. Die Arbeitszeit wird zu einem mehr oder weniger entscheidenden Maßstab im täglichen Dienst. Wo früher flexibel zugunsten des Soldaten wie auch des Dienstherrn »die fünf gerade sein durfte«, sind heute detailgenaue Regelungen zu beachten. Was bei VW am Fließband funktioniert, hat in der militärischen Umgebung eine andere Wirkung. Fließbandzeiten sind taktgenau planbar, ein militärischer Einsatz nicht, eine Übung oftmals auch nicht.

Bürokratiemonster

Mit diesen neuen Regelungen erhält die Arbeitszeit eine überhöhte Bedeutung, die dem Soldatenberuf nicht gerecht wird. Nicht zu vergessen das Stichwort Kameradschaft, deren Einübung Zeit, Muße und Empathie erfordert. Mit der Arbeitszeitrichtlinie und deren Umsetzung ist eine Haltung verstärkt worden, für früher selbstverständliche Kleinigkeiten die Hand für Zeitgutschriften aufzuhalten.

---

* Jahresbericht des Wehrbeauftragten vom 20. Februar 2018, S. 8: »Mit der seit 2016 geltenden Arbeitszeitverordnung ist die Überlast in einigen Bereichen der Bundeswehr noch deutlicher als bisher zu erkennen. Besonders gravierend wirkt sich fehlende Zeit auf alles aus, was über die reine Auftragserfüllung hinausgeht: Zeit für Zuwendung und Dienstaufsicht, für ethische und politische Bildung – fehlende Zeit, die Grundsätze der Inneren Führung mit Leben zu füllen.«

Auch bei Eingaben an den Wehrbeauftragten ist die SAZV rasch Thema geworden. Wer nun glaubt, derartige Wucherungen einfach wieder einkassieren zu können, sieht sich getäuscht, er hat den Deutschen Bundeswehrverband (DBwV) gegen sich. Der DBwV beklagt im Gegenteil die Kürze der Vorgaben: In der Durchführungsvorschrift sei der Grundbetrieb völlig unzureichend und nur rudimentär auf etwa sechs Seiten geregelt.[72]

Im Übrigen sind die Forderungen des DBwV ein eigenes Kapitel. Liegt heute der Personalkostenanteil der Bundeswehr im Einzelplan 14 trotz aller Personalreduzierungen dennoch bei ca. 50 Prozent, hindert das den Verband nicht, ständig zusätzliche Forderungen zu stellen. Alle möglichen Zulagen seien zu gering, Dienstposten seien nicht genug gebündelt, allerorten wird ein Beförderungsstau beklagt.

Wie Gewerkschaften halt so sind. Es wird versucht, für die Beschäftigten alles nur Mögliche herauszuholen, auch wenn die Organisation in Schieflage gerät. Dabei brauchen die Beschäftigten der Bundeswehr (Soldaten wie auch zivile Mitarbeiter) keinen Vergleich zu scheuen. Überstunden sind schon immer ausgeglichen worden, entweder durch Freistellungen oder finanzielle Vergütung. Die Arbeitszeiten sind wie im übrigen öffentlichen Dienst moderat und die Gehälter auf stolzem Niveau, zahlreiche europäische Armeen können damit nicht mithalten.

Folgerung

Die gesetzliche Arbeitszeitordnung für Soldaten ist aufzuheben. Im Regelfall sollte die übliche 40-(beziehungsweise 41-)Stunden-Woche gelten. In Österreich darf die Tagesarbeitszeit zwölf Stunden und die Wochenarbeitszeit 60 Stunden nicht überschreiten, sofern Detailregelungen nichts anderes bestimmen.

Eine ähnliche Regelung wäre auch für die Bundeswehr ein taugliches Modell. Die verantwortlichen Kommandeure müssen wieder die Möglichkeit erhalten, die Arbeitszeiten im Rahmen der allgemeinen gesetzlichen Möglichkeiten so zu regeln, wie die Einsatz- und Funktionsfähigkeit der Streitkräfte dies jeweils erfordert. In einem pauschalen Wochenarbeitszeitmodell sollten Überstunden mit pauschalen Zuschlägen in Verantwortung der Einheitsführer und Kommandeure abgegolten werden können.

Vom Beteiligungswesen zum Soldatenrat?

Die Rechte von Soldaten sind in Deutschland gesetzlich umfassend geregelt, wie sollte es auch anders sein. Für die Bundeswehr existiert ein abgestuftes System von Beteiligungsrechten nach dem Soldatenbeteiligungsgesetz (SBG)[73]. Demnach werden Soldaten durch Vertrauenspersonen, Gremien der Vertrauenspersonen oder Personalvertretungen vertreten.

Die Wehrbeschwerdeordnung (WBO)[74] enthält die neben dem Wehrbeauftragtengesetz[75] gültigen Schutzmöglichkeiten für Soldaten. Wer der Auffassung ist, durch Vorgesetzte oder Dienststellen der Bundeswehr unrichtig behandelt oder durch pflichtwidriges Verhalten von Kameraden verletzt worden zu sein, kann nach der WBO eine förmliche Beschwerde einlegen oder sich an den Wehrbeauftragten wenden. Diese Instrumente haben sich in der Bundeswehr bewährt. In einem System von Befehl und Gehorsam muss es einen Weg des Ausgleichs geben, der jedem Soldaten offensteht, um auf seine Rechte, auf Ungleichbehandlungen oder Zurücksetzungen hinzuweisen.

Der Wehrbeauftragte wurde 1956 als Organ des Bundestages eingeführt und 1959 erstmalig besetzt. Nach dem Beispiel Schwedens als sogenannter Ombudsmann, der über die Hierarchie hinweg insbesondere Wehrpflichtigen gegen unbillige Nachteile helfen kann. An den Wehrbeauftragten kann sich im Bedarfsfall jeder Soldat wenden. Eingaben können ihm direkt vorgelegt werden, Nachteile dürfen daraus nicht entstehen. Die Zahl der Eingaben ist im Laufe der Zeit tendenziell stetig angestiegen. Auch das Aussetzen der Wehrpflicht hat nicht zu einem der Personalreduzierung entsprechenden Rückgang geführt.

Berichtsjahr	Erfasste Vorgänge	Jahresdurch-schnittsstärke der Bw	Vorgangsquote je 1000 Soldaten und Soldatinnen
1959	3.368	248.800	13,5
1960	5.471	258.080	21,2
1965	4.408	437.236	10,1
1970	7.142	468.484	15,2
1975	6.439	486.206	13,2
1980	7.244	490.243	14,8
1985	8.002	495.361	16,2
1990	9.590	458.752	20,9
1995	5.979	344.690	17,3
2000	4.952	318.713	15,5
2005	5.601	251.722	22,3
2010	4.993	245.823	20,3
2015	4.344	179.633	24,2
2018	3.939	179.791	21,9
Gesamt 1959 bis 2018	372.816		

Entwicklung der Zahl der »Vorgänge« beim Wehrbeauftragten in den Jahren 1959 bis 2018[76]

Das deutet darauf hin, dass entweder bei Bundeswehrangehörigen ein überaus stark entwickeltes Gerechtigkeitsempfinden vorhanden ist oder der Dienstherr tatsächlich immer wieder Anlass zu Klagen und Eingaben gibt. Eine Mischung beider Faktoren ist als Ursache zu vermuten.

Im Alltag der Soldaten übt zusätzlich eine verfügbare und glaubwürdige Militärseelsorge die Funktion eines »Kummerkastens« aus. Auch wenn die Bedeutung von Religion in modernen Gesellschaften zurückgeht, sind Militärpfarrer als Ansprechpartner für alle möglichen persönlichen Belange sogar bis in die Einsatzgebiete präsent. Darüber hinaus bietet der Bundeswehrverband als eine Art gewerkschaftlicher Interessenvertretung Hilfe in dienstlichen Beschwernissen an. Er ist mit Vertrauensleuten in jedem Kasernenhof und sogar bis in die Einsatzgebiete vertreten.

Jedem Soldaten seine individuelle Beschwerdemöglichkeit

Wem die beschriebenen Wege, auf seine Probleme aufmerksam zu machen, immer noch nicht ausreichten, dem wurden weitere Möglichkeiten eröffnet. So wurde ein Compliance Management System (CMS) im Verteidigungsministerium eingeführt. »Compliance ist eine Chance, die Handlungssicherheit unserer Beschäftigten zu erhöhen und Transparenz und Vertrauen zu fördern«, so der zuständige Brigadegeneral.

Es sind zwar vielfältige anderweitige verpflichtende Regelungen und Meldewege vorhanden, aber die Zivilisierung der Bundeswehr verlangt diesen zusätzlichen Weg. So sieht dies anscheinend unsere misstrauische Regierung. Zurück geht dies auf den Aufsichtsratsvorsitzenden der Commerzbank, Klaus-Peter Müller. Er hatte im Auftrag der Verteidigungsministerin im April 2015 mit einer Expertengruppe nach »Schwachstellen in der Organisationsstruktur des Ministeriums und der Bundeswehr« gesucht. Anlass war damals der behördeninterne Streit um das Gewehr G36 beziehungsweise damit zusammenhängende Indiskretionen.* Über die umfassende Vorschriftenlage hinaus bereicherte von der Leyen das Regelungsdickicht durch eine weitere Regularie, den oben angesprochenen Verhaltenskodex CMS. Bei so wichtigen Angelegenheiten durfte dann aber auch nicht gespart werden, eine neue, zusätzliche Organisation wurde eingerichtet. Das brachte den Soldaten immerhin einen weiteren Generalsdienstposten mit Unterbau im Ministerium.

Als weitere Beschwerdemöglichkeit hat im Verteidigungsministerium eine »Ansprechstelle Diskriminierung und Gewalt in der Bundeswehr«[77] ihre Arbeit aufgenommen. Für Soldaten, die sich einer falschen Behandlung ausgesetzt sehen, wurde damit eine zusätzliche Handlungsoption geschaffen. Dass diese Ansprechstelle aber ein Fremdkörper in der Be-

---

* Siehe dazu »Hickhack um das Sturmgewehr G36« in Kap. III.

schwerdesystematik der Bundeswehr ist und querliegt zum bewährten Beschwerderecht, hat niemanden gestört. Allein aus Gründen der Gleichbehandlung öffentlich Bediensteter musste sie geschaffen werden.

Inzwischen hat sich auch noch ein sogenannter »Dritter Weg« etabliert, und zwar sind das Schreiben direkt an die politische Spitze. Dieser Weg steht in auffälligem Kontrast zum zwischenzeitlichen Maulkorberlass der Ministerin. Intern darf offensichtlich jeder Soldat jederzeit an jeder Hierarchiestufe vorbei die Ministerin einschalten. Nach außen darf aber andererseits nur dringen, was vorher »sprachgeregelt« wurde. So wird die vielstufige Hierarchie intern ausgekurvt und gleichzeitig der oberdemokratische Glorienschein nach außen gewahrt.

Dass neben all den aufgezeigten Wegen jedem Bürger dieses Landes, also auch den Soldaten, der Petitionsausschuss des Deutschen Bundestages offensteht, darf nicht unerwähnt bleiben. Oder man wendet sich schriftlich oder mündlich an Abgeordnete des Bundestages oder der Länderparlamente, an Bürgermeister oder Landräte, die in unterschiedlicher Art und Weise auch ihre Einflussmöglichkeiten haben.

Gleichstellung von Mann und Frau oder doch Zwangsegalisierung?

Zu den etablierten Beteiligungsrechten zählt inzwischen der Gleichstellungserlass.[78] Dass seit 2001 Männer wie Frauen in allen Laufbahnen und Teilbereichen dienen können, ist inzwischen gesellschaftlich wie auch in der Bundeswehr in weiten Teilen anerkannt.

Die Zahl der Soldatinnen in der Bundeswehr ist von 6.700 im Jahr 2001 bis Anfang 2019 auf 22.101 gestiegen. Nach Teilstreitkräften bzw. Organisationsbereichen verteilen sich diese (die einen Anteil von 12,14 Prozent an allen 182.000 Soldaten ausmachen) wie folgt:[79]

Heer	4.119
Luftwaffe	2.305
Marine	1.603
Streitkräftebasis	2.795
Sanitätsdienst	8.213
Cyber- und Informationsraum	1.211
Ministerium und andere Bereiche	1.855

Eine Studie des Zentrums für Militärgeschichte und Sozialwissenschaften der Bundeswehr aus dem Jahr 2014 stellte fest, dass Soldatinnen mehrheitlich auf »eine Strategie der Anpassung an die dominante (männliche) Organisationskultur« setzen. Ferner nahm demnach die Hälfte der befragten Soldaten an, dass von Frauen weniger erwartet wird und sie zu positiv beurteilt werden. Ganz allgemein glaubten 57 Prozent, dass Frauen die Bundeswehr zum Schlechteren verändert haben.[80]

Auf solche Probleme wird seit Jahren hingewiesen, vor allem von dem israelischen Militärhistoriker Martin van Creveld.[81] Nach ihm sei der Anteil von Frauen in modernen Armeen im Zuge der Emanzipation weltweit gewachsen, allerdings seien sie weniger in Kampftruppen, sondern eher in der Logistik, in Stäben, in der Bürokratie und im Sanitätswesen eingesetzt. Das gilt laut van Creveld gleichermaßen für die Armeen Israels, der USA, Frankreichs, Großbritanniens und Deutschlands. Dementsprechend seien auch die Risiken unterschiedlich verteilt. So sei die Wahrscheinlichkeit unter weiblichen US-Soldaten, im Irak und in Afghanistan zu fallen, verhältnismäßig 90 Prozent geringer gewesen.

Van Creveld rät massiv davon ab, Frauen am kriegerischen Handwerk zu beteiligen. Er sieht den Vormarsch der Frauen in diesem Bereich vielmehr als »Symptom und Ursache für den Niedergang des Militärs«. Für van Creveld sind Armeen zu einer Art soziale Laboratorien für eine schöne neue Welt geworden, die sich Gender-Theoretiker ausgedacht hätten. Er widerlegt auch Mythen, etwa die von wehrhaften Amazonen und kriegerischen Herrscherinnen; Frauen seien vielmehr stets »Anstifterinnen, Ursachen und Ziele, als Opfer oder Schutzbefohlene der Männer« gewesen, aber so gut wie nie Kombattantinnen. Das habe unter anderem damit zu tun, dass es bei den Soldaten innere Barrieren gebe, gemeinsam mit Frauen zu kämpfen.

Maßgeblicher Grund aber sei, so van Creveld, die relative körperliche Schwäche der Frauen. Als Belege führt er an: Nur 20 Prozent der stärksten Frauen könnten sich mit 20 Prozent der schwächsten Männer messen. In der US-Armee sind Frauen im Schnitt 12 Zentimeter kleiner und 14,3 Kilo leichter als Männer, sie haben 16,9 Kilo weniger Muskeln und 2,6 Kilo mehr Fett. Selbst bei gleicher Körpergröße verfügen Frauen nur über 80 Prozent der Kraft eines Mannes. Beim Werfen von Handgranaten hätten Frauen Schwierigkeiten oder drohten, sich gar in die Luft zu sprengen, wie sich im Training zeigte. Als Frauen während der 1980er-Jahre in der US-Militärakademie West Point gleichberechtigt gedrillt wurden, erlitten sie zum Beispiel zehnmal so viele Ermüdungsbrüche wie Männer. Daher werden auch in anderen Ländern Soldatinnen bei der Ausbildung weniger hart rangenommen, was auf Männer demütigend wirke.

Ob Soldatinnen eine Bereicherung für die Truppe darstellen, mit ihrer Anwesenheit sich das zwischenmenschliche Klima verbessert und männertypische Verhaltensweisen ausgeglichen werden, liegt durchaus im Auge des Betrachters. Schwierig wird es zweifellos dort, wo körperlich im Durchschnitt stärkere Männer »Quotenfrauen« im Hochgebirge mitschleppen müssen, nur um dem politischen Auftrag, den Frauenanteil in den Streitkräften zu steigern, gerecht zu werden. Dass damit das Gegenteil des Erwünschten bestärkt wird, nämlich die gelegentlich anzutreffende Einstellung, Frauen hätten in der Armee nichts verloren, liegt nahe. Vornehmlich ist diese Haltung in den Teilen der Streitkräfte vorzufinden, bei denen die körperliche Leistungsfähigkeit eine entscheidende Bedeutung hat. In technischen Bereichen, der Verwaltung wie auch in der Sanitätstruppe spielt dies eine untergeordnete oder gar keine Rolle.

Dass für die Gleichstellung der Geschlechter Mechanismen geschaffen werden mussten, um Frauen und Männern gleiche Rechte (neben gleichen Pflichten) zu ermöglichen, liegt auf der Hand. Wie in der zivilen Gesellschaft auch wurden daher Gleichstellungsbeauftragte auf den militärischen Führungsebenen eingerichtet, ab Divisionsebene aufwärts hauptamtlich. Die Gleichstellungsbeauftragten werden gewählt, alle Dienstgradgruppen sind dabei vertreten. Wie aber Mannschaftsdienstgrade oder Unteroffiziere beispielsweise Divisionsbefehle inhaltlich auf Gleichstellungsfragen überprüfen sollen, blieb von Anfang an das Geheimnis der Erfinder dieses Instruments. Von der Materie üblicherweise keine Ahnung, beschränkte sich deren Mitwirkung oftmals auf die Einhaltung der weiblichen Formen bei Dienstposten- und Funktionsbezeichnungen. Eine teure Lösung mit einem minimalen Ertrag. Zumal dies Aufgabe der jeweils Verantwortlichen ist. Insgesamt ergibt sich in der Bundeswehr ein sehr ambivalentes Bild in Bezug auf die Gleichstellung der Frau.

Gendermurks

Wie auch der Gleichstellung gegenüber aufgeschlossene Bundeswehrangehörige auf die Palme gebracht werden können, ist im aktuellen Traditionserlass nachzulesen. Dort wird stellenweise mit männlichen und zusätzlich weiblichen Bezeichnungen der Papierverbrauch so in die Höhe getrieben, dass das Subjekt dahinter kaum mehr zu erkennen ist.* Derartige Maßlosig-

---

* Beispiel Traditionserlass der Bundeswehr vom 28. März 2018, Ziffer 4.3: »Traditionspflege und historische Bildung sind Führungsaufgaben. Sie liegen in der Verantwortung der Inspekteure beziehungsweise Inspekteurinnen und Leiter beziehungsweise Leiterinnen der Organisationsbereiche der Bundeswehr sowie insbesondere der Kommandeure beziehungsweise Kommandeurinnen, Dienststellenleiter beziehungsweise Dienststellenleiterinnen und Einheitsführer beziehungsweise Einheitsführerinnen.«

keiten bringen Soldaten dagegen auf, von denen von Anfang an gefordert wird, sich militärisch präzise, kurz und knapp auszudrücken. Der Erlasshalter (das Ministerium) vergeht sich mit diesem Gendermurks am soldatisch Eingemachten: Wenn die Sprache in militärischen Einheiten zum gesellschaftlichen Kampfinstrument mutiert, besteht wohl die Absicht, Soldaten zum angepassten Bürger zurückzuverwandeln.

Könnte dieses sprachliche Gemurkse noch als überflüssig abgetan werden, treiben einzelne Stellen die »Genderei« auf die Spitze. Zum Beispiel »Y – Das Magazin der Bundeswehr«. Das November-Heft 2017 etwa, deklariert als »Y-Spezial«, gilt dem Thema »Liebe, Lust und Partnerschaft – Ich will dich«. Nein, es ist kein Satiremagazin, es wird tatsächlich vom Presse- und Informationsstab des Bundesministeriums der Verteidigung herausgegeben.

So richtig schön bunt ist es geworden, das »Y-Spezial«. Dass die Zeitschrift mit »Y« betitelt wird, hat wohl nichts mit »Y« als männlichem Chromosom, sondern mit den Kfz-Kennzeichen »Y« aller Bundeswehrfahrzeuge zu tun. Ins Leitthema des Heftes wird dann auch schon mit dem Titelbild eingeführt, wo sich, schier »BRAVO«-mäßig umrahmt von Herzchen mit und ohne Pfeil, eine junge Frau (oben liegend) und ein junger Mann (unten liegend) verliebt küssen. Nur am Rande: Früher war dieses Magazin gut für Schwerpunkte wie Brexit, Israel, Kurden und Soldatenthemen.

Folgerung

Gender hin, Gender her: In der Bundeswehr steht die chancengerechte Gleichstellung von Mann und Frau seit Jahren auf der Tagesordnung, Fortschritte sind unverkennbar. Die gendergerechte Vergewaltigung des Denkens, der Gesinnung und der Sprache ist hingegen geeignet, Vorbehalte zu verstärken.

Diffusion von Verantwortung

Die vielfältigen Möglichkeiten, um auf einen Missstand oder ein Begehr hinzuweisen, werden inzwischen oft genug parallel betrieben mit der Folge, dass das Führungspersonal der Armee allein damit in ständigem Atem gehalten wird. Anstatt auf etablierte Verfahren wie das Beschwerderecht oder eine Eingabe an den Wehrbeauftragten zu verweisen, werden alle Wege hingenommen, egal wie krumm sie sind. Disziplinarvorgesetzte fühlen sich zunehmend übersteuert, sogenannte zentrale Ansprechstellen werden als Ausdruck des Misstrauens gegen die vorhandenen offiziellen Meldewege und Beschwerdesysteme, am Ende als Ausdruck des Misstrauens gegen die Verantwortlichen selbst eingestuft. In der Truppe greift die Ansicht um sich, dass damit eine Zertrümmerung der hierarchischen Struktur in Kauf genommen, wenn nicht gar bewusst betrieben wird.[82]

Das Stimmungsbild der Kompaniechefs und Kommandeure dürfte so aussehen: Wenn die Wege Legion und unüberschaubar sind, am Ende eh alles zentral gesteuert wird und im Zweifel Entscheidungen vor Ort in Kenntnis der Personen und Umstände nicht geachtet werden, können eigene Entscheidungen gleich ganz unterbleiben. Das verringert immerhin die Gefahr, wegen einer in zentralen Augen falschen Entscheidung an die Wand genagelt zu werden. Eine verhängnisvolle Entwicklung für die Disziplin der Truppe! Folgen davon sind im Bericht des Wehrbeauftragten nachzulesen. Er sieht in »Angst und Faulheit« eine Ursache für kleinteilige Reglementierung, Bürokratie bestimme den Soldatenalltag.[83] Wer es als Soldat darauf anlegt, kann die politischen und militärischen Führungsetagen in diesem Lande von morgens bis abends beschäftigen. Tausende von Arbeitsstunden und eine Unmenge an Energie muss verpulvert wegen einzelner Querulanten, die alles andere im Sinn haben, als dem Vaterland zu dienen.

Nicht die Auftragserfüllung steht mehr im Mittelpunkt, sondern die Erziehung zu einem nach zivilen Kriterien gesteuerten Soldaten. Dieser Eindruck wird jedenfalls in die Einheiten getragen, die sich doch eigentlich um ihre militärischen Belange zu kümmern haben. Wo sind die verantwortlichen Militärs geblieben, die sagen, nun ist es aber gut? Inzwischen gibt es Vorgesetzte bis in hohe Generalsebenen, die zu ihren Truppenbesuchen regelmäßig in Begleitung des Bundeswehrverbandes erscheinen,[84] sprich: in Begleitung von Gewerkschaftsfunktionären. Die Verunsicherung wächst bis in höchste Führungsetagen, die Angst vor Fehlern ist auf allen Ebenen mit Händen zu greifen. Die Devise scheint zu sein: Auch wenn die Armee immer kleiner geworden ist, braucht sie – in den Augen einer dem Militär grundsätzlich misstrauenden politischen Führung – ganz dringend zusätzliche zivile Herrschaftsinstrumente. Dass damit die über Jahrzehnte bewährte Struktur der militärischen Führung und disziplinaren Verantwortung aus einer Hand beschädigt wird, scheint in Kauf genommen zu werden.

Folgerung

Die Beteiligungs- und Beschwerdemöglichkeiten für Soldaten ufern aus. Sie sind auf das im Soldatengesetz, in der Wehrbeschwerdeordnung, im Gesetz über den Wehrbeauftragten und in den Soldatenbeteiligungsgesetzen wie auch das im Gleichstellungsgesetz vorgesehene Maß zurückzuführen. Der ›dritte Weg‹ und andere »Beschwerdeinstanzen« sind abzustellen. Soldaten, die Eingaben an die Leitung des Verteidigungsministeriums schreiben, sind auf den Wehrbeauftragten oder das Beschwerderecht zu verweisen.

Reservisten als Ersatzarmee

»Die Reserve bleibt unverzichtbar für die Sicherheitsvorsorge Deutschlands. Die Neuausrichtung der Bundeswehr erweitert die Aufgaben- und Verantwortungsbereiche für Reservisten.« So beschreibt die offizielle BMVg-Konzeption der Reserve aus dem Jahr 2012 deren Bedeutung. Die Reserve wird als wichtig für Personalergänzung und -verstärkung sowie in ihrer Mittlerfunktion für die Bundeswehr in der Gesellschaft bezeichnet, der Heimatschutz werde als wesentliche Aufgabe der Reserve gestärkt. Dafür würden Regionale Sicherungs- und Unterstützungskräfte (RSU-Kräfte) allen interessierten und geeigneten Reservisten Chancen für ein Engagement bieten. Die Reserve sollte die personellen Fähigkeiten des BMVg und aller Organisationsbereiche der Bundeswehr im gesamten Einsatzspektrum ergänzen und verstärken. Selbst zum Aufbau neuer Fähigkeiten sollen die Reservisten beitragen.

Dies sind wohlklingende amtliche Formulierungen, die als entscheidende Voraussetzung die Gewinnung von interessierten und geeigneten Reservisten für die Bundeswehr zum Gegenstand haben. Genau an dieser Stelle liegt aber das Problem schlechthin. Es finden sich nicht genügend Männer und Frauen, um die Reihen zu füllen. Nun versucht man sich gar an der Ausbildung Ungedienter auch im höheren Lebensalter. Alarmierend ist die Tatsache, dass von den ausscheidenden Unteroffizieren und Mannschaften über Freiwilligkeitserklärungen lediglich circa 20 Prozent Interesse äußern, unmittelbar als Reservisten Dienst zu leisten. Bei den Offizieren sind es auch nur 35 Prozent.[85] Der Bedarf kann nur zu einem Drittel (Mannschaften) und zwei Drittel (Offiziere) gedeckt werden. Seit Aussetzung der Wehrpflicht ist auch die Reservistendienstleistung freiwillig, wie die frühere Wehrübung nun genannt wird.

Dabei wurden die finanziellen Rahmenbedingungen bereits erheblich verbessert: Wer als Reservist Dienst leistet, erhält seit 2015 eine mehr als verdoppelte Unterhaltssicherung, eine Reservistendienstleistungsprämie neben Verpflichtungsprämien und einen Ersatz von Einkommensverlusten bei Selbstständigen.[86]

Was sind die Ursachen? Ist es der Frust über die schlechten Verhältnisse im Dienst, der ein weiteres Engagement verleidet? Ist es das Betriebsklima, oder die überwiegende Nichtwertschätzung des Militärdienstes in der Bevölkerung? Wichtige Fragen, denen sich die Strategen im Ministerium zuwenden sollten. Auf diesem Feld wären Untersuchungen erforderlich, die mittelbar auch deutliche Hinweise dafür liefern würden, was in unserer Armee schiefläuft.

Veteranen im Abseits

Der Charakter einer Gesellschaft bemisst sich auch daran, wie sie mit Soldaten umgeht, die für ihr Land das Leben gelassen, Verwundungen in Kauf genommen oder auch Leben und Gesundheit »nur« riskiert haben. Die Deutschen tun sich schwer mit ihrer Geschichte; eine Folge davon ist, dass aktive wie ehemalige Soldaten nicht das Ansehen wie in anderen Ländern genießen. Der Begriff »Veteran« hat eine lange Vorgeschichte. Bei den Römern waren Veteranen die altgedienten und ausgedienten Soldaten. Veteran rekurriert auf das lateinische Adjektiv vetus (= alt). Mit Veteran war der Teilnehmer an einem früheren Krieg oder – in nichtmilitärischen Bereichen – ein im Dienst alt gewordener, bewährter Mann gemeint.

Die maßgeblichen militärischen Interessenvertretungen (Deutscher Bundeswehrverband und Reservisten- und Soldatenverbände) haben sich gegen eine Maßgabe von Minister de Maizière gewehrt, der den Veteranenbegriff auf Bundeswehrsoldaten mit Einsatzerfahrung beschränkt hatte.[87] 2018 hat dann das Verteidigungsministerium mit einem Erlass neu geregelt, dass als Veteran »jeder aktive und ehemalige Soldat« zu gelten hat.[88] Die Teilnahme an Auslandseinsätzen ist ausdrücklich nicht mehr Bedingung für den Veteranenstatus. Damit können mehr als 10 Millionen Deutsche fortan als Veteranen bezeichnet werden. Was das wiederum soll, versteht kaum jemand. Aktive Soldaten als Veteranen zu bezeichnen, verstößt gegen alle Sprachkonventionen und Überlieferungen. Nicht als Veteran gilt nur noch, wer der NVA angehörte und nicht in die Bundeswehr übernommen oder unehrenhaft entlassen wurde.

Veteranen im Auslandseinsatz (seit 1990 rund 350.000 Soldaten, in Afghanistan 135.000) gründeten Organisationen wie den Bund Deutscher EinsatzVeteranen. Dieser beklagt die »Unsichtbarkeit« der Probleme der Rückkehrer.[89] Was ist aber auch in einem Land zu erwarten, das mit Sicherheitspolitik, Bundeswehr und den eigenen Soldaten fremdelt.

Veteranen werden in Deutschland kaum wahrgenommen. Es wäre sehr zu wünschen, dass Deutschland seine – wie auch immer eingesetzten – Veteranen in ähnlichem Maße würdigt, wie es Russland, Frankreich, Großbritannien und auch die USA vormachen. In Großbritannien sind die Veteranen in der Royal British Legion organisiert. In den USA werden die Veteranen von der Army, vom Veteranenministerium und der American Legion betreut. Sie erhalten zahlreiche Vergünstigungen wie verbilligte oder gar freie Fahrten und Eintritte etc. und genießen eine besondere öffentliche Wahrnehmung. Bei einem eigenen Veteranentag solidarisieren sich Stars und Prominente öffentlich mit den Veteranen. Wir werden sehen, ob wenigstens Überlegungen, Veteranen unter bestimmten Bedingungen Vergünstigungen für öffentliche Verkehrsmittel zu gewähren, in absehbarer Zeit Realität werden.

Organisation – eine Reform jagt die andere

Die Bundeswehr ist seit der Wiedervereinigung in einem Modus der Dauer-Umorganisation verfangen, eine Reform jagte die nächste, ihre Halbwertzeit ist stets gering. Ausgehend von etwa 600.000 Soldaten einschließlich der Nationalen Volksarmee 1990 wurde unsere Armee über verschiedene Schritte auf nominell 178.000 Mann reduziert. Die Verringerung der Mannschaftsstärke war aber nur das eine. Hinzu kamen grundlegende organisatorische Eingriffe, wie beispielsweise die Einführung einer Streitkräftebasis ab dem Jahre 2000 zusätzlich zu den Teilstreitkräften Heer, Luftwaffe und Marine. In diesem neuen Organisationsbereich wurden zu einem großen Teil querschnittliche Aufgaben der Teilstreitkräfte wie z.B. Logistik, Versorgung, Feldjäger und Militärmusik zusammengefasst. Um die Dimension dessen zu verdeutlichen, was in den letzten Jahrzehnten geschehen ist: Außer dem Minister gibt es kaum einen Dienstposten, der nicht in irgendeiner Form umorganisiert wurde. Eine gewisser, nicht eindeutig nachweisbarer Caius Petronius, angeblich römischer Offizier in Köln um 100 n. Chr., scheint nunmehr in der Bundeswehr seine Bestätigung zu erfahren: »Wir übten mit aller Macht. Aber immer, wenn wir begannen, zusammengeschweißt zu werden, wurden wir umorganisiert. Ich habe später gelernt, dass wir oft versuchen, neuen Verhältnissen durch Umorganisierung zu begegnen. Es ist eine phantastische Methode. Sie erzeugt die Illusion des Fortschritts, wobei sie gleichzeitig Verwirrung schafft, die Effektivität mindert und demoralisierend wirkt.« Aktualisiert heißt es in einem Interview, das die Landshuter Zeitung mit Generalmajor a. D. Jürgen Reichardt führte, auf die Frage, ob die Bundeswehr ein bürokratisches Labyrinth sei: »Ja, das ist eine Folge dieser ständigen Bastelei an den Strukturen, (...) die der Bundeswehr noch mehr zu schaffen macht als das Material.«[90]

Kapitel III

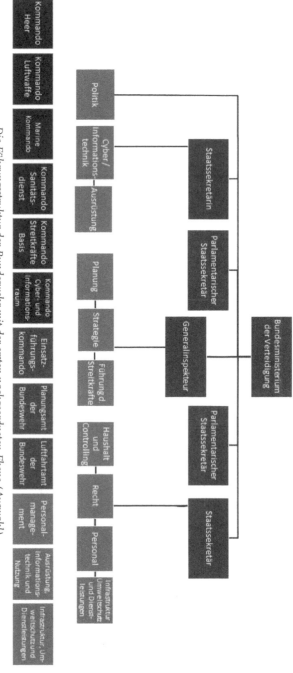

Die Führungsstruktur der Bundeswehr mit der ersten nachgeordneten Ebene (Auswahl)

Das Bundesministerium der Verteidigung

Begonnen sei die Betrachtung mit dem Bundesministerium der Verteidigung (BMVg). Vor der Jahrtausendwende wurde es von ca. 5300 Dienstposten auf unter 2000 reduziert. Eine notwendige Maßnahme, weil sich im Laufe der Zeit alle möglichen Detailregelungen ins Ministerium hineingefressen hatten, die genauso gut außerhalb erledigt werden konnten. Hinzu kam die Verlegung großer Teile des BMVg in die Hauptstadt als Folge des Bonn-Berlin-Gesetzes. Die Reduzierung des Ministeriums hatte aber auch erhebliche Folgen für den nachgeordneten Bereich. Dort mussten aus dem Ministerium abgeschichtete Aufgaben übernommen werden.

Ein Beispiel hierfür sind die militärischen Führungsstäbe: Ihre Auflösung im Verteidigungsministerium hatte den Aufbau entsprechender Kommandos im nachgeordneten Bereich zur Folge. Bundesverteidigungsminister Thomas de Maizière hatte 2011 mit Wirkung ab 1. April 2012 eine Neuordnung der Führungsstrukturen mit dem »Dresdner Erlass« verfügt. Unter anderem wurden die Inspekteure der Teilstreitkräfte aus dem Ministerium ausgelagert, sie führen nun ihre Truppen als ranghöchste Soldaten von Heer, Luftwaffe und Marine. Damit wurden zugleich neue Führungsebenen in der Truppe eingezogen. Die Marine verlegte ihr Kommando nach Rostock, das Kommando Heer ging nach Strausberg bei Berlin, die Luftwaffe nach Berlin-Gatow, der Sanitätsdienst nach Koblenz und die Streitkräftebasis nach Bonn.

Zu Tode organisiert

Der nachgeordnete Bereich wurde von einer Umorganisation in die nächste getrieben. Es wurden in rascher Folge Ämter aufgelöst und neue geschaffen, Aufgaben zwischen den Organisationsbereichen hin und her geschoben, kooperative Einrichtungen zwischen Bundeswehr und Privatwirtschaft eingeführt und weiteres mehr. Eine mehrere Hundert Seiten lange Abhandlung wäre erforderlich, um das gar nicht so fröhliche Auf und Ab der letzten drei Jahrzehnte allein in der Organisation der Bundeswehr zu beschreiben. Im Zuge dieser Umorganisation wurden zahlreicher Standorte aufgelöst,[91] 2011 wurde die Wehrpflicht ausgesetzt und nach und nach zahlreiche neue Waffensysteme eingeführt. Um nur wenige große Brocken zu nennen: Eurofighter für die Luftwaffe, Schützenpanzer Puma für das Heer und Korvette K 130 für die Marine. Jedes neue Waffensystem bringt neue organisatorische Strukturen in den Einsatzverbänden sowie in der Ämter- und Ausbildungsorganisation mit sich, erfordert spezifische Ausbildungsgänge und Abläufe in der Truppe. Hinzu kamen die zahlenmäßig zunehmenden Auslandseinsätze. So wurde die Armee ständig in Bewegung gehalten. Langweilig wurde es auf den Führungsebenen kaum jemandem. Auch nicht vor Ministerin von der Leyen.

Bei der letzten Strukturreform 2011 wurden von etwas über 6400 Dienststellen an die 5000 umorganisiert. Strukturen wurden verändert, Dienststellen aufgelöst, neue geschaffen und, wenn dies schon nicht zutraf, wenigstens Bezeichnungen angepasst. Selbst für altgediente Hasen im Gewerbe war es schwierig geworden, den Überblick zu behalten. Dabei ist zu berücksichtigen, dass die Reform von 2011 bereits die dritte oder vierte seit der Wiedervereinigung war. Auch Außenstehende dürften damit ahnen können, was von hyperaktiven Politikern und Militärs angerichtet wurde.[92] All dies waren Reparaturen am laufenden Motor, Einsätze durften dadurch nicht beeinträchtigt werden.

Hyperaktiv durchaus auch zum Vorteil der Militärs. Als Beispiel hierfür mag die Einführung einer zusätzlichen Stabsebene bei den Teilstreitkräften dienen. Die Ausgliederung deren Führungsstäbe aus dem Ministerium diente als Chance, eine ganze Reihe hochdotierter Dienstposten zusätzlich zu schaffen. Waren es in den Führungsstäben im Ministerium vier Führungsebenen vom Referenten bis zum Inspekteur, sind es in den Kommandostäben nun fünf. Die Ebene »Unterabteilungsleiter« gab es im militärischen Bereich nicht. Ein Bürokratiestreich sondergleichen: Kein Mensch kann vernünftigerweise erklären, weshalb ein Stab außerhalb des Ministeriums eine zusätzliche und teure Stabsebene benötigt, die innerhalb des Ministeriums jahrzehntelang nicht erforderlich war. In der Wirtschaft wird schlankes Management praktiziert, die Bundeswehr führte zusätzliche Stabsebenen ein, obwohl die Armee immer kleiner geworden ist.

Die drastische Verkleinerung der Bundeswehr hat auch eine andere, öffentlich nicht diskutierte Folge: Die Reduzierung der Standorte führte dazu, dass einzelne Regimenter und Einheiten inzwischen über bald ganz

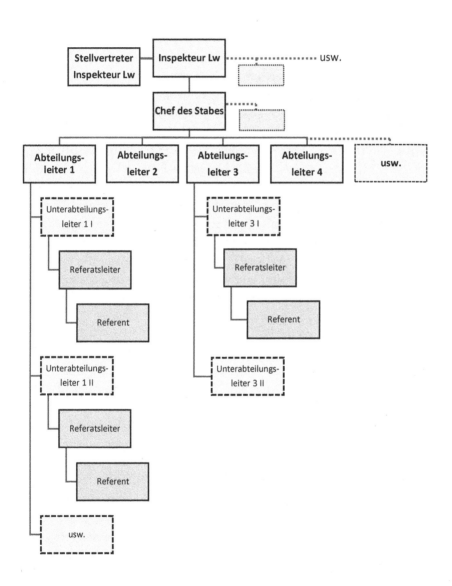

Deutschland verteilt sind. Statt ihre Truppen zu führen, dürfen die Kommandeure Fahrzeuge lenken, sie verbringen Tage um Tage auf Reisen, um ihre Truppenteile wenigstens hin und wieder zu Gesicht zu bekommen. Nicht zu vergessen ist, dass die Wege mit den zahlreichen Standortschließungen für alle Beschäftigten länger geworden sind: zu Übungsplätzen und Schießanlagen, zum Truppenarzt, zur Verwaltung usw.

Ausgerechnet der sozialdemokratische Verteidigungsminister Rudolf Scharping hatte 1999 zudem begonnen, amtliche Strukturen zu zerschlagen, um privatisierte oder öffentlich-private Lösungen einzuführen (ÖPP – Öffentlich-Private-Partnerschaften oder PPP – Public Private Partnership). Mit der Privatisierung der Bekleidungswirtschaft beispielsweise wollte Scharping die Kosten für Beschaffung und Verwaltung der Dienstbekleidung der Soldaten reduzieren. Um eine Insolvenz zu vermeiden, kaufte man am Ende die Unternehmensgruppe mit Tochter- und Enkelgesellschaften für einen Euro zuzüglich zu den bestehenden Verbindlichkeiten zurück. Unter dem Strich erwartet das Verteidigungsministerium ein Minus von 55 bis 60 Millionen Euro; eine Pleite der Unternehmensgruppe wäre dagegen wohl mit 95 bis 105 Millionen Euro beim Steuerzahler zu Buche geschlagen.[93]

Im Juni 2002 wurde die Bundeswehr Fuhrpark Service GmbH als ÖPP unter Beteiligung des Bundes sowie der Deutschen Bahn AG (24,9 Prozent) gegründet. Diese GmbH sollte die zivilen Fahrzeuge der Bundeswehr bereitstellen und warten. 2011 rügte der Bundesrechnungshof, die Bundeswehr habe es nicht geschafft, ihren gigantischen Fuhrpark zu reduzieren. Sie verschwende damit Milliarden. Immer noch habe die Bundeswehr 72.000 Fahrzeuge, obwohl nur 30.000 gebraucht würden. »Damit ließen sich neue, dringend benötigte geschützte Fahrzeuge und weitere einsatzwichtige Ausrüstungen beschaffen«, hieß es in dem Bericht.[94]

Alles sollte besser, schneller und vor allen Dingen wirtschaftlicher werden. So war es zumindest von den zahlreichen Menschen in den schwarzen Berater-Uniformen zu vernehmen, die alsbald das Ministerium und zahlreiche weitere Dienststellen für teures Geld heimsuchten. Der gewünschte Erfolg stellte sich im Lauf der Zeit überwiegend jedoch nicht ein, dies lässt sich auch am Beispiel der IT-Unterstützung der Streitkräfte aufzeigen.

Siemens erhält größten Auftrag

Der Informationstechnik kommt seit einigen Jahrzehnten technologisch bedingt eine zunehmende Bedeutung zu. Aus verteilten Zuständigkeiten über die ganze Bundeswehr hinweg entwickelten sich im Laufe der Zeit zentrale Strukturen. Ein Bundesamt für Informationsmanagement und Informationstechnik der Bundeswehr (IT-AmtBw) hatte bis zur Auflösung 2012 die Aufgabe, Streitkräfte und Wehrverwaltung mit aufgabengerechten und modernen IT-Verfahren und IT-Systemen auszustatten. Die militärischen Bereiche behielten eigenes IT-Personal für Anwendungsaufgaben.

Mit großem Aplomb setzte Scharping ein gigantisches Projekt mit der kryptischen Bezeichnung HERKULES auf die Schiene. Es umfasste 140.000 Rechner, 7000 Zentralrechner (Server), 300.000 Festnetz- und 15.000 Mobiltelefone an 1500 Standorten. Über die Laufzeit des Vertrages wurden bis 2016 zwischen 7 und 10 Milliarden Euro zur Standardisierung und Modernisierung der nichtmilitärischen Informations- und Kommunikationstechnologie (einschließlich Einführung einer Standardsprache SASPF)[*] verausgabt. Parallel dazu wurde das Gemeinschaftsunternehmen BWI GmbH mit den gleichberechtigten Partnern Siemens und IBM gegründet, der Bund hielt 49,9 Prozent. Für Siemens war es nach eigenen Angaben der damals größte Auftrag der Firmengeschichte, ein gigantisches Geschäft.[95] Das HERKULES-Projekt galt seinerzeit als größtes ÖPP-Projekt Europas. Bald freilich häuften sich Beschwerden über defekte Server, Netzwerkverbindungen und vieles mehr. Nach einem Bericht des Bundesrechnungshofs kostete das Projekt gut zwei Milliarden Euro mehr als veranschlagt, frühere Verfügbarkeit und höherer Nutzen seien ausgeblieben. Die Bundeswehr hätte ihre Rechnertechnik selbst besser erneuern können.[96]

Rein in die Kartoffeln, raus aus den Kartoffeln

Was ist daraus im Laufe der Zeit geworden? Jahrelanges sündteures Hin und Her nach angeblich zivil-wirtschaftlichen Kriterien führte nicht zum ge-

---

[*] Standard-Anwendungs-Software-Produkt-Familie (Einführung von SAP für die Bundeswehr)

wünschten Erfolg. Die BWI-Gesellschaften wurden 2016 zu 100-prozentigen Bundesgesellschaften mit dem Auftrag, die Bundeswehr-IT zu betreiben und weiterzuentwickeln. Auch ÖPP-Firmen haben sich – oh Wunder – bei Ausschreibungen nach den Vergaberichtlinien der öffentlichen Hand zu richten. Das hatten sich die Strategen ursprünglich anders vorgestellt. Damit war der erwartete Gewinn aus der Privatisierung zum größten Teil nicht realisierbar. Riesige Beträge wurden in einen Weg investiert, der nicht weiterführte.

Um gleich in die Vollen zu gehen, wurde noch von Scharping entschieden, im Rahmen des Projektes HERKULES SAP als Standardsprache in die Bundeswehr einzuführen. Das hatte noch keine Armee vorher unternommen. Die Simplifizierer hatten sich durchgesetzt: Jahrelang wurde behauptet, dass die zahlreichen unterschiedlichen Softwareprodukte mit teilweise nicht mehr aktuellen Programmiersprachen unüberschaubar und kaum mehr auf Stand zu halten seien. Mit einer Standardsprache könne man das Kuddelmuddel beseitigen, alles würde einfacher, besser und billiger werden.*

Die in die Bundeswehr eingeführte SAP-Programmfamilie SASPF (Standard-Anwendungs-Software-Produkt-Familien) zeitigte weitreichende Folgen. Neben Milliardenausgaben verursachte dies eklatante organisatorische Änderungen. Zivile Bezeichnungen warfen eingeführte militärische Begriffe über den Haufen, Aufbau- und Ablauforganisation mussten nach den Erfordernissen von SAP umgebaut werden. Das sei man der neuen Zeit schuldig, die älteren Soldaten würden sich schon daran gewöhnen. Wie viel hundert Millionen dies allein an Beraterhonoraren verursacht hat, weiß kein Mensch. Eine nachvollziehbare Wirtschaftlichkeitsberechnung, die den dramatisch hohen Aufwand zum erzielten Nutzen in Beziehung setzt, hat kein Außenstehender je zu Gesicht bekommen.

Dazu Aussagen aus dem Jahresbericht 2018 des Wehrbeauftragten: »SASPF in Kombination mit einer Softwarelösung für Vergabestellen sollte den Einkauf erleichtern und beschleunigen. Funktioniert hat dann aber vieles nicht so gut. Vielmehr wurden die Geduld der Bedarfsträger und die Nerven

---

* So wurde es jedenfalls von Verantwortlichen im BMVg behauptet, die dann als gut bezahlte Geschäftsführer im Rahmen von HERKULES und BWI wenigstens einen persönlichen Vorteil daraus schlagen konnten.

der Einkäufer nachhaltig strapaziert.« Und weiter: »Während eines Truppenbesuches in Nörvenich kritisierten Soldaten, der Flugbetrieb des Waffensystems »Eurofighter« werde durch die Benutzung von SASPF eingeschränkt. Bei Serverwartungen müsse der Flugbetrieb vollständig eingestellt werden. Darüber hinaus würden die Dokumentationspflichten in SASPF die Hälfte des Arbeitsalltags ausmachen. Insgesamt sei man abhängig von einem System, dessen Zusatznutzen in keinem Verhältnis zum Zusatzaufwand stehe.«[97]

SASPF ist der Bundeswehr jedenfalls geblieben, andere Armeen folgen ihr auf diesem Weg nur sehr spärlich. Ein weltweiter Verkaufsschlager für Armeen wurde – wie seinerzeit behauptet – ebenfalls nicht daraus. Der SAP-Konzern verdient dauerhaft Milliarden, der Weg ist – einmal beschritten – kaum mehr umkehrbar. Die milliardenteure Zeche hat der deutsche Steuerzahler zu berappen.

Luftwaffe und Heer schließen Werften

Das Stichwort Privatisierung führte denn auch zur Schließung zahlreicher Werften der Teilstreitkräfte. Instandsetzungsaufträge sollten nur mehr an die Industrie gehen, die Truppe hatte Personal und teure technische Anlagen einzusparen. Die gewerbliche Wirtschaft könne alles schneller, besser und wirtschaftlicher. Heute fehlt eine Konkurrenz zur zivilen Instandsetzung, die früher von Bundeswehrdienststellen ausgeübt wurde. Zivile Instandsetzer, die für militärische Geräte zertifiziert sind, haben auf dem Markt kaum Wettbewerber, entsprechend übertreuert sind deren Leistungen. Selbst der Wehrbeauftragte fordert in seinem letzten Bericht die Rückkehr zu Truppeninstandsetzungen.[98] Seit geraumer Zeit versucht man es auch mit zivil-militärischen Einrichtungen, sogenannten Instandsetzungskooperationen. Im Luftfahrtbereich arbeiten dabei militärische Techniker mit Firmenspezialisten zusammen. Das bringt der militärischen Seite immerhin vertiefte technische Kenntnisse, die auch im Einsatz von großer Bedeutung sein können. Allerdings sind Preisfindung und Preisgestaltung Sache der beteiligten Firmen. Die aus dem Ruder laufenden Instandsetzungsausgaben sind ein deutlicher Hinweis, dass nichts günstiger geworden ist. Die Privatisierung erweist sich als teurer Sonderweg.

Zauberwort Cyber

Am 17. September 2015 hatte die Verteidigungsministerin bekannt gegeben, dass ein Aufbaustab »Cyber- und Informationsraum« (CIR) eingerichtet werde. Bis 2021 solle die volle Einsatzbereitschaft dieses neuen Organisationsbereiches erreicht werden. Parallel dazu würden an der Universität der Bundeswehr München 160 Mio. Euro in diesen Bereich investiert – mit folgenden fünf Säulen: Cyber Defence, Smart Data, Mobile Security, e-Health sowie Schutz sogenannter kritischer Infrastrukturen (zum Beispiel Wasser, Ernährung, Energie, Informationstechnik und Telekommunikation, Transport und Verkehr, Medien und Kultur).[99] 2018 begann ein erstes Masterstudium »Cyber Sicherheit« mit 13 neuen Professuren und zunächst 70 Studenten.

Dass für diese neue Form der Bedrohung Gegenmaßnahmen ergriffen werden müssen, liegt auf der Hand. Die Frage ist, wie sie organisiert werden sollen. Die Organisation der Bundeswehr ist im Laufe der Jahrzehnte anscheinend immer noch nicht kompliziert genug geworden, man kann dort immer noch mal neue Ideen unterbringen. Als vorläufige Krönung dieses Verkomplizierungswahnsinns kann der neue Organisationsbereich CIR gelten. Es gab anscheinend immer noch nicht genügend Führungs- und Generalsdienstposten in den oberen Besoldungsrängen, es musste gleich ein neuer Dienstteilbereich her. Wenn die Bundeswehr früher organisatorisch mit Heer, Luftwaffe, Marine und der zivilen Wehrverwaltung auskam, sind es heute sechs eigenständige militärische Organisationsbereiche sowie drei zivile. Dabei wurde die Stärke der Armee auf nur mehr zwei Fünftel derjenigen vor der Wiedervereinigung reduziert. Aus der guten alten Wehrverwaltung sind inzwischen drei eigenständige Organisationsbereiche geworden, die zivile Seite wollte sich schließlich auch nicht lumpen lassen.

Wenn nun auch noch die Vertreter reiner Fachaufgaben wie der Umgang mit der digitalen Bedrohung auf allen Führungsebenen gleichberechtigt mit am Tisch sitzen, kann man sich unschwer vorstellen, was passiert: Die Verteilungskämpfe nehmen weiter zu, vor lauter Bäumen wird der Wald immer schwerer auszumachen sein. Zusätzliche Schnittstellen verkomplizieren die Führung und verursachen einen erheblichen personellen Mehraufwand. Die Abstimmungserfordernisse für eine halbwegs homogene Führung der Armee steigen erneut deutlich an.

Nur ein geringer Anteil der 13.500 CIR-Soldaten hat Cyber-Angriffe abzuwehren. Tatsächlich wurden bestehende IT-Bereiche der Fernmeldeunterstützung und des Nachrichtenwesens zusammengefasst, die zu erheblichen Anteilen ihre früheren Aufgaben weiterhin wahrnehmen. Wenn dann noch zu lesen ist, dass für die volle Einsatzbereitschaft fünf Jahre veranschlagt werden, wird die Vorgehensweise vollends fragwürdig. Behauptet wird schließlich, dass bereits heute die Cyber-Bedrohung extrem hoch ist. Die Digitale Infanterie[100] verspürt immerhin gleich Minderwertigkeitskomplexe. Sie fordert ungeniert ihre Aufwertung zu einer vollständigen Teilstreitkraft wie Heer, Luftwaffe oder Marine mit einer eigenen Uniform als äußeres Zeichen.[101]

Prinzipiell wäre die Spezialaufgabe »Cyber« besser im zivilen Bereich der öffentlichen Verwaltung aufgehoben. Bei einem Angriff mit Bits und Bytes kann kaum zwischen militärisch und/oder zivil unterschieden werden, Herkunft und Zielrichtung eines Angriffs sind nicht ohne Weiteres zu erkennen. Bei professionellen Angreifern kann es schon mal ein halbes Jahr dauern und aufwendige Detektivarbeit erfordern, um Spuren der »Einbrecher« eindeutig zu belegen.[102]

Gegen Cyber-Angriffe in herkömmlichen militärischen Strukturen vorzugehen, ist der falsche Weg. Noch dazu, wo dem Militär eine offensive Vorgehensweise nicht zugestanden wird, sondern nur reine Abwehraufgaben durchgeführt werden dürfen. Am Stichwort »Digitaler Gegenschlag« (Hackback) zeigt sich auch plastisch die Fragwürdigkeit des Parlamentsvorbehalts: Für das Eindringen in im Ausland stehende Rechner bräuchte die Truppe erst ein Parlamentsmandat, weil dies eine offensive Aktion wäre. Bis die Bundeswehr reagieren dürfte, hätte der Angreifer längst seine digitale Identität gewechselt. Ein Gegenangriff durch die Bundeswehr aus dem Inland heraus gilt paradoxerweise nicht als Selbstverteidigung und wäre damit zu unterlassen.

Die Cyber-Abwehr gehört zum Bundesnachrichtendienst (BND), dafür gibt es zahlreiche Fürsprecher. Dort existiert auch seit 2013 eine Abteilung T4, die zuständig ist für das Eindringen in fremde Handys, Laptops und Netze.[103] Nachrichtendienstliche Angriffe sind wie Cyber-Bedrohungen nur schwer zu orten, Gegenmaßnahmen müssen übergreifend koordiniert werden. Der Auslandsgeheimdienst ist für alle Bereiche unserer Republik zuständig, militärische Angelegenheiten werden dort seit Jahrzehnten durch entsprechende militärische Dienstposten abgedeckt. Das BND-Gesetz um nachrichtendienstliche Befugnisse in Cyber-Angelegenheiten zu erweitern, sollte einem im Interesse der Sicherheit unseres Landes handelnden Parlament möglich sein.

Als Alternative käme auch das Bundesamt für Sicherheit in der Informationstechnik (BSI) in Betracht. Um militärische Spezifika könnten sich dort jeweils abgeordnete Soldaten innerhalb dieser zivilen Organisation kümmern. Das BSI könne Deutschland im Cyberraum viel besser verteidigen als die Bundeswehr, sagt IT-Sicherheitsexperte Thomas Reinhold. Er schmunzelt auch zu den angeblichen 280.000 Angriffen auf die Netze der Bundeswehr.[104] Zahlreiche Aktionen geschähen im Netz automatisiert und könnten nicht als Angriff gezählt werden.

In Ergänzung zur generellen Zuständigkeit für Cyber bei BND oder BSI könnten Durchführungsaufgaben wie auch militärische Spezifika in Sachen Cyberabwehr in den Streitkräften verbleiben. Dafür waren auch bereits vor der Einrichtung des Organisationsbereichs CIR Strukturen vorhanden. Die Bundeswehr auf diesem Sektor eigenständig vorgehen zu lassen, ist jedenfalls die völlig falsche Konsequenz aus einer Bedrohung, die gesamtstaatliches Handeln aus einer Hand verlangt. Es verschlingt unnötig viele Ressourcen und erschwert die Gefahrenabwehr. Die CIR-Organisation ist altes Denken in althergebrachter Bundeswehr-Kästchen-Manier, anstelle zu neuen übergreifenden Lösungen zu kommen, die der neuen Bedrohung angemessen wären.

Im Übrigen ist eine bundeswehr-interne Cyber-Organisation auch aus Gründen der Personalgewinnung und Personalstruktur kontraproduktiv. Cyber-Soldaten in ausreichender Anzahl anzuwerben wird auf Kosten der Tauglichkeitskriterien gehen, die körperlichen Einstellungsvoraussetzungen werden weiter verwässert. Aus Attraktivitätsgründen wird ferner eine Unzahl höherer Dienstgrade ausgebracht, immer weiter und immer noch schneller dreht sich das Dotierungskarussell.

Auch deshalb wäre die bessere Alternative: Ausbringung der IT-Abwehraufgabe auch der Bundeswehr im zivilen Bereich. Die Bekämpfung der Cyber-Bedrohung erfordert keine Mitarbeiter in Uniform, zivile Beschäftigte tun es genauso gut, eine Notwendigkeit für den Kombattantenstatus* besteht nicht. Außerdem kann das Gehaltsgefüge ziviler Mitarbeiter leichter an Marktbedürfnisse angepasst werden und militärische Dienstgradstrukturen müssten nicht weiter aufgebläht werden.

Hinzugefügt sei, dass sich durch die Einrichtung des Organisationsbereichs CIR die generellen Personalprobleme zusätzlich verschärft haben. Der Wehrbeauftragte beklagt eine nach wie vor herrschende enorme personelle Unterbesetzung in vielen Bereichen. Dies habe sich auch durch »die Personalbedürfnisse des neu aufgestellten Organisationsbereichs Cyber- und Informationsraum noch verstärkt«.[105] Die Soldaten haben sich der Einrichtung dieses neuen Bereichs natürlich nicht verschlossen. Bringt es doch weitere hochrangige Dienstposten, zusätzlich kann man auch in der NATO damit reüssieren. Die USA haben zugelassen, dass sich dieser Bereich verselbstständigt. Es war der Versuch, einen Konflikt innerhalb der US-Streitkräfte beizulegen, als beschlossen wurde, das 2010 begründete Cyberkommando (CYBERCOM) dem Direktor des Geheimdienstes NSA zu unterstellen und dem Strategischen Kommando (STRATCOM) unterzuordnen. So sollten Kompetenzstreitigkeiten zwischen Luftwaffe, Armee, Spezialeinheiten und der Marine vermieden werden. Ferner wollte man den konservativen Militärs kein neues eigenständiges Cyberwar-Kommando mit einer neuen Art Kriegführung zumuten.[106] Endlich sind die Deutschen im NATO-Rahmen auch mal ganz vorne mit dabei (zumindest auf dem Papier, in Wirklichkeit sind ihnen die offensiven Hände gebunden).

---

* Kombattanten sind im Völkerrecht bei unmittelbarer Teilnahme an Feindseligkeiten zur äußerlichen Unterscheidung von der Zivilbevölkerung verpflichtet.

Folgerung

Teuer, personalaufwendig und kontraproduktiv: Auf diese Formel kann die neuerliche Von-der-Leyen-Fehlentscheidung CIR gebracht werden. Der Organisationsbereich Cyber- und Informationsraum sollte aufgelöst, die militärischen Durchführungsaufgaben sollten in die Streitkräftebasis zurückgeführt werden. Übergreifende militärische Aspekte sollten innerhalb des BSI oder im BND ausgebracht werden. BSI und BND können Deutschland im Cyberraum weit besser verteidigen als die Bundeswehr.

Je aufwendiger und komplizierter, desto besser?

Die Organisation der Armee verfranst sich auch im Klein-Klein. Zwei repräsentative Beispiele:

Zum einen das German Institute for Defence and Strategic Studies – GIDS ist ein Kooperationsprojekt der Führungsakademie der Bundeswehr und der Helmut-Schmidt-Universität der Bundeswehr Hamburg. Dessen Aufgaben sind einigermaßen unklar. Natürlich braucht es für strategische Studien sowohl militärische als auch universitäre Forschungseinrichtungen, und dass diese in Projekten zusammenarbeiten müssen, liegt auf der Hand. Warum aber braucht es gleich ein kooperatives Institut?

Zum anderen wird in Ulm ein neues NATO-Unterstützungskommando (Joint Support and Enabling Command, JSEC) aufgebaut. Dieses soll im Krisen- und Konfliktfall Koordinierungs- und Führungsleistungen übernehmen. Unter anderem soll es Truppen- und Materialtransporte sowie erforderliche Unterstützungsleistungen planen und koordinieren sowie den Schutz kritischer Infrastrukturen wie auch der Truppe auf dem Weg ins Einsatzgebiet sicherstellen. Warum braucht es für diese Aufgaben gleich ein neues Kommando? Etwa deshalb, weil ein vorher in Ulm stationiertes Kommando nichts zu tun hatte? Koordinierungs- und Führungsaufgaben nehmen so ziemlich alle schon bestehenden NATO-Kommandobehörden wahr.

> **Folgerung**
>
> Die Bundeswehr benötigt ein Moratorium bei der Einführung immer neuer organisatorischer Bausteine. Die Organisation der Armee hat sich zu einem unüberschaubaren Klein-Klein entwickelt. Mithilfe einer übergreifenden Organisationsuntersuchung müssen wieder überschaubare Strukturen geschaffen werden. Wirkungsarme Ausuferungen sind zu identifizieren und zurückzubauen.

Waffensysteme und Rüstung – ein Quell steter Freude

»Die Krise im Beschaffungswesen der Bundeswehr ist chronisch.« So steht es selbst in der offiziellen Zeitung des Bundestages »Das Parlament« vom 20. August 2018.[107] Wenn diese Bewertung zutrifft, haben sich diverse Regierungen vergeblich bemüht, der chronischen Krise etwas entgegenzusetzen. Ministerin von der Leyen hat dafür vier Jahre lang (von 2014 bis März 2018) Staatssekretärin Katrin Suder, ehedem Partnerin des Beratungsunternehmens McKinsey, beschäftigt – aber im Koalitionsvertrag vom 12. März 2018 ist schon wieder zu lesen, dass bis 2019 zuerst die Rüstungsorganisation überprüft werden soll. Da stellt sich die Frage, was dort Jahr um Jahr gemacht wird, ohne voranzukommen? McKinsey und Co. verdienen sich eine goldene Nase und trotzdem geht nichts vorwärts.

Für mehr als 200 Millionen Euro waren bereits bis März 2016 externe Berater angeheuert worden. Suder bagatellisierte diese Summe damals mit der Rechnung, dass dies bei einem dreijährigen Rüstungsbudget von rund 100 Milliarden nur 0,2 Prozent seien. Der Bundesrechnungshof übte wiederholt massiv Kritik an der Vergabe von Beraterverträgen durch das Verteidigungsministerium. Für externe Berater gebe das Ministerium pro Jahr bis zu 150 Millionen Euro aus, erhebliche Unregelmäßigkeiten seien an der Tagesordnung. Von der Leyen argumentierte, vor allem beim Thema Digitalisierung gebe es »erheblichen Nachholbedarf« und Zeitdruck.[108] Deshalb sei externe Expertise nötig. Allerdings räumte sie Versäumnisse in ihrem Haus beim Umgang mit dem Vergaberecht ein. Die Tageszeitung »Die Welt« spitzte die Kritik zu und schrieb von einem »System McLeyen« – wohl darauf anspielend, dass bei McKinsey von der Leyens Sohn David zumindest indirekt impliziert ist. Eine Anfrage der FDP im Frühjahr 2019 brachte den ganzen Umfang der Beraterorgien ans Tageslicht: Seit 2014 waren an die 600 Millionen Euro dafür ausgegeben worden!

Es sei dahingestellt, ob das überdimensionale Externen-Unwesen nicht eine Ohrfeige von der Leyens für ihr eigenes Haus ist, dem sie offenbar auch fünf Jahre nach Übernahme des Ressorts nichts zutraut. Zugleich hatte von der Leyen Mitte Dezember 2018 vor einer Sitzung des Verteidigungsausschusses, der sich dann zu einem Untersuchungsausschuss erklärte, auch noch die Chuzpe, weitere 343 Millionen Euro für externe Berater zu fordern.

Alles in allem hängt die Einsatzbereitschaft der Streitkräfte von einer funktionierenden Beschaffung ab. Wenn es dort fundamentale Probleme gibt, muss das die Aufgabenerfüllung beeinträchtigen und auf die Auftragserfüllung zurückwirken. Ein Blick in die Presse genügt, um festzustellen, dass es Punkte im Beschaffungswesen gibt, die gelinde gesagt verbesserungswürdig sind. Eine nähere Befassung mit dieser Materie ist daher angezeigt.

Handelsüblich oder spezifisch militärisch?

Im Beschaffungswesen der Bundeswehr sind zunächst zwei Felder zu unterscheiden.

Erstens: handelsübliche Produkte und Dienstleistungen.

Streitkräfte benötigen eine Vielzahl an Material, ein großer Teil davon ist handelsüblich. Also Waffen, Geräte, Fahrzeuge, Ausrüstungsgegenstände und Bekleidung wie auch diverse Dienstleistungen, die auf dem Markt von verschiedenen Anbietern bezogen werden können. Dabei gibt es immer mal wieder Schwierigkeiten, die häufig mit Bürokratismus, Schlamperei oder auch mal mit Korruption zusammenhängen. Darum haben wir uns im Rahmen dieser Ausarbeitung nicht zu kümmern. Derartige Probleme hat jede öffentliche Verwaltung, sie bestimmen zum Glück nicht das Bild.

Zweitens: militärtypische Produkte und Dienstleistungen, die dem jeweiligen Auftrag entsprechend speziell entwickelt, hergestellt oder (Dienstleistungen) beigestellt werden.

Die Schwierigkeiten und Probleme dabei sind Legion. Informationstechnik, Waffen und Munition, fliegende, fahrende oder schwimmende Waffensysteme sowie spezielle Dienstleistungen weisen spezifische Merkmale auf und sind üblicherweise schon mal kaum mit anderen vergleichbar. Auf diesem Feld gibt es Beanstandungen, seitdem es Armeen und ein Beschaffungswesen dafür gibt. Als Beispiel mag die Geschichte der ›Dicken Bertha‹ aus dem Ersten Weltkrieg dienen. Probeschüsse waren danebengegangen, das Gewicht war viel zu hoch und die Wirkung auf Stahlbeton viel zu gering.[109]

Probleme bei der Beschaffung von Waffensystemen sind dabei keineswegs typisch deutsch. Das neueste Kampfflugzeug der US-Luftwaffe, der Joint Strike Fighter F 35, kommt Jahre zu spät zur Auslieferung, die Leistungen entsprechen nicht den vertraglichen Spezifikationen und die Preise explodieren. Die Rede ist vom teuersten Rüstungsprojekt der Geschichte bei mangelhaften Leistungen. Der Tarnkappen-Kampfflieger soll im Luftkampf selbst älteren Flugzeugen unterlegen sein. Das Pentagon stellte der Maschine ein verheerendes Zeugnis aus.[110] Anderen Ländern ergeht es ähnlich, die Beschaffung von Rüstungsgütern hat offensichtlich ihre eigenen Fallstricke. Gibt es rüstungsspezifische Tücken bei der Beschaffung von Militärmaterial, was sind typische Schwierigkeiten und was kann man tun, um diese zu vermeiden? Auf diese Fragen wollen wir uns hier konzentrieren.

Brauchen wir eine eigene Rüstungsindustrie?

In den Medien und großen Teilen der Politik wird gelegentlich die Frage diskutiert, ob Deutschland überhaupt noch eine eigene Rüstungsindustrie benötigt. Die Zahl daran hängender Arbeitsplätze sei überschaubar, der Beitrag zum Sozialprodukt eine ökonomische Marginalie. Tatsache ist, dass die Bundeswehr zu klein geworden ist und auch schon immer zu klein war, um eine eigene Waffenindustrie auszulasten. Ohne Zusammenarbeit mit Partnern und ohne den Export von Rüstungsgütern sind eigene Rüstungskonzerne nicht zu halten. Die Gründe für den Erhalt der wehrtechnischen Industrie sind mithin politischer Natur. Wenn Deutschland darauf verzichten würde, wäre das ein fatales Signal.

Benötigte Waffensysteme könnte man je nach Angebot auch im Ausland beschaffen, die Abhängigkeit beträfe dann aber nicht nur die Beschaffung, sondern auch Instandsetzung und Betrieb. Will eine große Mittelmacht wie Deutschland dieses Risiko eingehen? Soll unser Land die Möglichkeiten der Zusammenarbeit auf diesem Sektor mit Partnern aufgeben? Die Antwort kann nur ein klares Nein sein. Wer weiß schon, was die Zukunft bringt? Eine wenigstens in Teilen eigenständige Rüstungsproduktion ist zur Zukunftssicherung unabdingbar. Abgebaute Kapazitäten sind bei der heutigen komplexen Waffentechnik kaum je wieder zurückzuholen. Ferner gibt es Einwirkungsmöglichkeiten sowohl auf Exportbedingungen als auch auf Empfängerländer auch nur bei eigenem Rüstungsexport.

Der ehemalige Kanzlerberater, mittlerweile Brigadegeneral a.D., Erich Vad betont den Einfluss, der mit dem Export von Rüstungsgütern einhergeht: »Wenn wir liefern, sind sie von uns abhängig. Wenn die einen Mist bauen, können wir die Lieferung einstellen, die Wartung stoppen oder einfach keine Ersatzteile mehr schicken. Das kann man auch als Instrument der Außenpolitik nutzen.«[111] Auf dem Rüstungsmarkt kann man auch nur die zweitbesten Systeme erwerben, die besten werden nicht verkauft.

Folgerung

Eine eigene wehrtechnische Industrie ist zur Zukunftssicherung unabdingbar, sie ist eine Frage der politischen Souveränität unseres Landes.

Rüstungsprojekte: zu komplex, zu viele Partner

Warum ist Airbus in der Lage, eine neue Version des A320 im Zeit- und Kostenrahmen auf die Beine zu stellen, scheitert aber beim militärischen Transportflugzeug A400M grandios? Allerdings hat der Hersteller auch mit der nur teilerneuerten A320neo so seine Schwierigkeiten. Das neue Triebwerk erfüllte die Forderungen nicht vollständig, zahlreiche Flieger mussten auf eine Nachrüstung mit leistungsfähigeren Aggregaten warten.

Dennoch, warum ging die Entwicklung des Militärtransporters so massiv in die Hose? Airbus hat die vielfältigen Problemstellungen bei der Projektrealisierung falsch beurteilt. In der Überzeugung, Passagierflugzeuge entwickeln und bauen zu können, hat der Konzern die Spezifika eines militärischen Transportflugzeugs auf die leichte Schulter genommen. Die Probleme rühren im Kern auch daher, dass bei einem militärischen Produkt von Anfang an zu viele Köche am Herd stehen, die über die Auslegung mitentscheiden. Jeder von ihnen hat seine eigene Würze, nimmt andere Zutaten und hat vielleicht sogar in Teilen eine andere Mahlzeit im Sinn.

Die unterschiedlichen Forderungen der A400M-Partnernationen sind Basis für ein Flugzeug mit höchst unterschiedlichen Aufgaben. Es soll nicht nur militärische Lasten unter verschiedenen Bedrohungsszenarien transportieren können. Der viermotorige Schulterdecker mit einer befahrbaren Heckrampe soll von kurzen, unbefestigten Pisten aus operieren, Fallschirmspringer und Lasten aus der Luft absetzen sowie Lazarett- und Tankflugzeugaufgaben übernehmen können. Hinter all diesen Forderungen stehen gute Gründe, aber alles in einem Aufwasch zu realisieren, konnte kaum gut gehen. Die Herausforderung, eine Vielzahl teilweise divergierender Forderungen unter einen Hut zu bringen, hat der Airbuskonzern sträflich unterschätzt, als er im Jahr 2000 einen Vertrag für den A400M zu zivilen Konditionen abschloss. Zu festen Lieferzeitpunkten sollten verschiedene Versionen mit festgelegten Leistungen zu fixierten Preisen den Nutzern übergeben werden.* Das Flugzeug gab es zum Zeitpunkt des Vertragsabschlusses nicht, nur Komponenten waren verfügbar. Ein komplett neues Fluggerät musste entwickelt werden, noch dazu mit einem vollständig

---

* Eine offene Frage ist bis heute allerdings auch, weshalb der A400M von der französischen Luftwaffe deutlich früher geflogen werden konnte als von unserer? Seit Jahren diskutiert man über eine Angleichung der Abnahmeverfahren der europäischen Länder, anscheinend ohne Erfolg (Hans-Peter Bartels, »Nichts geht schnell«, Interview, in: Das Parlament, vom 20. August 2018).

neuen Triebwerk, das sich rasch als spezielles Sorgenkind herausstellte. Airbus liegt mit dem A400M meilenweit neben den vertraglichen Verpflichtungen, die grundlegenden Schwierigkeiten sind bis heute nicht vollständig beseitigt.*

Beim NATO-Militärhubschrauber NH-90 war die Situation vergleichbar, der neue Transporthubschrauber sollte alles auf einmal und viel besser als die Konkurrenz erledigen können. Auch dieses Projekt liegt weit außerhalb des Zeit-, Kosten- und Leistungsrahmens. Bei 500 bestellten Maschinen zwei Dutzend verschiedene Versionen zu fertigen, musste jeglichen Rahmen sprengen.

A400M

---

* Ein A320 entsteht grundlegend anders: Airbus klopft den Markt für ein Zivilflugzeug in der fraglichen Größe ab und legt die Konstruktion nach den mehrheitlichen Wünschen der Fluggesellschaften fest. Der Hersteller entscheidet anschließend in eigener Verantwortung über die Auslegung des Flugzeugs, die passenden Triebwerke und die verwendeten Technologien. Es entsteht zunächst eine Grundversion mit einer möglichst flexiblen Kabinenausstattung. Im Lauf der Zeit werden aus dem Grundmuster größere oder kleinere, Fracht- oder andere Versionen erzeugt und auf den Markt gebracht. Damit werden die Projektrisiken entscheidend verringert.

NH-90

Es fehlte sowohl beim A400M als auch dem NH-90 an einem gesamtverantwortlichen Regisseur, der die divergierenden Forderungen der beteiligten Länder und ihrer Streitkräfte auf einen realisierbaren Nenner gebracht hätte. Jahrelang wurde an nicht lösbaren Schwierigkeiten herumgedoktert. Von diesem Durcheinander hat niemand etwas, weder der Hersteller, über den sich die Konkurrenz amüsiert, noch die Abnehmer, für die die mangelhafte Einsatzbereitschaft schlicht eine Zumutung ist.

Folgerung

Grundvoraussetzung für erfolgreiche Rüstungsvorhaben ist die Vereinheitlichung der Forderungen der künftigen Nutzer. Jede einzelne Forderung ist zu priorisieren, mit einem Preisschild zu versehen und auf ihre Realisierbarkeit im Zeit- und Kostenrahmen zu überprüfen. Ein Land mit projekterfahrenen amtlichen Stellen ist mit der Federführung bei der Forderungserstellung zu beauftragen. Die Federführung für Entwicklung und Beschaffung hat ein Land mit einer erfahrenen Systemfirma zu übernehmen. Partnerländer dürfen nur für fest definierte Teile der Entwicklung und Produktion mit an Bord genommen werden.

Zu viele Köche verderben den Brei – Eurofighter und Leopard im Vergleich

Preisfrage: Was ist der prinzipielle Unterschied zwischen dem Kampfpanzer Leopard und dem Eurofighter? Technisch sind diese beiden Waffensysteme selbstverständlich nicht vergleichbar, ein Panzer ist etwas anderes als ein modernes Kampfflugzeug. Ein Vergleich drängt sich dennoch auf in Bezug auf grundlegende Unterschiede in der Beschaffung, in der militärischen und firmenseitigen Ablauf- und Aufbauorganisation sowie in der rüstungspolitischen Behandlung der Systeme. Der Leopard ist mit all seinen Weiterentwicklungen ein Rüstungsprojekt von im Wesentlichen zwei deutschen Rüstungskonzernen in deutscher Verantwortung. Der Eurofighter hingegen wurde von den Partnernationen Spanien, Italien, Großbritannien und Deutschland realisiert. Die Ergebnisse sind atemberaubend unterschiedlich:

Der Leopard ist einschließlich der Weiterentwicklungen seit Jahrzehnten überaus erfolgreich. Qualitätsprobleme, Zeit- oder Kostenüberschreitungen sowie Leistungsmängel: Weitgehend Fehlanzeige.

Der Eurofighter entwickelte sich zum Milliardengrab. Massive Kostenüberschreitungen sind an der Tagesordnung, die Leistungsversprechen der Industrie werden selten eingehalten, Qualitätsmängel gehören zum Bild. Alle diese Beanstandungen haben verschiedene Väter, aber eine prägnante Ursache: Zu viele Köche verderben den zu lange köchelnden Brei mit zu vielen Zutaten. Bis es zur Produktionsentscheidung des Eurofighter kam, waren bereits Jahrzehnte ins Land gegangen, die nationalen Entscheidungswege bei den beteiligten Partnern waren und sind vielgestaltig. Aus dem Projekt TKF (Taktisches Kampfflugzeug) wurde ein Jäger 90 und am Ende der Eurofighter. Bis die Entwicklung des Systems begonnen hatte, waren die ins Auge gefassten Technologien längst schon wieder veraltet.

Die unselige Forderung der Politik, mit dem Eurofighter Technologieentwicklung bei den beteiligten Nationen zu betreiben, führte dazu, dass inkompetente Firmen der beteiligten Länder in beinahe jedem Bauteil ihre Lernkurve hinlegen durften. Die Kostenspirale fing bereits in der Entwurfsphase an, sich mit zunehmender Geschwindigkeit zu drehen. Parallel dazu ging die installierte Leistung zurück, am Ende mussten Lieferzeitpunkte nach hinten geschoben werden. Allein das damit erforderliche Ausmaß an Abstimmung zwischen den Firmen, den Rüstungsorganisationen und den Ministerien ist enorm, der Aufwand gigantisch. Beziffern kann ihn kein Mensch. Neben erheblichen Zeitverzögerungen haben auch Kostenüberschreitungen und Qualitätsprobleme dort ihre Ursache. Das Ergebnis stellt niemanden zufrieden, weder den Steuerzahler, noch die Industrie, die um ihr Image und damit ihre Exporterfolge fürchten muss, noch gar die Luftwaffen.

Der Leopard wurde von zahlreichen Nationen eingeführt, seine Nutzung gestaltet sich alles in allem problemlos. Mit der Leitnation Deutschland und zwei ausführenden Firmenkonsortien wurde das System zu einer über Jahrzehnte erfolgreichen Programmfamilie mit verschiedenen Typen und Varianten.

Der Eurofighter dagegen kämpft mit grundlegenden Schwierigkeiten, ohne nennenswerte Exporterfolge kümmert er milliardenschwer vor sich hin. In beiden Fällen gaben die politischen Rahmenbedingungen den Ausschlag.

Folgerung

Die Entwicklung komplexer Waffensysteme ist schon fehleranfällig genug, Technologieentwicklung hat innerhalb von Rüstungsprojekten nichts verloren. Sie ist Sache der Forschungsabteilungen außerhalb der Projektentwicklung. An der Kooperation mit Partnern bei Entwicklung und Beschaffung von Rüstungsgütern geht kein Weg vorbei. Nur auf diese Art und Weise können halbwegs akzeptable Stückzahlen erreicht und die Typenvielfalt verringert werden. Das ›WIE‹ entscheidet über den Gesamterfolg.

Den Tornado-Nachfolger sollte Frankreich allein verantworten

Wer Rüstungsprojekte zum Erfolg führen will, muss aus dieser Erkenntnis Konsequenzen ziehen. Zwischen Deutschland und Frankreich wird die Entwicklung eines Nachfolgers für den 40 Jahre alten Jagdbomber »Tornado« verhandelt. Das Projekt ist unter der Bezeichnung »Future Combat Air System« (FCAS) in den Medien bekannt. Die Empfehlung kann nur nachdrücklich lauten, nur eine Nation mit der Federführung zu beauftragen und weitere kompetente Partner nur für eingrenzbare Entwicklungsanteile mit an Bord zu lassen. Erst mit erfolgreicher Entwicklung, dürfen Produktionsanteile des neuen Systems wiederum an kompetente Partner beziehungsweise Firmen vergeben werden.

Die Federführung sollte den Franzosen überlassen werden. Sie haben sich die industriellen Kenntnisse und Fertigkeiten für derartige Großprojekte erhalten, in Deutschland wurden die Ingenieur- und Managementkapazitäten im Vertrauen auf den ewigen Frieden auf ein Minimum heruntergefahren, die einschlägigen Firmen erhielten kaum noch Aufträge.

Doch was machen wir? Noch bevor auch nur ein Strich zu Papier gebracht worden ist, werden alle möglichen Partner aufgefordert, sich an dem Projekt zu beteiligen. Das Endergebnis kann heute schon vorhersagen, wer den Verlauf der Projekte A400M, Eurofighter oder auch NH-90 kennt: Ein neuerliches Milliardengrab ist im Entstehen begriffen. Unsere politischen Entscheidungsträger sind offenbar nicht lernfähig!

Eine Kernfrage bei mehrnationalen Rüstungsprojekten ist, wie sichergestellt werden kann, dass nicht eine Nation nur die Rosinen herauspickt und andere den Zahlmeister geben. Die Franzosen beherrschen diese Klaviatur perfekt. Dass die noch vorhandene deutsche Rüstungsindustrie dabei nicht über den Tisch gezogen wird, hat die Politik in Kooperationsabkommen sicherzustellen. Deutsches Geld wird benötigt, das allein ergibt ausreichend Argumente.

Über allem steht, dass Deutschland kaum mehr als Kooperationspartner dank der einseitigen Beschränkungen im Rüstungsexport taugt. Kein Rüstungskonzern lässt sich gern Exportmöglichkeiten entgehen, weil es der Politik so gefällt. Große Rüstungsprojekte sind auch so schon schwierig genug.

Wir sollten ergo nur mehr die Federführung bei U-Booten anstreben. Damit wäre uns, wie auch möglichen Partnerländern, geholfen. Die extremen deutschen Exportrestriktionen verleiden so manchem potenziellen Partner die Zusammenarbeit. (Siehe auch die Ausführungen zur deutschen Rüstungsexportpolitik in Kapitel II, Teilkapitel »Deutschland – ein neuralgischer Punkt«.) Bei Rüstungsmessen ist gelegentlich die Aufschrift zu lesen: Frei von deutschen Teilen. Wenn das kein Alarmsignal ist?[112]

Folgerung

Die Politisierung von technischen Sachverhalten kostet den Steuerzahler Unsummen, die Herstellerfirmen ihre Reputation und bringt den Streitkräften keine forderungsgerechten Güter im Zeitrahmen. Über technische Rüstungsfragen ist nach militärisch/technisch/wirtschaftlichen Kriterien zu entscheiden und nicht nach saisonalem politischem Gutdünken.

Milliarden für eine veraltete Zwischenlösung

Völlig schizophren sind die Vorschläge für eine Zwischenlösung nach einer möglichen Aussonderung des Tornado-Kampfbombers 2025 bis zur Einführung des FCAS Ende der 2030er-Jahre. Da wird allen Ernstes die Idee ventiliert, das US-Kampfflugzeug F-15 Eagle in geringer Stückzahl zu beschaffen, um die atomare Trägerrolle für Deutschland sicherzustellen. Dabei hat die F-15 ein ähnliches Alter wie der Tornado, lediglich dessen Ausrüstung ist moderner. Alternativ könnte der Eurofighter dafür hochgerüstet werden, was für die Befähigung dieser Maschine als Träger von Kernwaffen eine enge Zusammenarbeit mit den US-Amerikanern voraussetzt. Es könnte aber auch der Tornado nochmals um 15 Jahre verlängert und nur noch für die atomare Rolle einsetzt werden. Das wäre in jedem Fall die günstigste

Lösung: Das Waffensystem ist eingeführt, Ersatzteile und Instandhaltungseinrichtungen sind vorhanden, technisches und fliegendes Personal sind ausgebildet. Für die rein politisch zu wertende Einsatzrolle »atomare Zweitschlagsfähigkeit« ist der Tornado völlig ausreichend. Es wäre glatter Irrsinn, für eine Übergangszeit mit Milliardenaufwand ein weiteres Waffensystem einzuführen.

Hickhack um das Sturmgewehr G36

Das Sturmgewehr G36 ist seit Ende der 1990-Jahre das gängige Gewehr der Bundeswehr als Nachfolger des G3. Hersteller ist das Rüstungsunternehmen Heckler & Koch mit Sitz in Oberndorf am Neckar. Im April 2012 wurden Berichte veröffentlicht, nach denen das G36 unter anderem nach mehreren Hundert Schuss zu heiß werde und darunter die Treffsicherheit leide. Gegen die Mängelberichte klagte das mittlerweile angeschlagene Unternehmen Heckler & Koch beim Landgericht Koblenz. Der Klage wurde im September 2016 stattgegeben. Das Gericht wies Forderungen des Ministeriums nach Ausgleichszahlungen für 4000 Gewehre zurück. Verteidigungsministerin von der Leyen hatte allerdings bereits zuvor selbstherrlich entschieden, alle 167.000 G36-Gewehre auszumustern.

Eine vom damaligen Wehrbeauftragten Hellmut Königshaus (2010-2015) und dem Verteidigungsexperten Winfried Nachtwei (Bündnis 90/Die Grünen) geleitete Befragung unter rund 200 Soldaten wurde ignoriert, obwohl sie zu dem Ergebnis kam, dass Mängel im Einsatz beim G36 nie aufgetreten seien. Im Gegenteil: Die Waffe sei leicht, bedienungsfreundlich und sehr zuverlässig. Dennoch verfügte das BMVg 2014 einen Beschaffungsstopp. Am 22. April 2015 entschied von der Leyen, dass das G36 in seiner derzeitigen Form ersetzt werden solle. Die Entscheidung für einen Lieferanten sollte Ende 2018 fallen. Im Rennen waren Anfang 2019 Heckler & Koch sowie das Unternehmen C. G. Haenel aus Suhl. Eine Auslieferung ist ab 2020 geplant. Die bisherigen Ausschreibungsergebnisse belegen: Die »Braut des Soldaten« wurde aus unerfindlichen Gründen künstlich schlechtgeredet. Es gibt bis heute keinen Hersteller und kein Produkt, die das G36 erheblich übertreffen würden.

Übertechnisierung von Panzern, Schiffen und Flugzeugen

Moderne Waffensysteme sind komplexe Maschinen, die nicht in Großserien hergestellt werden. Selbst ein Schützenpanzer verfügt heute über eine Rechneransammlung, die es vor einigen Jahrzehnten nicht mal im Flugzeug gab. Nicht nur einzelne Geräte können ausfallen, auch die Steuerungsprogramme können Unverträglichkeiten aufweisen und den Betrieb verweigern. Im Schützenpanzer »Puma« beispielsweise sieht der Fahrer nur noch über Bildschirme auf Fahrstrecke und Umgebung, jeder Panzergrenadier ist mit einem tragbaren Rechner ausgestattet. Es muss niemand verwundern, wenn es bei neuen Systemen Jahre um Jahre dauert, bis diese zumindest halbwegs truppentauglich sind.

Das war beim Vorgänger »Marder« noch ganz anders, nämlich einfacher gelöst. Die heutige Übertechnisierung macht die Industrie gerne mit. Je mehr Technik in militärischem Gerät verbaut wird, umso besser ist die Auftragslage über die ganze Lebensdauer, denn umso teurer ist die Instandhaltung und umso höher natürlich der Profit. Schließlich fallen rund zwei Drittel der Gesamtkosten während des oft jahrzehntelangen Betriebes an.

Auch hier bietet sich nochmals ein Blick auf den Tornado-Nachfolger FCAS an. Es ist nur eindringlich davor zu warnen, dieses neue System mit allen möglichen neuesten Techniken schon im Reißbrettstadium aufzupumpen. Von künstlicher Intelligenz und technologischem Neuland ist die Rede, von der Vernetzung des Systems mit Drohnen und Schlüsseltechnologien der Zukunft. Stattdessen ist die Entwicklung zunächst auf ein leistungsfähiges Grundmuster zu beschränken, das im Laufe der Lebensdauer ausgebaut und neuesten Anforderungen angepasst werden kann. Auch wenn dieses Vorgehen länger dauert und keinen revolutionären Schritt des neuen Waffensystems in der ganzen Breite der Anforderungen verspricht, ist es vorzuziehen. Lieber schrittweise beherrschbare Leistungssteigerungen, als ein Dutzende Milliarden teures Desaster, das dem Militär doch auch nur wieder mit jahrelanger Verzögerung und miserabler Leistungsfähigkeit zur Verfügung steht. Eurofighter, NH-90 und A400M lassen grüßen, sie stehen als Menetekel an der Wand.

Folgerung

»Militärtechnik ist Spitzentechnik« war seit jeher ein verhängnisvolles und sündhaft teures Schlagwort. Der Übertechnisierung von Rüstungsgütern ist der Kampf anzusagen. Diese Themen dürfen nicht den Beteiligten allein überlassen werden: Militärs umgeben sich gerne mit »modernster Technik«, von der Rüstungsindustrie werden anspruchsvolle Forderungen gerne aufgegriffen. Ob die Produkte jemals im eigentlichen Sinne truppenverwendungsfähig werden, ist oftmals eine andere Frage. Es gibt genügend unabhängige Fachexpertise, mit deren Hilfe der Übertechnisierung entgegengewirkt werden kann. Komplexe neue Systeme sollten schrittweise realisiert werden, der große schnelle Wurf über die ganze Bandbreite funktioniert nach aller Erfahrung nicht.

Oftmals sind nicht Rüstungsverfahren oder Rüstungsmanagement für millionenteure Misserfolge haftbar zu machen, sondern die seitens der Politik betriebene Partnerwahl (Eurofighter), fragwürdige Entscheidungen (Uniformen für Schwangere*) und/oder fragwürdige Interessen wie das künstliche Schlechtreden des Gewehrs G36.

Verkehrte Technik: UH Tiger

Zur Beleuchtung typischer Beschaffungsfehler ein Blick auf ein weiteres prägnantes Beispiel, anhand dessen wiederkehrende Problemfaktoren auf-

---

* Von der Leyen hatte verfügt, dass für die im Jahresdurchschnitt 400 schwangeren Soldatinnen Extrauniformen beschafft werden. Bis dahin konnten Schwangere ihren Dienst in ziviler Kleidung gegen eine Abnutzungsentschädigung verrichten. Im Gegensatz zu ziviler Kleidung ist die Entwicklung eines Uniformartikels mit einem entsprechenden Größenspektrum mit vielen anspruchsvollen Funktionalitäten verbunden wie elektrische Leitfähigkeit, Vektorenschutz, Brandschutz, Tarndruck usw. Also eine ganz andere Liga als zivile Kleidung und entsprechend aufwendig. Wieder ein gutes Beispiel für falsche Prioritätensetzung. Vergleiche »Hickhack um das Sturmgewehr G36«.

gezeigt werden können: Das mit den Partnerländern Frankreich und Spanien realisierte Waffensystem »Tiger«. Der Unterstützungshubschrauber (UH) Tiger wurde ursprünglich in den 1980er-Jahren als Panzerabwehrhubschrauber 2 geplant. Das Projekt zog sich bereits im Reißbrettstadium bald zwei Jahrzehnte hin, militärische Forderungen wie auch Firmeninteressen waren kaum auf einen Nenner zu bringen. Als sowjetische Panzerarmeen bereits im Nebel der Geschichte verschwunden waren, beharrte die deutsche Seite weiterhin darauf, im Jahre 1999 (!) einen Beschaffungsvertrag mit der Schwerpunktrolle Panzerabwehr zu schließen. Ein treibender Faktor war der Umstand, dass die Deutschen über lange Jahre und für mehrere Hundert Millionen DM ein Panzerabwehrraketensystem (PARS 3) entwickelt hatten. Sie scheuten es, dieses von keinem Partnerland eingeführte System abzuschreiben. Die Presse hätte daraus einen Skandal gemacht; so konnte argumentiert werden, dass dessen Entwicklung doch noch einen Sinn gehabt hatte.

Für die Franzosen hatte die Variante Panzerabwehrhubschrauber keine hohe Priorität. Sie hatten im Kalten Krieg nicht die Fixierung auf die Bedrohung durch sowjetische Panzerarmeen mitgemacht. Aus ihren vornehmlichen Einsatzszenarien leiteten sie den Bedarf für einen Kampfhubschrauber ab, der mit verschiedenen Waffen möglichst vielfältige Kampfaufgaben bewältigen können sollte. Ein Kriegsbild, wie es beispielsweise auch in Afghanistan vorliegt: Die Taliban sind sehr geschickt im verdeckten Kampf, über Panzer verfügen sie nicht. In Mali ist das nicht wesentlich anders. Als Resultat der unterschiedlichen Bewertung sehen wir heute auf einem Grundmuster basierend zwei verschiedene Hubschrauber:

Der französische HAP (Helicoptere d' Appui et de Protection) verfügt über eine bewegliche Bordkanone am Bug des Flugzeugs mit einer elektronischen Ziel-, Visier- und Missionsausrüstung und Raketenbehältern an der Zelle. Mit dieser Ausstattung kann heutigen Bedrohungsszenarien flexibel begegnet werden.

Die deutsche Version UH Tiger ist mit einem technisch höchst aufwendigen Mastvisier ausgestattet, optimiert zur Bekämpfung von Panzern in unübersichtlichem Gelände. Statt flexibel drehbarer Kanone am Bug des Hubschraubers können seitlich Raketen- oder Kanonenbehälter fest mon-

Kapitel III

tiert werden. Zum Einsatz der Kanone muss allerdings der ganze Hubschrauber in Zielrichtung gebracht werden. Bei Kampfflugzeugen mag dies erforderlich sein, sie fliegen schneller, haben aber erheblich geringere Bewegungsmöglichkeiten. Für Hubschrauber ist dies eine Einschränkung, die den Wert der Waffe erheblich schmälert, es ist ein Anachronismus.

Im Ergebnis verfügt das deutsche Heer über einen höchst aufwendigen und störungsanfälligen Hubschrauber, der für eine kaum noch vorhandene Einsatzaufgabe optimiert worden ist. Mit der politischen Kraft, die verspätete Entwicklung PARS 3 und das höchst aufwendige Mastvisier abzuschreiben, hätten Deutschland und Frankreich, später auch Spanien, gemeinsam die französische HAP-Version beschaffen können, die dem heutigen Bedarf erheblich besser entspricht. Neben viel Zeit hätten sich Milliarden Euro einsparen lassen. Das komplexe Mastvisier, das auf deutschen Forderungen beruht, kommt allein einem eigenen Waffensystem gleich.

Deutscher Tiger (UHT) mit Mastvisier und seitlichen Waffenbehältern (im Bild abgebaut, alternativ Kanonenbehälter möglich)

Defizite und Konsequenzen

Französischer Tiger (HAP) mit drehbarer Bugkanone und ohne Mastvisier

Nun müssen in der Nutzung zwei verschiedene Systeme betreut und instandgehalten werden mit erheblich kleineren Stückzahlen und dafür erheblich höheren Kosten. Folge: Das Heer hat nicht das optimale System, die Industrie gute Umsätze und der Steuerzahler mal wieder das Nachsehen.

Die Ursachen für dieses Desaster liegen auf der Hand. Die Entscheidungsträger haben sich von einer technisch anspruchsvollen Lösung »überzeugen« lassen, für die eigentlich kein Bedarf mehr existierte. Panzer können auch mit der französischen HAP-Version bekämpft werden. Den Militärs kam diese Lösung aber auch ganz recht. Sie orientieren sich häufig an US-Vorbildern, denen galt es mal wieder nachzueifern. Das Vorbild, der US-Panzerabwehrhubschrauber Apache, hat nun mal ein Mastvisier, also konnte man doch nicht mit weniger zufrieden sein. Die politische Entscheidung zum UH Tiger war militärisch falsch. Umso lieber wird bis in die Gegenwart hinein auf veraltete Verfahren und personalaufwendige Ämter für die Beschaffung von Rüstung geschimpft, um von Fehlentscheidungen abzulenken.

Waffenfähige Drohne unbewaffnet

Drohnen gewinnen im zivilen wie auch im militärischen Bereich mehr und mehr an Bedeutung. Im zivilen Umfeld werden Drohnen zum Beispiel zur

Überprüfung von Leitungen (z.B. für Energie) oder von Migrationsbewegungen eingesetzt, zur Brandbekämpfung, zur Rettung aus Bergnot oder zur Versorgung mit Medikamenten. Im militärischen Bereich dienen sie im Wesentlichen als Aufklärungs- oder Kampfmittel, aber auch zur Datenübertragung. Wobei Drohne nicht gleich Drohne ist – allein schon der Größe wegen: Sie reicht von wenigen Zentimetern bis zur Größe eines Verkehrsflugzeugs mit 40 Metern Spannweite.

Drohnen haben bei vergleichsweise geringem Kostenaufwand und sehr langen Flugzeiten eine hohe Effektivität auch auf große Entfernungen; sie können mit Datenlink ad hoc aktuelle Lageberichte liefern; sie sind ein Schutz für die eigenen Soldaten, indem sie helfen, möglichen Angriffen vorzubeugen; sie sind sehr gezielt einsetzbar und helfen Kollateralschäden zu vermeiden; alles in allem eine passende Antwort auf asymmetrische Kriegsführung.

Der Einsatz von Kampfdrohnen wird aber durchaus kritisch gesehen: Ihr Einsatz, gerade wenn er auf das Töten von Feinden reduziert ist, kann sehr niederschwellig sein, auch sind sie keine ethisch neutralen Waffen. So steht die Bevölkerung dem Einsatz von Drohnen skeptisch gegenüber. Bei einer Befragung des Zentrums für Militärgeschichte und Sozialwissenschaften der Bundeswehr (ZMSBw) aus dem Jahr 2014 ergaben sich auf die Frage:»Sollten bewaffnete Drohnen zukünftig zur Ausrüstung der Bundeswehr gehören?«, folgende Antworten: »Stimme zu/stimme eher zu« meinten 35 Prozent; »Lehne ab/lehne eher ab« 53 Prozent, »Weiß nicht/keine Angabe« wählten 12 Prozent. »Im Vergleich zum Vorjahr konnten sich die Bundesbürger eher eine Meinung bilden (Anteil »Weiß nicht/keine Angabe« 2013: 26 Prozent).«[113]

Für Deutschland sind bewaffnete Drohen bisher nicht vorgesehen. Hier gilt eine sehr restriktive Haltung, selbst wenn eine entsprechende freiwillige Abstinenz die Bedrohungslage (auch Bedrohungen durch Drohnen) nicht verringert. Die Bundeswehr setzt seit 2010 in Afghanistan drei von Israel angemietete »Heron I«-Drohnen mit großem Erfolg ein. Mit diesen eigenen positiven Erfahrungen sowie auch vergleichbaren Erfahrungen der Bündnispartner sollte mit der HERON TP eine noch leistungsfähigere Drohne eingeführt werden. Nach langem Hin und Her haben die zuständigen Bundestagsausschüsse diesem Vorhaben auf einer Miet-Kauf-Basis zugestimmt. Eine Bewaffnung für dieses System wurde abgelehnt, nicht einmal für die Ausbildung dürfen Waffen beschafft werden. Die Bedenkenträger einer Regierungspartei (SPD) hatten völkerrechtliche und ethische Einwände.[114] Ab 2025 soll eine von Deutschland, Frankreich, Italien und Spanien entwickelte – theoretisch – waffenfähige Drohne eingeführt werden.

Zuvor schon war die Beschaffung eines Prototyps der Signalaufklärungsdrohne »Euro Hawk« mit einer Gipfelhöhe von 20 Kilometern seitens der Politik am 15. Mai 2013 gestoppt worden. Fünf Drohnen hätten es ursprünglich werden sollen. Allerdings waren die Kosten allein für ein Exemplar auf zuletzt 700 Millionen Euro angewachsen. Aus einer Antwort der Bundesregierung vom 16.05.2018 auf eine Anfrage der Fraktion »Die Linke« geht hervor: »Gegenwärtig untersucht das BMVg Optionen zur Verwertung des Euro Hawk (...) Das NATO-Alliance-Ground-Surveillance-Programm und Kanada haben Interesse geäußert.«[115] Das nunmehr favorisierte System heißt PEGASUS, besteht aus drei Luftfahrzeugen; der Vertragsschluss ist für 2019 avisiert, die Kosten sollen bei zwei Milliarden Euro liegen. Am Systempreis von rund 700 Millionen hat sich demzufolge kaum etwas geändert.

Welchen Unterschied macht es aber, ob eine Waffe an einem ferngesteuerten Luftfahrzeug hängt oder an einem Eurofighter? Bedenkenträger sollten zur Kenntnis nehmen, dass dies nichts mit einem automatischen Krieg zu tun hat, der der Einwirkung des Menschen entzogen ist. In beiden Fällen entscheiden Soldaten über den Einsatz der Waffe. Der bestmögliche Schutz unserer Männer und Frauen im Einsatz scheint einmal mehr zweitrangig.

Folgerung

Bei der Entscheidung über die Beschaffung von Rüstungsgütern sollte der militärische Nutzen im Leistungs-, Zeit und Kostenrahmen den Ausschlag geben und nicht eine ideologisch bedingte Abwehrhaltung.

Sparen bis über die Schmerzgrenze: Wartung und Instandsetzung

Die Folgen des drastischen Sparzwanges seit der Wiedervereinigung brechen nun seit einiger Zeit massiv durch. Die Verantwortlichen in den Ämtern und Stäben hatten früher größten Wert darauf gelegt, über ausreichend Ersatzteile und Sonderwerkzeuge zu verfügen. Vor 20 Jahren etwa begann der Rotstift zu regieren, koste es, was es wolle. Ersatzteilkreisläufe wurden zusammengestrichen, bewährte Instandsetzer in den Ruin getrieben, damit einige Millionen eingespart werden konnten. Neue Waffensysteme wurden ohne Ersatzteilerstausstattung in Dienst gestellt. Das Ergebnis sehen wir heute: Schiffe bleiben im Hafen, weil Fehlteile nicht ersetzt werden können oder keine Instandsetzungsverträge vorliegen. Flugzeuge bleiben am Boden, weil truppeneigene Instandsetzungen nicht mehr möglich sind. Wo die Truppe noch selbst instand setzt, fehlen regelmäßig benötigte Ersatzteile mit der Folge, dass Komponenten aus anderen Systemen umgebaut werden. Flugzeuge werden zu Ersatzteilspendern, bis irgendwann wieder zugeliefert wird. Als »Arbeitsbeschaffung« wird dieser Vorgang bezeichnet. Bundeswehreigene Werften wurden, wie bereits erwähnt, geschlossen, auf die Industrie war ja Verlass. Und in dem Glauben an den ewigen Frieden war niemand zu beeindrucken mit der Aussage, im Fall des Falles werde es Jahre dauern, bis industrielle Strukturen und materielle Voraussetzungen wieder geschaffen werden können.

Folgerung

Politisch vorgegebene Preisobergrenzen bei der Beschaffung von Rüstungsgütern verfehlen ihr Ziel der Kosteneinsparung.[*] Militärische Güter benötigen ausgebildetes Personal, Instandsetzung und Ersatzteile. Entsprechende Verträge sind bei der Beschaffung mit abzuschließen.

---

[*] Minister Rühe hatte einen maximalen Systempreis für den Eurofighter in Höhe von unter 100 Millionen D-Mark verlangt (Zeit online vom 17.1.1997). Der Schätzpreis lag 2014 bei 180 Millionen Euro (Der Tagesspiegel vom 24.2.2014).

Kanzler und Minister auf Reisen

Angela Merkel und Olaf Scholz kamen nicht rechtzeitig zum G20-Gipfel nach Buenos Aires, Bundespräsident Steinmeier und Minister nicht wie geplant aus Afrika zurück. Weltweit wirkende Peinlichkeiten für das wirtschaftsstärkste Land Europas – peinlich wie der Großflughafen bei Berlin, den unser Land in 20 Jahren nicht hinbekommen hat. Die Frage ist: Warum fallen Flugzeuge der Flugbereitschaft reihenweise aus?

Einfache Antworten gibt es auch hier nicht. Die eingesetzten Flugzeuge sind in der Zivilluftfahrt bewährt; sie werden von der Lufthansa und anderen Fluggesellschaften geflogen. Ein Unterschied dürfte sein, dass Flugzeuge ziviler Fluggesellschaften im Dauereinsatz oft mehrmals täglich in der Luft sind. Jeder Autobesitzer weiß ein Lied davon zu singen, dass bei einem wenig bewegten Fahrzeug die Ausfallrate steigt. Die Flieger der Flugbereitschaft haben nicht die Flugstunden aufzuweisen wie diejenigen von Lufthansa und Co. Zusätzlich haben sie auch die eine oder andere technische Einrichtung an Bord, die ausfallen kann. Und wenn ein Flugzeug auf einem afrikanischen Flugplatz auf Minister wartet, haben selbst Nagetiere Zeit, an Bord zu klettern und ihr zerstörerisches Werk zu verrichten. So weit, so normal.

Gibt es eine generelle Lösung des Problems? Eine radikale: Abschaffung der Regierungsflugbereitschaft und Schließung eines Bereitstellungsvertrages mit einer zivilen Fluggesellschaft. Damit wären alle geschilderten Probleme mit einem Schlag so klein, wie sie sonst auch gelegentlich auftreten. Der Flugzeugpark z. B. der Lufthansa wie auch die Verfügbarkeit von fliegendem Personal wären groß genug, um bei Ausfällen Reserven nachzuschieben zu können.

Für militärische Truppen- und Materialtransporte in Einsatzgebiete steht weiterhin der A400M zur Verfügung. Vom heutigen Portfolio der Flugbereitschaft müssten lediglich die rein militärisch benötigten Teile wie medizinische Flugrettung und Luftbetankung in der Luftwaffe verbleiben. Die Vorteile wären für Politikerreisen wie auch zivile Truppentransporte immens:

Es stünde immer modernes Fluggerät zur Verfügung. Eine besondere Kanzlermaschine könnte die Lufthansa genauso betreiben.

Bei Ausfällen wären Ersatzmaschinen und Besatzungen je nach vertraglicher Regelung verfügbar.

Dem Steuerzahler könnten Milliardenausgaben erspart werden für neue Maschinen, auch für technisches und fliegendes Personal der Luftwaffe, das für den Fall vorgehalten werden muss, dass es gebraucht wird.

Zudem könnte ein eigenes Regierungsterminal in Berlin-Schönefeld eingespart werden, ebenso wie die zahlreichen Bereitstellungsflüge von Maschinen zwischen Köln-Wahn, dem derzeitigen Stationierungsort der Flugbereitschaft, und Berlin-Schönefeld.

Der Irrsinn würde auf die Spitze getrieben, wenn, um künftigen Ausfällen vorzubeugen, eine zweite Maschine samt Besatzung mitfliegen müsste. Spielen Geld und Umweltbelastung allen Bekundungen zum Trotz denn gar keine Rolle mehr? Das politische Berlin scheint inzwischen abgehoben wie die Führung manches Dritte-Welt-Landes.

Anstelle neuerlich eine Milliarde EURO für Ministerfliegereien auszugeben, sollten besser Löschflugzeuge für unser Land angeschafft werden. Vorsorge für künftige Trockenperioden wäre deutlich wichtiger, als Politiker mit eigenen Luftfahrzeugen durch die Luft zu kutschieren. Das kann die Lufthansa auch, löschen kann sie nicht.

Folgerung

Die Flugbereitschaft der Bundeswehr ist aufzulösen. Ein Chartervertrag mit der Lufthansa oder einer anderen Gesellschaft kann den gleichen Reisekomfort zu gleichen Sicherheitsbedingungen bieten. Die Lufthansa hätte zusätzlich den Vorteil, dass sie weltweit als deutsches Unternehmen wahrgenommen wird und die deutschen Farben vertreten könnte. Weiterhin benötigte militärische Transportaufgaben können in ein Transportgeschwader der Luftwaffe überführt werden.

Verantwortung übernehmen? Lieber nicht!

Nicht zuletzt spielt die zunehmende Scheu vor der Übernahme von Verantwortung auch auf diesem Feld ihre destruktive Rolle. Im Bericht des Wehrbeauftragten ist es nachzulesen: Er beklagt einen zunehmenden Trend zur Zentralisierung; Fremdbestimmung und Verantwortungsdiffusion führen zu Absicherungsdenken und einem Verhalten nach dem Motto »Melden macht frei«. Die Tendenz zur Aushöhlung der persönlichen Führungsverantwortung führt zu immer kleinteiligerer Reglementierung, »Angst und Faulheit« gehören zum Soldatenalltag.[116]

Folgen davon sind auch im Bereich der Technik zu spüren. Wo es einen Ermessensspielraum gibt, um einem Flugzeug eine Startfreigabe zu erteilen, wird dieser zu wenig genutzt. Im Friedensbetrieb steht die Sicherheit unzweifelhaft an erster Stelle, dennoch: Damit nur ja kein vermeidbarer Fehler passiert, werden überpenibel Vorschriften eingehalten und man vergisst dabei gerne, dass heutige Technik üblicherweise ausfallsicher gebaut wird. Ein Ermessensspielraum wäre häufig vorhanden, man müsste ihn nur nutzen.

So wie die politische Führung der Bundeswehr mit altgedienten Generalen umgeht, so spiegelt sich dies im Verhalten der Truppe. Wer als Vorgesetzter mit dem einen oder anderen Bundeswehr-Skandal in Verbindung steht, wird sanktioniert bis zum Rauswurf aus dem aktiven Dienst (Generale). Und das oftmals ohne Angabe von Gründen.* Das mag im Einklang mit Gesetzen und Verordnungen stehen, bricht aber der militärischen Führung das Rückgrat, die Folgen pflanzen sich von oben nach unten fort. Die diagnostizierte Entscheidungsschwäche auf allen Ebenen hat dort eine ganz dicke Wurzel. Das tragische ist, dass die Entscheidungsschwäche von Vorgesetzten auch tote Soldaten im Gefecht zur Folge haben kann.

---

* Ein Beispiel unter vielen: Generalmajor Spindler nach Erniedrigungen von Soldaten untereinander innerhalb seines Verantwortungsbereichs im Heeres-Ausbildungskommando 2017.

> **Folgerung**
>
> Das Ministerium hat sich aus Durchführungsaufgaben herauszuhalten. Der Entscheidungsspielraum der Arbeitsebene ist zu stärken. Führung funktioniert nur mit Vertrauen, ansonsten werden Verantwortlichkeiten nach oben durchgereicht.

Träge Beschaffungsorganisation

Die Beschaffung von Rüstungsgütern ist eine komplexe und personalaufwendige Angelegenheit. Die kaum überschaubare Vielfalt von Waffensystemen und Geräten erfordert auf der Amtsseite eine kompetente Begleitung vom Entwurf über die Einführung bis zu Nutzung und Aussonderung. Technische und vertragliche Details wollen sorgfältig analysiert werden, Erfahrungen aus der Praxis müssen in Geräte und Systeme einfließen. Ohne amtliche Kompetenz machen die Hersteller, was sie wollen. Eine leistungsfähige Bürokratie ist Voraussetzung, um große Beschaffungsvorhaben im Leistungs-, Zeit- und Kostenrahmen bewältigen zu können.

Bis 2012 war das Bundesamt für Wehrtechnik und Beschaffung (BWB) zusammen mit den militärischen Fachleuten in den Teilstreitkräften über Jahrzehnte ein Synonym für diese Aufgaben. Es verfügte mit einigen nachgeordneten Dienststellen zur wehrtechnischen Erprobung über einen Personalstamm von 15.000 bis 20.000 Dienstposten. Es lief längst nicht alles glatt, überbürokratisierte Abläufe wurden vielfach beklagt. Im Zuge der Eindampfung des zivilen Personalumfangs wurde der Gesamtbereich Rüstung und Nutzung drastisch auf heute noch rund 10.000 Stellen reduziert.[117] Ca. 2.000 davon sind mangels qualifizierter Bewerber nicht besetzbar.[118]

Die nun in Bundesamt für Ausrüstung, Informationstechnik und Nutzung der Bundeswehr (BAAINBw) umgebaute und umgetaufte Behörde

Defizite und Konsequenzen

wird wie die Vorgängerin seit ihrem Bestehen der Schwerfälligkeit geziehen. Überlegt wird, ob eine Verlagerung der Aufgaben, ein Umbau in eine Agenturform, nennenswerte Vorteile bietet. Die Erfahrungen mit der Privatisierung der Organisation der Informationstechnik lassen davon abraten. Auch eine Agentur wäre an die Sorgfaltspflichten wie auch Ausschreibungsbedingungen eines öffentlichen Auftraggebers gebunden. Worin ansonsten der Vorteil einer Privatisierung liegen soll, ist nicht zu erkennen. Immerhin könnten dann sündteure Managergehälter gezahlt werden. Vielleicht ist dies auch ein Antrieb für derartige Überlegungen, nicht gar selten suchen selbst vormals ranghohe Politiker nach Anschlussverwendungen.

Überbürokratisierte Abläufe zu entschlacken und zu beschleunigen, sollte mit straffer Führung jedenfalls auch einer Amtsorganisation möglich sein. Es scheint mal wieder ums Prinzip zu gehen: Gewerbliche Strukturen können angeblich alles besser, allerdings konnte das in anderen Fällen nicht nachgewiesen werden. Aber ein Effekt ist jedenfalls schon mal eingetreten: Die Verunsicherung bei den Bediensteten ist extrem groß, niemand möchte einen Fehler machen. Dass damit kein Projekt beschleunigt werden kann und Verantwortliche noch weniger bereit sind, Verantwortung auf ihre eigenen Schultern laden, ist getrost zu unterstellen. Diese Diskussion trägt sicherlich auch nicht dazu bei, offene Stellen im BAAINBw zügig zu besetzen.

Vor knapp 20 Jahren wurde übrigens zur »Beschleunigung« der Beschaffungsvorgänge ein neues Rüstungsverfahren mit der urdeutschen Bezeichnung Customer Product Management (CPM) eingeführt. Ziel war, die Entscheidungswege zu verkürzen, die Anzahl der vorgeschriebenen Dokumente zu verringern und die Verantwortlichkeiten klar zu regeln. Der Erfolg war sehr überschaubar.

Unterhalb des Ministeriums wurden neue Abstimmungsgremien und -abläufe eingeführt, die Abstimmeritis nahm eher noch zu. Von wegen Übernahme von Verantwortung: Diese wurde auf noch mehr Mitzeichner von Vorgängen aufgeteilt mit dem Ergebnis, dass sich der Zeitbedarf eher vergrößerte und die (formal geregelten) Verantwortlichkeiten wieder verschwammen.

> **Folgerung**
>
> Finger weg von der Zerschlagung zwar aufwendiger, aber bewährter Strukturen und Verfahren. Deren Optimierung ist mühsam und zeitraubend, verursacht aber erheblich geringere Risiken. Die Erzeugung von funktionsfähigem Wehrmaterial ist teuer und personalintensiv, privatwirtschaftliche Experimente dienen vornehmlich der persönlichen Profilierung Einzelner. Gescheiterte Exempel (Beispiel IT der Bundeswehr) gibt es genug.

Die Folgen

Die Misere reicht inzwischen bis auf den Grund der Armee, fundamentale Sparorgien haben einen substanziellen Teil des militärischen Gewerkes beschädigt. Eine jahrzehntelang verfehlte Verteidigungspolitik kann nicht mit Geld aus der Gießkanne und mehr Personal korrigiert werden. Militärische Einheiten sind nicht mit Handwerksbetrieben vergleichbar, die mit Spucke und etwas Geduld wieder zum Laufen gebracht werden können. Geld allein produziert keine Ersatzteile. Firmen, die jahrelang keine Aufträge mehr erhalten haben, gehen pleite oder geben das Geschäftsfeld auf. Und bei Unternehmen, die sich über Wasser gehalten haben, hat man sich hinten anzustellen, bis wieder etwas vorangeht.

Ohne Material kein Einsatz und keine Übung

Die Tatsache, dass die Truppe selbst Verlegungen im größeren Maßstab nicht mehr beherrscht (weil die Aufgabe nicht mehr geübt wurde und die erforderlichen Gerätschaften kaum noch verfügbar sind), verdeutlicht, wie sehr es im militärischen Handwerk bereits ums Eingemachte geht. Ganz abgesehen davon erfordert die Vorbereitung von Übungen und Einsätzen heutzutage einen ungeheuren Aufwand, weil Material aus allen Teilen der

Republik zusammengeklaubt werden muss. Die NATO-Übung »Trident Juncture« 2018 in Norwegen ist dafür ein prägnantes Beispiel. In einsatzentscheidenden Kategorien ist die Truppe nur zum Bruchteil mit dem Notwendigen ausgestattet. Mittels eines »dynamischen Verfügbarkeitsmanagements« (Bundeswehrjargon, vulgo: Heldenklau) wird das notwendige Material herangeschafft.

In der Erfindung euphemistischer Begriffe haben es deutsche Bürokraten schon immer zur Meisterschaft gebracht. Ganze Büroetagen in Stäben und Ämtern haben sich darum zu kümmern, dass der Materialausgleich über alle Organisationsbereiche und Landesteile hinweg funktioniert. Eine Unzahl von Fahrzeugen ist mehr oder weniger ständig auf den Autobahnen und Straßen unterwegs, um die größten Löcher zu stopfen. Auslandseinsätze haben dabei Vorrang, eine Blamage den Partnern gegenüber soll vermieden werden. »Das knappe Material wird durch vermehrte Bündnisübungen weiter verschlissen oder zur langwierigen Instandsetzung in die Industrie abgesteuert – und damit noch knapper.« So sagt es kein Geringerer als der Wehrbeauftragte des Deutschen Bundestages.[119]

Eine »Trendwende Material« soll nun zu einer besseren Ausstattung der Truppe führen, hohle Strukturen sollen in absehbarer Zeit der Vergangenheit angehören. Das wird Jahre dauern und Milliarden kosten. Ob und wann ein befriedigendes Ergebnis erzielt wird, ist völlig offen. Lob verdient die Bundesregierung immerhin insofern, als die materiellen Probleme offen benannt werden. Der Bericht zur materiellen Einsatzbereitschaft der Hauptwaffensysteme zeigt den mangelhaften Zustand schonungslos auf.[120] Nahezu alle Großgeräte von Heer, Luftwaffe und Marine haben einen beklagenswerten Einsatzbereitschaftsstand. Die nun seitens des Ministeriums geplante Einstufung der Klarstände von Waffensystemen als Verschlusssache wird kein Problem lösen, sie wird heutzutage auch nicht mehr funktionieren.

Zunächst hat die Regierung aber große Mühe in den eigenen Reihen: Der Koalitionspartner SPD ziert sich in Bezug auf die notwendigen Mehrausgaben, schließlich ist die soziale Armut in Deutschland so groß, dass dort zunehmender Handlungsbedarf in vielerlei Beziehung herrscht. Von wegen jahrzehntelang ausgebauter Sozialstaat und einer Sozialleistungsquote, die von 18 Prozent (1960) auf über 30 Prozent gestiegen ist;[121] für die Aufnahme von Migranten bringt er ohne viel Federlesens über Nacht Dutzende von Milliarden jährlich auf.[122] Die Haltung vieler Politiker grenzt an Verantwortungslosigkeit: Die Wiederwahl ist offensichtlich wichtiger ist als die Zukunftssicherung unseres Landes.

Der Geist der Truppe geht verloren

Die allgegenwärtigen Versuche, die Armee zu »zivilisieren«, ein nichtmilitärisches Kontrollregime bis in den letzten Winkel auszubauen und ihr den letzten Rest an militärischem Geist auszutreiben, haben dabei gerade noch gefehlt.

Die Bundeswehr ist in Teilen auch mental in einem beklagenswerten Zustand. Wen verwundert das? Ob heute noch mit Fug und Recht vom »freundlichen Desinteresse« gesprochen werden kann, wie der damalige Bundespräsident Horst Köhler am 10. Oktober 2005, ist fraglich. Die bundesdeutsche Gesellschaft ist inzwischen so naiv wie pazifistisch, dass Zweifel am Selbstbehauptungswillen der Nation entstehen. Entsprechend geringwertig angesehen ist die Armee im Lande.

Dass dies in den Köpfen der Soldaten nicht ohne Folgen bleiben kann, liegt auf der Hand. Wenn sich dann noch die eigene Ministerin zur Frontkämpferin gegen die Truppe aufschwingt und aus freien Stücken und auf der Basis von Einzelfällen generelle »Haltungsprobleme« attestiert, flüchten sich viele in Resignation und machen Dienst nach Vorschrift. Sie warten auf die vergleichsweise üppige Gehaltsmitteilung und lassen diejenigen gegen den Strom rudern, die sich ihre Motivation für den Dienst am Vaterland noch erhalten haben.

Mit diesen Ingredienzien geht etwas Entscheidendes für die Funktionsfähigkeit einer Armee kaputt: der Geist der Truppe. Alarmglocken sollten läuten, wenn die Anrechnung eines Kameradschaftsabends als Arbeitszeit reklamiert wird. Kampfgemeinschaften können nur effektiv funktionieren, wenn sie eine starke Bindung und Geschlossenheit entwickeln. Das setzt der politisch gewünschten Diversität deutliche Grenzen. Die Einübung von Kameradschaft ist mehr als Geselligkeit, sie ist die Versicherung für den Ernstfall, gemeinsam mit Kameraden zu kämpfen und gegenseitig das letzte Hemd herzugeben. Sich intensiv kennenzulernen und einschätzen zu können, gemeinsam auf den Übungsplatz zu gehen und die Gemeinschaft auch bei einem Glas Bier zu pflegen, festigt die Kameradschaft und ist für Soldaten nicht mehr und nicht weniger als schlichte Notwendigkeit. Eine Armee ist kein Industriebetrieb. Kameradschaft kann im Einsatz entscheidend sein und Leben retten. Keine so ganz neue Erkenntnis!

Der Wehrbeauftragte Hans-Peter Bartels bringt die Probleme in seinem Jahresbericht auf den Punkt: »Die Verregelung von allem und jedem durch Tausende von selbst gemachten Bundeswehr-Vorschriften erstickt das Prinzip des Führens mit Auftrag.« Stattdessen gebe es bei der Armee »Verantwortungsdiffusion, Absicherungsmentalität und Ohnmachtsgefühle«, was auch eine Frage der Attraktivität des Dienstes in der Bundeswehr sei.[123]

Investitionen sind notwendig

Die Bundeswehr muss in vielfältiger Hinsicht wieder auf Vordermann gebracht werden. Nach Jahren der Fokussierung auf Stabilisierungseinsätze mit leichten Kräften wird heute wieder eine modern-mechanisierte Truppe benötigt: qualifiziertes Personal, mehr gepanzerte Fahrzeuge und Artillerie, mehr Kampfflugzeuge, Hubschrauber und Schiffe, hochentwickelte Aufklärungs- und Führungsfähigkeit, Flug- und Raketenabwehr, intelligente Munition, leistungsfähige Transport- und Einsatzlogistik. General a.D. Klaus Naumann, ehemaliger Generalinspekteur der Bundeswehr und hochrangiger NATO-General, sieht darin keineswegs eine Aufrüstung, allenfalls eine Verringerung der durch Unterfinanzierung und Auslandseinsätze verursachten Mängel.[124] Die Wiederherstellung der vollen Einsatzfähigkeit der Bundeswehr, zusätzliche NATO-Streitkräfteziele sowie ein weiterhin angemessener Beitrag zur internationalen Krisenbewältigung bedeuten eine anspruchsvolle Dreifachaufgabe. Wer jahrelang alles schleifen lässt, hat es später doppelt schwer. Später ist jetzt!

Es geht um das »Zwei-Prozent-Ziel«

Die USA wenden 2019 mit über 700 Mrd. US-Dollar weit mehr als die im NATO-Rahmen vereinbarten zwei Prozent des BIP für ihr Militär auf. Deutschland bildet unter den relevanten Militärnationen des Bündnisses mit etwa 1,3 Prozent BIP-Anteil das Schlusslicht.

Ausgaben BIP-Anteil in %	Länder – Beispiele[125]
>10	Saudi-Arabien
5 – 10	Türkei
3 – 4	USA, China
1 – 2	Deutschland, Frankreich, fast alle EU-Länder, Indien
< 1	Schweiz, Mexiko

Trump beklagt zwar stärker als frühere US-Präsidenten transatlantische Ungleichgewichte, doch sind derartige Vorwürfe nicht seine Erfindung. Bereits Barack Obama hatte 2016 in der April-Ausgabe von »The Atlantic« die europäischen Partner als Freerider bezeichnet, als Trittbrettfahrer also.[126] Nun gut, immerhin ist der deutsche Verteidigungsetat 2019 auf bemerkenswerte 42,9 Mrd. Euro angestiegen. Die Bundesrepublik hat zudem zugesagt, ihre militärischen Ausgaben bis 2025 auf 1,5 Prozent BIP zu erhöhen. Wir werden sehen, ob dieses Versprechen gehalten wird.

Klar ist jedenfalls: Deutsche Verteidigungsausgaben in Höhe von zwei Prozent Anteil am BIP bedeuten im Vergleich zum Ist eine erhebliche Erhöhung. Deshalb traut sich auch kaum ein führender Politiker, diese Forderung dezidiert zu erheben. Eher wird trickreich herumgerechnet, dass ja die zwei Prozent gar nicht so weit entfernt seien, wenn bestimmte Anteile der Entwicklungshilfe hineingerechnet würden.

Dieser Eiertanz führt aber nicht weiter. Es muss mit aller Konsequenz eine kontinuierliche Steigerung der Ausgaben im Interesse einer Beseitigung der Ausrüstungslücken geben. Personalausgaben zusätzlich zu

Defizite und Konsequenzen

erhöhen wäre keine Lösung. Interessierte Kreise wären sicherlich erfinderisch genug, »personelle Nöte« zu kreieren, zu deren Linderung der Verteidigungsetat auch gesteigert werden könnte. Ob die Verteidigungsfähigkeit unseres Landes einen Vorteil davon hätte, darf bezweifelt werden. Martin Schulz, SPD-Kanzlerkandidat des Jahres 2017, hat zusammen mit dem damaligen SPD-Fraktionsvize Oppermann eingewendet, in Europa könne niemand allein schon mit Blick auf die Geschichte derart hohe deutsche Verteidigungsausgaben wollen.[127] Eine Scheinargumentation, die nichts als den eigenen Unwillen zum Handeln ausdrückt. Ganz im Gegenteil: Partner und Freunde fordern unisono bei jeder Gelegenheit eine entsprechende Erhöhung unseres Verteidigungsbeitrags und explizit ein Ende der deutschen Sonderrolle. Dass damit die deutschen Verteidigungsausgaben die höchsten in Europa wären, ist unbestritten, das ergibt sich aus unserer Wirtschaftskraft.

Was müsste aber mit zusätzlichem Geld geschehen, das für die Verteidigung über den jetzigen Stand hinaus aufgebracht werden soll? Zunächst muss es darum gehen, die unübersehbaren Löcher in der materiellen Ausstattung der Bundeswehr zu stopfen. Beispiele wurden genannt. Nicht zu vergessen die miserable Bevorratung von Munition, die nur eine untaugliche Durchhaltefähigkeit der Streitkräfte zulässt. Sie wurde in den letzten Jahren auf ein lächerliches Minimum heruntergefahren. Als Beispiel mögen schwere Seezielflugkörper der Marine dienen, von denen gerade einmal 25 auf Lager liegen. Macht vier Stück pro Korvette, ein glaubwürdiges Abschreckungspotenzial sieht anders aus.[128] Die Bevorratung wieder erhöhen zu können, hängt allerdings nicht mehr nur von Haushaltsmitteln ab, Munitionsdepots wurden in den letzten Jahren reihenweise geschlossen. Es sind kaum noch Lagermöglichkeiten verfügbar.

Und wer davon ausgeht, dass die USA künftig tatsächlich nicht mehr den Weltpolizisten auf eigene Rechnung spielen werden, dem fallen genügend ernsthafte europäische Anliegen ein: Die Sicherung der Weltmeere vor chinesischem Weltmachtgehabe und gegen Piraterie, weltraumgestützte und signalerfassende Aufklärung sind nur einige Beispiele, die sich die EU und damit die Deutschen vornehmen müssen. Merkels Idee eines europäischen Flugzeugträgers dürfte leider wieder nur eine Sprechblase sein wie ihre Einlassungen für eine Europaarmee. Zwei Prozent BIP-Anteil der Verteidigungsausgaben können als Versicherungsbeitrag betrachtet werden gegen die Gefahren einer zunehmend instabilen Weltordnung. Insbesondere Deutschland braucht freie Handelswege und den Import von Rohstoffen, ohne sie ginge es mit Wohlstand und Sozialstaat rasch bergab.

Wird außerdem der unterproportional geringe Investitionsanteil der Bundeswehr von nur 13 Prozent der Verteidigungsausgaben berücksichtigt[129], verdeutlicht dies, dass mit den vorgesehenen Mitteln eine nennenswerte Steigerung der deutschen militärischen Fähigkeiten nicht erreicht werden kann. Es führt kein Weg an der Zielmarke »Zwei Prozent« vorbei.

Wirtschaftliche Großmacht, militärischer Zwerg

Die wirtschaftliche Großmacht Deutschland muss ihre sicherheitspolitische und militärische Ohnmacht beenden, um die ihr zustehende Rolle in Europa und der sich ständig verändernden Welt einzunehmen. Sie muss endlich das richtige Maß finden zwischen militärischer Selbstbeschränkung und dem Solidaritätsbedürfnis der Verbündeten.[130] Es hat keine Zukunft, dass Deutschland und Europa von US-Unterstützung abhängig sind, aus eigener Kraft aber chinesischen oder russischen Pressionen kaum etwas entgegensetzen könnten. Unsere Partner haben ein Anrecht auf ein starkes und berechenbares Deutschland.

Frieden, Freiheit, Sicherheit und Wohlstand hängen von der Weltordnung ab, die nicht von alleine stabil ist und bleibt. 25 Jahre Streitkräftereform mit dem Ergebnis, dass sie für die Landes- und Bündnisverteidigung nicht mehr einsetzbar sind, bedürfen der nachhaltigen Korrektur. Wir brauchen wieder Streitkräfte in des Wortes ursprünglicher Bedeutung. Wir brauchen eine Regierung mit Rückgrat, die sich nicht scheut, vor die Bevölkerung zu treten und zu sagen, was die Konsequenzen des Nichtstuns sind, europäisch, in der NATO und weltweit.

Folgerung

Deutschland braucht einen Nationalen Sicherheitsrat, in dem alle Risiken, die dem Land und seinen Bürgern drohen, gebündelt und in dem Gegenstrategien entwickelt werden. Basis ist eine Bundeswehr, die auf allen relevanten Feldern in enger Zusammenarbeit und in Ergänzung mit den Fähigkeiten europäischer und transatlantischer Partner einsatzfähig ist und in ehrlicher Risikoteilung auch eingesetzt wird. Und wir brauchen eine Regierung, die ihren Bürgern reinen Wein einschenkt in Bezug auf die realen Gefahren, die einer verwundbaren Zivilisation mit den heutigen Möglichkeiten drohen.

KAPITEL IV

Sieben Jahrzehnte Bundeswehr – ihr Auftrag im Wandel[131]

Gründung und Aufbau

Die Weltgeschichte hatte nach der Katastrophe des Zweiten Weltkrieges für einen Moment den Atem angehalten; weltweite Bestrebungen zur Sicherung des Friedens führten 1945 zur Gründung der Vereinten Nationen (VN). Mit der kommunistischen Machtübernahme in Osteuropa senkte sich jedoch der Eiserne Vorhang, der unerklärte Kalte Krieg begann. Die Ausrüstung der DDR-Volkspolizei mit schweren Waffen und erste sowjetische Atomversuche steigerten das Gefühl der Bedrohung. Der Traum vom Frieden platzte spätestens 1950 mit Beginn des Koreakrieges.

Die Frage einer westdeutschen Wiederbewaffnung wurde schrittweise salonfähig. In der Bevölkerung grassierte jedoch angesichts der Verheerungen des Zweiten Weltkrieges eine Grundstimmung zwischen »nie wieder Krieg" und »nie wieder Militär«. Die »re-education« (Umerziehung) durch die Westalliierten in Verbindung mit der Demilitarisierung wirkte nach. (Vgl. Kap. I, »Armee in einer postpatriotischen Gesellschaft«)

Im Zuge der zunehmenden Spannungen zwischen den USA und der Sowjetunion nahm das Ziel Formen an, Westdeutschland sicherheitspolitisch in den Westen einzubinden. Bemühungen um eine Europäische Verteidigungsgemeinschaft (EVG) zwischen Frankreich, den Benelux-Staaten, Italien und der Bundesrepublik scheiterten 1954 in der Pariser Nationalversammlung. Streitpunkt war die Aufgabe nationaler Befehlsbefugnisse, für konservative französische Kreise ein rotes Tuch. Der Aufbau einer europäischen Armee ist schon einmal schiefgegangen.

Durch die Zusage der dauerhaften Stationierung von US-Streitkräften in Europa konnten französische Bedenken ausgeräumt, die Pariser Verträge geschlossen und der Beitritt der Bundesrepublik zur NATO am 9. Mai 1955 vollzogen werden. Ein Übriges bewirkte die Verzichtserklärung der Bundesrepublik auf atomare, biologische und chemische Waffen. Art. 5 des NATO-Vertrages verpflichtet die Mitgliedsstaaten seither zum gegenseitigen Beistand im Falle eines Angriffs.

Mit dem unbedingten Willen, das eigene unfertige Land in den Kreis der freien Nationen halbwegs gleichberechtigt einzugliedern, vollbrachte Konrad Adenauer eine Reihe politischer Kunststücke im Inneren wie den Alliierten gegenüber. Ihm ist zu verdanken, dass die junge Bundesrepublik zehn Jahre nach dem Krieg wiederbewaffnet in die NATO aufgenommen wurde. Mit einer taktischen Meisterleistung kam er zwischen den gegensätzlichen Polen eines unverhohlenen Pazifismus und einer zunehmenden Bedrohung zum Erfolg.

Geburtsurkunde der Bundeswehr

Das Eifelkloster Himmerod in Rheinland-Pfalz ging durch eine geheime militärische Expertenrunde in die Geschichtsbücher ein. Das Ergebnis dieser Klausurtagung im Jahre 1950 unter Leitung von Adolf Heusinger und Hans Speidel, die Himmeroder Denkschrift, gilt als eine Art Geburtsurkunde der Bundeswehr. Ein westdeutscher Verteidigungsbeitrag wurde darin skizziert. Die ehemalige Militärelite machte damit operative Überlegungen des Wehrmachtsgeneralstabes zum Kernbestandteil einer europäischen Verteidigung. Mit der Wehrpflicht als Basis sollten drei Korps zu je vier Divisionen aufgestellt und bei Bedarf drei operative Armeen mobilisiert werden.

In der Denkschrift kamen immerhin auch erste Anzeichen einer liberalen neuen Wehrverfassung zum Tragen. Gerhard Graf von Schwerin brachte den Gedanken eines Primats des Parlaments ein, der ehemalige Offizier Wolf Graf von Baudissin griff ein altes programmatisches Leitbild vom Staatsbürger in Uniform auf. Reformer und Traditionalisten kämpften um jede Formulierung. Am Ende stand eine normative Wertewende des Militärischen in Deutschland, die als Gründungskompromiss bis heute die innere Verfasstheit der Armee in Deutschland mitbestimmt.

Bundeskanzler Adenauer ernannte am 26. Oktober 1950 Theodor Blank zum Beauftragten des Bundeskanzlers für die mit der Vermehrung der alliierten Truppen zusammenhängenden Fragen. Die Wiederbewaffnung als eigentliche Aufgabe des Amtes wurde mit dieser Bezeichnung verschleiert. Graf von Schwerin, bis dahin Leiter der Zentrale für Heimatdienst (ZfH), hatte um Entlassung gebeten, weil Äußerungen von ihm über eine kommende Wehrpflicht in die Öffentlichkeit gelangt waren. Wenn Angst vor dem Vertreten einer eigenen Meinung die Ursache war, so stand sie im Widerspruch zu Zivilcourage und selbstständigem Denken künftiger Staatsbürger in Uniform. Abweichende Meinungen von verantwortlichen Militärs sind in der Politik selten auf Gegenliebe gestoßen, angepasstes Verhalten wird bis heute mit Karriere belohnt. Ein Menetekel für jede Armee, weil mangelhafte Zivilcourage im Einsatz über Leben und Tod entscheiden kann.

Prinzipielle Weichenstellungen

Die umgangssprachlich »Amt Blank« genannte »Dienststelle des Bevollmächtigten des Bundeskanzlers für die mit der Vermehrung der alliierten Truppen zusammenhängenden Fragen« übernahm alle vorbereitenden Arbeiten zur Aufstellung deutscher Streitkräfte. Dem Bundeskanzleramt angegliedert, wurde die Besetzung der Führungsposten dort entschieden. Der spätere erste Generalinspekteur der Bundeswehr, Adolf Heusinger, leitete ab Juli 1952 die militärische Abteilung. Nach der Aufnahme Westdeutschlands in die NATO wurde das Amt Blank am 7. Juni 1955 in »Bundesministerium für Verteidigung« umgewandelt und Theodor Blank als erster Verteidigungsminister vereidigt.

Er hatte komplexe innen- wie außenpolitische Lagen zu bewältigen. Entscheidende Gründe für seine Demission bereits im Oktober 1956 lagen in den massiven Schwierigkeiten der unrealistischen Aufstellungsplanung. Die Bundesregierung hatte im Drang nach raschem Souveränitätszuwachs den Alliierten mehr versprochen, als es die gegebenen Voraussetzungen zuließen.

Der 12. November 1955 gilt als Geburtsdatum der Bundeswehr: Bundesverteidigungsminister Theodor Blank überreichte den ersten 101 Nachkriegssoldaten die Ernennungsurkunden, unter ihnen die Generale Heusinger und Dr. Speidel. Zum ersten Mal nach dem Krieg trugen deutsche Bürger militärische Uniformen. Und das am 200. Geburtstag des heute noch als vorbildlich geltenden Reformers der Freiheitskriege Gerhard von Scharnhorst. Er symbolisiert nach Niederlagen den Neuanfang eines politisch gewandelten Systems. 1956 wurden erste Truppenteile aufgestellt.

Noch bis Anfang 1956 war die Bezeichnung »Neue Wehrmacht« gebräuchlich. Bundespräsident Theodor Heuss bevorzugte jedoch »Bundeswehr« gegenüber dem belasteten Begriff »Wehrmacht«. Bei einer demoskopischen Befragung votierten 35 Prozent für »Wehrmacht«, lediglich ein Viertel für den Begriff »Bundeswehr«. In einer Sitzung am 22. Februar 1956 im Ausschuss für Verteidigung fiel die wegweisende Entscheidung für die Bezeichnung »Bundeswehr«.

Parallel zur Einberufung der ersten Freiwilligen kehrten am 16. Januar 1956, mehr als zehn Jahre nach Kriegsende, die letzten 474 deutschen Soldaten aus sowjetischer Gefangenschaft heim. Konrad Adenauer hatte in Moskau deren Freilassung erwirkt. Zu Kriegsende befanden sich 3,3 Millionen deutsche Soldaten in sowjetischer Gefangenschaft, nur knapp zwei Millionen kehrten zurück. 1,3 Millionen starben in Lagern oder gelten als verschollen.

Im Vergleich zur Neuaufstellung im zerstörten Nachkriegsdeutschland sind die Schwierigkeiten zur »Wiederbelebung« der Bundeswehr überschaubar. Entscheidend ist allein der politische Wille.

Meilensteine bei der Aufstellung der Bundeswehr

6. bis 9. Oktober 1950
Tagung militärischer Experten in einer Eifeler Zisterzienserabtei mit dem Ergebnis der Himmeroder Denkschrift.

9. Mai 1955
Die Bundesrepublik Deutschland tritt der NATO bei.

7. Juni 1955
Ernennung von Theodor Blank zum Minister für Verteidigung.

12. November 1955
Erste Ernennungsurkunden in Bonn an Freiwillige.

20. März 1956
Die neuen Streitkräfte erhalten offiziell den Namen »Bundeswehr«.

1. April 1957
Die ersten 10.000 Wehrdienstleistenden rücken in die Kasernen ein.

Eine Armee entsteht

Das Gefühl der Bedrohung durch den ehemaligen sowjetischen Verbündeten war bald größer als die latent vorhandene Angst vor den unberechenbaren »Germanen«. Die Kontrolle der neuen deutschen Kräfte spielte aber von Anfang an eine dominante Rolle. Oberhalb der Divisionsebene setzte daher eine multinationale Führung ein, angesichts national geschlossener Truppenverbände war dies unabdingbar.

Mit der Einberufung freiwilliger Rekruten begann am 2. Januar 1956 die physische Aufbauarbeit nach Jahren der Planung im Amt Blank. Die ersten Lehrkompanien wurden aufgestellt: für das Heer in Andernach, für die Luftwaffe in Nörvenich und für die Marine in Wilhelmshafen. Die Teilstreitkräfte starteten getrennt, ein Menetekel für die sich von Anfang an verfestigende Aufsplitterung der Streitkräfteorganisation.

Ins Blickfeld der Öffentlichkeit trat die Bundeswehr als Ganzes am 20. Januar 1956, als mit Bundeskanzler Konrad Adenauer in Andernach ein »Tag der deutschen Streitkräfte« begangen wurde. Die Flaggen von Bund und Ländern wurden gehisst, die Kinder hatten schulfrei, als 1500 Soldaten zum offiziellen Appell antraten. In den Reden wurde der Primat der Politik betont, es aber gleichzeitig unterlassen, Repräsentanten des Parlaments einzuladen. Massive Proteste waren die Folge; sie passten gut zu den Schwierigkeiten hinter den Kulissen.

Schwieriger Beginn

In heftigen Querelen zwischen Politik und Militär – und innerhalb des Militärs – wurde um die Ausrichtung der Streitkräfte gerungen. Dass Adenauer öffentlich deren traditionelle Rolle betonte, wurde als Distanzierung von den Reformern um Graf Baudissin verstanden. Konservative Kräfte fühlten sich ermutigt, am traditionellen Wesen des Soldaten festzuhalten und neue Ansätze vehement abzulehnen.

Die Infrastrukturlage der Bundeswehr im Aufbau erwies sich rasch als prekär. Oftmals mussten zivile Unterkünfte, Gasthäuser und Schulen angemietet werden, weil viele Kasernen entweder noch kriegsbeschädigt oder anderweitig belegt waren. Ein Großteil der früheren Wehrmachtskasernen im Süden der Bundesrepublik war beispielsweise an Flüchtlinge vergeben oder diente den Besatzungstruppen für die Unterbringung von verschleppten Personen (displaced persons); das waren Hunderttausende durch den Krieg heimatlos gewordene Menschen.

Es mangelte aber nicht nur an passender Infrastruktur. Eine solide Ausbildung der neuen Rekruten war infolge des Fehlens nahezu aller Voraussetzungen kaum möglich. Die auf nur drei bis vier Jahre veranschlagte Aufstellungsphase der Bundeswehr geriet 1956 infolge von gesetzlichen, finanziellen, organisatorischen und infrastrukturellen Hemmnissen in eine schwere Krise. Das ursprünglich geplante Tempo des Aufbaus der Streitkräfte konnte nicht gehalten werden.

Der Aufbau der Teilstreitkräfte

Für die deutschen Landstreitkräfte blieben als stabile Planungsgröße zwölf Heeresdivisionen seit der Himmeroder Klausurtagung erhalten. Eine Zahl, die in der Bundeswehr über ein halbes Jahrhundert Bestand haben sollte.

Aufgrund der beteiligten ehemaligen Wehrmachtsgenerale ist es nicht weiter verwunderlich, dass der Schwerpunkt bei Panzern und Panzerabwehr lag. Die Alliierten favorisierten anfänglich alles andere als eine starke deutsche Panzerwaffe, der Schrecken darüber steckte ihnen noch in den Gliedern. Sie bevorzugten eine infanteristische Grenzsicherung durch die Deutschen. Diese wäre im Zweifel weniger mobil und schlagkräftig gewesen.

Dass sich die deutschen »Panzerliebhaber« durchsetzen konnten, war zum einen auf deren taktisch-operative Kriegserfahrungen zurückzuführen, die zur aktuellen Bedrohungswahrnehmung passte. Zum andern steckte auch der nachdrückliche Wille Westdeutschlands dahinter, sich nicht mit der Funktion eines Stolperdrahts abspeisen zu lassen, sondern konzeptionell und militärisch möglichst rasch auf Augenhöhe mit den Partnern zu gelangen. Nach jahrelangem Hin und Her zwischen den verschiedenen Forderungen traf Theodor Blank 1954 die Entscheidung, sechs Panzer- und Panzergrenadierdivisionen und dazu eine umfangreiche Palette »kämpfender Heerestruppen« aufzustellen, die sich in etwa auf die Planungsgröße von zwölf Divisionen aufrechnen ließen. Bei vollständiger Realisierung dieser Planungen hätte dies ein äußerst panzerstarkes Heer mit an die 400.000 Mann ergeben. Ein in vielerlei Hinsicht nicht realisierbarer Plan, wie sich alsbald zeigen sollte.

Die neue deutsche Marine sollte zunächst nach Ansicht der klassischen Seemächte auf die Wahrnehmung von Sicherungsaufgaben im küstennahen Bereich beschränkt werden. Im Zuge des NATO-Beitritts nahmen deutsche Planungen für Seestreitkräfte mit etwa 200 Einheiten Gestalt an: Bis zu 18 kleine Zerstörer, 40 Schnellboote, 54 Minensuch- und 36 Landungsboote sowie 12 Unterseeboote einschließlich Marineflugzeuge und Hubschrauber waren vereinbart. Der Personalumfang sollte bis 1960 auf 25.000 Mann anwachsen. Wesentliche Aufgabe wurde die Sicherung der Ostseezugänge und der Seeverbindungen in Ostsee, Skagerrak und Nordsee.

Der Bedarf an Flugzeugen aller Gattungen für eine künftige Luftwaffe wurde im Amt Blank auf über 1700 hochgerechnet. Frankreich lehnte dies kategorisch ab. Bereits im EVG-Vertrag wurde die Anzahl deutscher Flugzeuge auf ca. 1300 reduziert, die Franzosen reklamierten für sich rund 1900. Die tatsächliche Ausstattung der deutschen Luftstreitkräfte dürfte in den Anfangsjahren bei etwa 1200 Flugzeugen gelegen haben. Dabei ist kaum noch zu ermitteln, wie viele davon tatsächlich einsatzbereit waren und was nur zur Ersatzteilgewinnung taugte. Die geforderten 45 Flugplätze stellten sich rasch als nicht machbar heraus. Neben einem Hubschraubertransportgeschwader wurden sechs Flugabwehr- beziehungsweise Flugabwehrraketenregimenter, zwei Flugkörpergeschwader, sechs Versorgungs- und Parkregimenter sowie verschiedene Grundausbildungs- und Fernmeldeverbände aufgestellt.

Auch die technische Ausrüstung war eine immense Herausforderung. Eine nationale Luftfahrtindustrie durfte es zehn Jahre nach dem Krieg noch nicht wieder geben. Die Siegermächte hatten Deutschland bis auf Weiteres Aufbau wie auch Weiterführung einer eigenständigen Luftfahrtindustrie untersagt. Auch die Anfangsausstattung der Luftwaffe wurde daher hauptsächlich von den Alliierten geliefert.

Separatismus der Teilstreitkräfte

Mit Ausnahme eines fehlenden zentralen Generalstabes hatte sich organisatorisch im Vergleich zur Wehrmacht wenig Entscheidendes verändert. Die Teilstreitkräfte – Heer, Luftwaffe und Marine – achteten auf ihre Selbstständigkeit. Ein hierarchisches Dilemma, es gab keine einheitlich verantwortliche militärische Spitze. Noch bis vor wenigen Jahren liefen erst in der Leitung des Verteidigungsministeriums die militärischen Führungsstränge zusammen. Ein Unding mit weitreichenden Folgen. Erst mit der Jahrtausendwende konnte zum Beispiel ein einheitliches Führungssystem durchgesetzt werden. Bis dahin gab es eigene Führungsstränge von Heer, Luftwaffe und Marine, die kaum kompatibel waren. Die Rüstungsindustrie hat's gefreut, die Funktionsfähigkeit der Bundeswehr als Ganzes wie auch der Steuerzahler hatten das Nachsehen.

Die Verweigerung eines gemeinsamen Generalstabes durch die Siegermächte passte gut zum Separatismus der Verantwortlichen von Heer, Marine und Luftwaffe. Parallelen zum viel gepriesenen Föderalismus der deutschen Länder fallen ins Auge. Eine zersplitterte militärische Führung wurde zur Erblast für Jahrzehnte: Ein Generalinspekteur der Bundeswehr ohne Befehlsbefugnis über die Teilstreitkräfte.

Von Anfang an wurde den Streitkräften eine Bundeswehrverwaltung zur Seite gestellt. Seit Jahrhunderten war es eine Konstante der deutschen Militärgeschichte, Verwaltungsaufgaben unabhängig von der Truppe zu organisieren. Davon wichen lediglich die Wehrmacht ab 1944 und später die Nationale Volksarmee ab (Art. 87b GG, siehe auch Kapitel »Rechtliche Grundlagen«).

»Alte« und neue Soldaten

Soldaten sind das Herz einer jeden Armee. Ihr mentaler, sozialer und gesellschaftlicher Hintergrund bestimmt Möglichkeiten und Grenzen, innerhalb derer Streitkräfte ihre Aufgaben erfüllen können. Die »richtigen Soldaten« zu bekommen, war in Anbetracht der Ausgangslage eine immense Herausforderung. Das Amt Blank bestand nahezu ausschließlich aus ehemaligen Offizieren und Generalen der Wehrmacht. Mithin kein großer Unterschied zu zivilen Einrichtungen, Ministerien und Behörden, die ebenso in großen Teilen auf ehemalige Funktionsträger des Dritten Reiches zurückgegriffen hatten.

1955 wurde ein Sonderausschuss zur Überprüfung der Personalauswahl eingerichtet, um mit Wehrmachtsverbrechen belastete Oberste und Generale auszuschließen. Von 533 Überprüften der ersten Stunde wurden 470 angenommen, 32 zogen ihre Bewerbung zurück. Selbst General Heusinger wurde nur mit Einschränkung akzeptiert und für höhere Positionen abgelehnt. Das sollte sich bekanntlich ändern.

Rechtliche Grundlagen

Die parlamentarische Behandlung von Wehrverfassung und Wehrgesetzgebung zog sich bis 1957 hin. Die gesetzliche Ausgestaltung einer dem Primat der Politik gehorchenden Armee mit der Leitidee des »Staatsbürgers in Uniform« (Konzept der Inneren Führung)* war lange strittig. Das Grundgesetz enthält seither eine große Zahl wehrrechtlicher Bestimmungen für die Verankerung der Streitkräfte in der rechtsstaatlichen und gesellschaftlichen Ordnung.

---

* Siehe dazu auch »Innere Führung – nach wie vor einmalig oder überholt?« in Kapitel VII.

Eine wegweisende Entscheidung wurde am 19. März 1956 getroffen: Das Verteidigungsressort wurde als ausschließliche Angelegenheit des Bundes festgelegt. Gem. Artikel 87 a Grundgesetz stellt der Bund Streitkräfte auf. Artikel 87b verankert die Bundeswehrverwaltung getrennt vom militärischen Bereich.[132] Diese »Bundes-Wehrverwaltung« entzog die Verteidigungsangelegenheiten der Mitwirkung der Länder, die Mitspracherechte gefordert hatten. Insbesondere die gewaltigen Bauaufgaben für neue Kasernenanlagen weckten deren Interesse. Allerdings schuf der Bund keine eigene Bauverwaltung, sondern bediente sich von Anfang an der Bauverwaltung der Länder in einer sogenannten Organleihe. Eine bis heute geübte Praxis, die jährlich hohe dreistellige Millionenbeträge kostet und dazu beiträgt, dass viele Bauvorhaben des Bundes nur schwer vorankommen.

Staatsbürger in Uniform und Wehrpflicht

Für die Stellung der Armee in der Gesellschaft und im politischen System konnten weder die Reichswehr der Weimarer Republik, geschweige denn die Wehrmacht des Dritten Reiches als Maßstab dienen. Die Soldaten sollten prinzipiell die im Grundgesetz festgelegten Bürger- und Persönlichkeitsrechte erhalten. Allerdings war festzulegen, wo diese Rechte ihre Grenze finden sollten, damit die Streitkräfte ihre Aufgaben erfüllen konnten und ihre Funktionsfähigkeit sichergestellt war.

Dem Wehrpflichtgesetz im Juli 1956 ging eine zwanzigstündige Bundestagsdebatte voraus. Die SPD verließ ihr altes Ideal des »Volkes in Waffen« und verfolgte die Idee einer Freiwilligenarmee. Die Wehrpflicht*, so hieß es, sei ein zwangsweiser Kriegsdienst, der Millionen deutscher Männer in den Weltkrieg geführt habe. Vor dem Hintergrund der deutschen Geschichte war jedoch bereits 1949 das Kriegsdienstverweigerungsrecht als Grundrecht in das Grundgesetz aufgenommen worden.[133] Schließlich gelang es, alliierte Forderungen mit der bereits in Himmerod avisierten Kopfstärke von 500.000 Soldaten in vollpräsenten Verbänden zu verbinden. Die Wehrpflicht hatte für

---

* Eine Wehrpflicht hatte es erstmals mit der Reichsgründung von 1871 gegeben. Mit dem Versailler Friedensvertrag vom Mai 1919 wurde sie abgeschafft. Unter Missachtung dieses Vertrages führte Hitler 1935 die allgemeine Wehrpflicht wieder ein.

die Integration der Streitmacht in den demokratischen Rechtsstaat zu sorgen. Unter Missachtung eines förmlichen Einspruchs des NATO-Rates beschloss der Bundestag im Dezember 1956 eine nur zwölfmonatige Grundwehrdienstdauer. Ein unerhörter Vorgang: Gerade in die NATO aufgenommen, überging die junge Republik ein eindeutiges Votum der neuen Bündnispartner, die einen 18-monatigen Wehrdienst gefordert hatten. Die Aufstellungsphase bis zur avisierten Kopfstärke von 500.000 Soldaten verlängerte sich damit erheblich. Seither ist die Dauer des Wehrdienstes mehrfach geändert worden, bis der Grundwehrdienst 2011 ausgesetzt wurde.

	Grundwehrdienst in Monaten
von April 1957 bis März 1962	12
April 1962 bis Juni 1962	15
Juli 1962 bis Dezember 1972	18
Januar 1973 bis September 1990	15
Oktober 1990 bis Dezember 1995	12
Januar 1996 bis Dezember 2001	10
Januar 2002 bis Juni 2010	9
Juli 2010 bis Juni 2011	6

In der 1956 gegründeten Nationalen Volksarmee (NVA) der DDR gab es zunächst nur Freiwillige. Wegen zu geringer Meldungen und zur Stärkung der NVA nach dem Mauerbau vom 13. August 1961 wurde 1962 eine allgemeine Wehrpflicht mit 18 Monaten Dauer eingeführt.

Von den heutigen 28 EU-Mitgliedstaaten verfügen 22 über Berufsarmeen, in sieben Staaten gilt eine Wehrpflicht: Finnland, Estland, Österreich, Griechenland, Zypern, seit 2017 auch wieder in Schweden. Die Österreicher hatten sich gegen den allgemeinen Trend im Januar 2013 in einer Volksbefragung für deren Beibehaltung ausgesprochen.

Für den noch jungen Deutschen Bundestag in seiner gerade mal zweiten Legislaturperiode stellte die Verabschiedung der Wehrgesetze eine große politische Leistung dar. Der Parlamentsbetrieb war ungeübt in der Debatte und der Verrechtlichung fundamentaler Fragen, gegensätzliche Standpunkte gab es nicht nur zwischen Regierung und Opposition. Weitgehend einig war man sich immerhin darin, dass die Dominanz des Militärischen keinen Platz haben und das Militär einer parlamentarischen Verantwortung, dem Primat der Politik, untergeordnet werden sollte. Umso erstaunlicher ist, dass der Kern der Wehrgesetze trotz mehrmaliger Novellierungen in seiner Substanz über 60 Jahre ebenso erhalten geblieben ist wie die Leitidee der Inneren Führung. Sie bilden auch heute noch eine tragfähige Grundlage für die moderne Armee in einer Demokratie.

Strategische Rahmenbedingungen

Mitte der 1950er-Jahre änderten sich zu allem Überfluss auch noch strategische Rahmenbedingungen. In den ursprünglichen Planungen von NATO und Amt Blank hatten vor allem Heeresverbände im Mittelpunkt gestanden. Den sowjetischen Divisionen sollten ausreichend konventionelle Kräfte entgegengestellt werden.

Mit dem Regierungsantritt von Dwight D. Eisenhower (US-Präsident 1953–1961) wurde die Abschreckung schrittweise auf Nuklearwaffen ausgerichtet. Im Rahmen der Schild-und-Schwert-Strategie (Massive Vergeltung) sollte der Bundeswehr die Rolle eines mit konventionellen Waffen versehenen Schildes zukommen. Sie hätte aber angesichts der Kräfteverhältnisse kaum mehr als einen Stolperdraht abgeben können für den Einsatz des Schwertes, vornehmlich US-amerikanische Nuklearwaffen. Westdeutschland wäre bei einer militärischen Aggression Schauplatz eines Atomkrieges geworden.

Nach Ablösung von Theodor Blank wurde dessen schärfster Kritiker Franz Josef Strauß im Oktober 1956 Bundesverteidigungsminister. Strauß griff umgehend in die Streitkräfteplanung ein und reduzierte die Großverbände des Heeres auf einen realisierbaren Umfang. Priorität besaß für ihn der Aufbau der Luftwaffe. Strauß sah in der sich verbreitenden Nukleartechnik als auch in der Luftfahrt strategische wie volkswirtschaftlich relevante Weichenstellungen. Mit anfänglicher Unterstützung des Kanzlers verfolgte er gegen erhebliche Widerstände trotz des formellen deutschen Verzichts von 1954 die Ausrüstung der deutschen Streitkräfte mit Nuklearwaffen.

Im Innenverhältnis stärkte Strauß den Inspekteuren der Teilstreitkräfte den Rücken, er griff de facto auf Strukturen von Reichswehr und Wehrmacht zurück. Als nach langer Verzögerung General Heusinger 1957 von Strauß zum Generalinspekteur ernannt wurde, waren die Gewichte verteilt, die Inspekteure übten realiter den Oberbefehl aus. Die Dominanz der Teilstreitkräfte zulasten einer zentralen Führung der Bundeswehr war damit auf Jahrzehnte hinaus besiegelt.

Mit harter Hand griff der neue Minister in diverse Konflikte ein, die sich unter der Ägide von Theodor Blank angesammelt hatten. Die Einsetzung eines Wehrbeauftragten schob er auf die lange Bank. Erst am 3. April 1959 wurde mit Helmuth von Grolman der erste Amtsinhaber eingeführt. Mit seinem Wort vom »Inneren Gewürge« bezog Strauß auch in Auseinandersetzungen um das »Wie« der Inneren Führung eindeutig Position. Adenauers Kalkül, mit Franz Josef Strauß klare Verhältnisse zu schaffen, ging lange auf.

Aufbau der Rüstungsindustrie

In den sechs Jahren von Franz Josef Strauß als Verteidigungsminister wuchs die neue Armee von 67.000 Soldaten im Jahr 1956 auf 120.000 im Folgejahr und auf 390.000 im Jahr 1962. Die Wehrpflicht spielte dabei eine entscheidende Rolle. Verbunden damit war eine rasant beschleunigte Beschaffungstätigkeit für die Ausstattung der Truppenteile mit Waffen und Gerät.

Die Förderung der Rüstungsindustrie war für Strauß ein Kernanliegen. Insbesondere in Bayern förderte er auf vielfältige Weise den Aufbau einer industriellen Basis. Dabei sollte die technologisch anspruchsvolle Rüstung auf den Freistaat insgesamt ausstrahlen und die Entwicklung der Industriestandorte vorantreiben. Auswirkungen dieser zielgerichteten Politik finden sich noch heute in München mit Krauss-Maffei Wegmann, in Ottobrunn und Manching mit Airbus und in Nürnberg mit Fa. Diehl.

Wie in anderen Bereichen auch, fehlten in der Beschaffung von Rüstungsgütern eingeführte Verfahren; Fachleute mit einschlägigen Kenntnissen waren kaum verfügbar, Behördenstrukturen mussten erst aufgebaut werden. Skandalrufe gab es wegen Provisionszahlungen bei Rüstungsgeschäften, die Fibag-Affäre (1961/62) führte zu einem Bundestags-Untersuchungsausschuss. Die HS-30-Beschaffung eines nicht ausgereiften Schützenpanzers verband sich mit Bestechungsvorwürfen. Insbesondere »Der Spiegel« mit dessen Chefredakteur Rudolf Augstein gab diesen Themen breiten Raum.

Die Nordatlantische Verteidigungsallianz NATO

Dem geschlagenen Deutschland traute kurz nach dem verheerenden Zweiten Weltkrieg niemand. Zudem befeuerte der Kampf um Einflusssphären die Gegensätze zwischen der UdSSR und den westlichen Siegermächten. So bildeten das Vereinigte Königreich und Frankreich zusammen mit den Niederlanden, Belgien und Luxemburg ein Bündnis für wirtschaftliche, soziale und kulturelle Zusammenarbeit sowie zur kollektiven Selbstverteidigung den Brüsseler Vertrag vom 17. März 1948. Dieses Bündnis diente nominell als Beistandspakt gegen eine erneute deutsche Aggression.

Die USA blieben im Unterschied zum Ersten Weltkrieg in Europa präsent. Monatelange Verhandlungen führten schließlich zum Nordatlantikvertrag, den die Brüsseler Vertragsstaaten am 4. April 1949 zusammen mit den USA und Kanada unterzeichneten. Der Pakt trat am 24. August desselben Jahres mit den weiteren Gründungsmitgliedern Italien, Norwegen, Dänemark, Island und Portugal in Kraft. Im NATO-Rahmen wurde auch die westdeutsche Sicherheits- und Militärpolitik verankert. Das nordatlantische Bündnis der westlichen Demokratien bot jene Sicherheit, die Voraussetzung war für eine friedliche und demokratische Entwicklung des zerstörten Landes.

Neben dem Entgegentreten der wahrgenommenen kommunistischen Bedrohung durch die NATO-Vertragsstaaten offenbarte sich von Anfang an das militärische und sicherheitspolitische Paradigma der kommenden Jahrzehnte: Integration und Internationalisierung Westdeutschlands als Mittel der Kalkulierbarkeit und Kontrolle. Die Westbindung war die einzig verbliebene Möglichkeit, in den Kreis rechtsstaatlicher Demokratien aufgenommen zu werden, und gleichzeitig eine Vorbedingung für eine NATO-Mitgliedschaft. Jede autonome deutsche Machtpolitik war 1945 zu Ende gegangen. Wenn sich die Siegermächte des Zweiten Weltkrieges in einem einig waren, dann darin, etwaige deutsche Machtgelüste im Keim zu ersticken.

Sieben Jahrzehnte Bundeswehr – ihr Auftrag im Wandel

Hell Markiert: die Mitgliedsstaaten der NATO.

Integration der Bundeswehr national und international

Multinationalität und Streitkräfteintegration wurden daher von Anfang an zu organisatorischen Leitlinien. Politisch wurde damit die Abschreckung gestärkt, einzelne Bündnispartner konnten infolge der Beistandspflicht kaum mehr isoliert bedroht werden. Gleichzeitig wurde Westdeutschland »eingehegt«, eigenständige militärische Schritte der Deutschen waren damit ausgeschlossen.

»Divide et impera – Teile und herrsche« wurde, wie schon gesehen, als Kontrollprinzip auch innerhalb der Bundeswehr angewandt, wie die uneinheitliche Führung mit einem zurechtgestutzten Generalinspekteur und den entscheidenden Inspekteuren der Teilstreitkräfte verdeutlicht. Auch die wenig sachgerechten und heutzutage völlig überholten Berührungsängste zwischen innerer und äußerer Sicherheit haben damit zu tun (siehe »Einsatz der Bundeswehr im Innern« in Kapitel VII).

Die neuen Verbände der Bundeswehr wurden nach und nach der NATO eingegliedert. Bereits im Herbst 1957 konnten Heer-, Luftwaffen- und Marine-Einheiten an NATO-Manövern teilnehmen. Die operative Unterstellung der deutschen Einsatzverbände unter NATO-Kommando ohne nationale Operationsführung ist Beleg für die Internationalisierung der Bundeswehr. Dem stets von den USA gestellten Oberbefehlshaber Europa oblag und obliegt im Verteidigungsfall das Kommando über die NATO-Truppen. Deutsche Befehlshaber hatten immer nur Teilbefugnisse im NATO-Rahmen, die Sicherheit vor Deutschland wurde so gewährleistet!

Dem widerspricht auch nicht die Verwendung deutscher Militärführer in hohen NATO-Positionen. Dass schon im April 1957 dem deutschen General Hans Speidel das Kommando über die Landstreitkräfte »Europa Mitte« übertragen wurde, war zweifellos ein Vertrauensbeweis. Zwölf Jahre nach dem Krieg führte ein ehemaliger Wehrmachtsgeneral frühere Feindarmeen! Ein Risiko war das nicht: Truppen und Stäbe waren ab Divisionsebene aufwärts mehrnational aufgebaut. Eigenständige deutsche Handlungsoptionen waren ausgeschlossen.

Im Übrigen war die Nationale Volksarmee der DDR ähnlich gut eingehegt, der Befehlshaber der sowjetischen Truppen übte die operative Kontrolle über die NVA aus. Auf technische Neuheiten musste die ostdeutsche Armee so lange warten, bis sie unter den sowjetischen Waffenbrüdern als veraltet gelten konnten. Nicht zuletzt war die Staatssicherheit in allen Truppenteilen mit Spitzeln präsent. (Siehe »Armee der Einheit« in Kapitel IV.)

Atomrüstung für die Bundeswehr?

Die USA weiteten, wie bereits thematisiert, entsprechend der NATO-Strategie der Massiven Vergeltung ab 1957 die Atomrüstung massiv aus. Mit Rückendeckung der politischen Führung versuchten auch Verantwortliche der Bundeswehr auf diesen Zug aufzuspringen. Eine Leitungsgruppe forderte schon 1956: »Wichtig ist die faktische Ausnutzung des Einsatzes von Atomwaffen im Sinne des taktischen Zieles. Bei der taktischen Ausnutzung darf keine Lage ohne Berücksichtigung des taktischen Atomwaffeneinsatzes geübt werden.«[134] Wenig später wurden Atomwaffen für örtliche und weltweite Kriege als unverzichtbar erklärt, selbst wenn der Lebensstandard gesenkt werden müsse. Die Heeresdienstvorschrift HDv100/2 zählte Atombomben zum »wichtigsten Kampfmittel in der Hand des militärischen Führers«.[135]

Adenauers Formulierung, Atomwaffen seien »nichts anderes als die Fortentwicklung der Artillerie«, führte zu heftigen Protesten. Wissenschaftler wie Otto Hahn und Carl Friedrich von Weizsäcker meldeten sich zu Wort; mit der Kampagne »Kampf dem Atomtod«[136] wurde die Bevölkerung mobilisiert. Die evangelischen Landeskirchen predigten die Ächtung der Atomwaffen. Auch konservative Offiziere gerieten in Opposition zum Bündnis mit ihrer Haltung gegen die nukleare Bewaffnung von NATO-Verbänden. Die ursprünglich geheime Kommandosache »atomare Ausrüstung« der deutschen Streitkräfte war zur öffentlichen Kontroverse geraten.

Selbst Adenauer war ob der heftigen militärischen wie auch gesellschaftlichen Auseinandersetzungen hin- und hergerissen. Einerseits kritisierte er evangelische Pfarrer, weil sie »die völlige Umstellung des Kriegsdenkens« nicht mitmachen wollten, als himmelschreiend borniert. Andererseits war ihm auch nicht wohl dabei, »alles auf eine Karte zu setzen ... durch eine Steigerung der Zerstörung bis zur völligen Vernichtung der Erde«.[137] Im Januar 1957 erhielt er von US-Präsident Eisenhower die Zustimmung für die

Bundeswehr, nukleare Trägersysteme in eigener Regie zu halten (Haubitzen, Flugzeuge und Raketen). Die Verfügungsgewalt über die Atomsprengköpfe auf deutschem Boden lag und liegt jedoch in Händen der US-Amerikaner.[138] Dieser Kompromiss, genannt Zweischlüsselsystem, gilt bis heute. Der Einsatz von Atomwaffen durch die Bundeswehr ist nur möglich, wenn deutsche Träger mit den zwar auf deutschem Boden, jedoch in US-Obhut befindlichen Atombomben bestückt werden und der US-Präsident die Freigabe erteilt. Die Deutschen konnten sich damit der Illusion hingeben, sie hätten beim Einsatz von Nuklearwaffen ein gewichtiges Wort mitzureden. Dass die Alliierten unter keinen Umständen eine Lösung zugelassen hätten, die Westdeutschland in den Besitz von A-Waffen gebracht hätte, darf vermutet werden. Nach Ende des Kalten Krieges kann mit gutem Grund gesagt werden, dass die nukleare Abschreckung ihren Zweck erfüllt hat. Das Gleichgewicht der Kräfte hat Europa Jahrzehnte des Friedens in Freiheit ermöglicht.

Atomwaffen waren auch in der ehemaligen DDR stationiert. Die Gruppe der sowjetischen Streitkräfte in Deutschland (GSSD) verwendete ab 1958 Kernwaffen und Trägersysteme. Vermutlich wurden insgesamt 31 Kernwaffenlager eingerichtet. Sie standen ausschließlich unter sowjetischer Kontrolle. Ab 1963 wurden auch NVA-Verbände mit atomwaffenfähigen Trägersystemen ausgerüstet, was auf eine begrenzte Zusammenarbeit im atomaren Bereich schließen lässt.[139]

Entwicklung der NATO-Strategie

Die NATO-Strategie der Massiven Vergeltung (massive retaliation) war ein Produkt ihrer Zeit. Den auf dem Papier zahlreichen russischen Panzerdivisionen konnte keine adäquate konventionelle Streitmacht entgegengesetzt werden. Auch nach Ende des Koreakrieges 1953 war von Entspannung keine Rede, die Sowjetunion hatte mit der Wasserstoffbombe technologisch zu den USA aufgeschlossen. Spätestens mit dem Sputnik-Start von 1957 galt die technologische Augenhöhe der Sowjets mit dem Westen als erwiesen. Daher wurde auf das atomare Schwert gesetzt: Dem Gegner wurde bedeutet, wenn er auch nur einen Soldatenfuß über die innerdeutsche Grenze setzen würde, die eigene Vernichtung zu riskieren. Deutschland hätte zum atomaren Schlachtfeld werden können.

Aber würde die Drohung der völligen Vernichtung potenzielle Gegner tatsächlich abschrecken? Mit der Zeit kamen den Strategen Zweifel. Ab Anfang der 1960er-Jahre bahnte sich neuerlich ein Strategiewechsel in der NATO an. Mit Amtsantritt John F. Kennedys wurden ab 1961 Forderungen lauter, mit mehr konventionellen Kräften in Mitteleuropa die Schwelle für einen möglichen Nukleareinsatz anzuheben. Die 1967 in Kraft gesetzte Strategie der Flexiblen Erwiderung (flexible response) beendete die einseitige Dominanz von A-Waffen. Voraussetzung war allerdings die Stärkung der konventionellen Kräfte zur Aufrechterhaltung der Abschreckung.

Ende der Aufbauphase und Spiegel-Affäre

Mit 437.000 Soldaten wurde 1965 die vorerst größte Truppenstärke erreicht. 215.000 davon unterlagen der Wehrpflicht. Dass die schiere Zahl an Soldaten und Verbänden aber nicht gleichbedeutend mit einer entsprechend hohen Kampfkraft war, verdeutlicht eine Bewertung des Führungsstabes der Bundeswehr vom 13. Juni 1961: »Die Bundeswehr ist zur Zeit nur bedingt für begrenzte konventionelle Verteidigungsaufgaben und unzureichend für atomare Kriegführung einsatzbereit.«[140]

Atomwaffen blieben vorerst eine ernsthafte Einsatzoption. Im Zuge des Berliner Mauerbaus schlugen die Deutschen 1961 in einem Memorandum zur Sicherung der Zufahrtsrechte den Einsatz von Atomwaffen vor. Auch der deutsche militärische Vertreter bei der NATO, Luftwaffengeneral Johannes Steinhoff, forderte den selektiven Einsatz von Nuklearwaffen. Die US-Amerikaner lehnten kategorisch ab – zum Glück für unser Land.

Bedingt abwehrbereit lauteten denn auch die entscheidenden Vokabeln aus einem NATO-Bericht zur Übung FALLEX 62, die Oberst Alfred Martin dem Hamburger Nachrichtenmagazin »Der Spiegel« aus dem Verteidigungsministerium zugeleitet hatte. Strauß sah in dessen Berichterstattung eine Gelegenheit, das Nachrichtenmagazin in die Enge zu treiben. Die anschwellende Kubakrise sollte den passenden politischen Hintergrund für eine Einschränkung der Pressefreiheit geben. Am 26. Oktober 1962 ließ die Bundesanwaltschaft die Redaktionsräume des Spiegel in Hamburg und Bonn durchsuchen. Chefredakteure wurden verhaftet, deren Wohnungen durchsucht, Autor Conrad Ahlers im Urlaub in Spanien aufgespürt, Rudolf Augstein ebenfalls in Untersuchungshaft genommen. Die Bundesanwaltschaft warf dem Nachrichtenmagazin Landesverrat vor und schloss die Redaktionen. Das rigorose Vorgehen der deutschen Behörden führte im In- und Ausland zu großer Empörung. Mit den Worten »Wir haben einen Abgrund von Landesverrat« stellte sich Bundeskanzler Adenauer in einer Bundestagsdebatte im November 1962 hinter seinen Minister.

Strauß bestritt jegliche persönliche Initiative, er habe mit der Ingangsetzung des Verfahrens nichts zu tun gehabt. Im Lauf der Untersuchungen wurde aber deutlich, dass Strauß gelogen, die Aktion gegen den Spiegel initiiert und die Festnahme von Conrad Ahlers in Spanien veranlasst hatte. Weil der zuständige FDP-Bundesjustizminister über das Vorgehen der Bundesanwaltschaft nicht informiert worden war, beschlossen die fünf FDP-Minister ihren Rücktritt. Die Spiegel-Affäre hatte sich zur Regierungskrise ausgeweitet.

Strauß gab in seiner Not auch noch Konrad Adenauer eine Mitschuld. Nun ohne dessen Rückhalt musste er am 30. November sein Ministeramt niederlegen. Für die Bundeswehr war dies ein wichtiger Einschnitt, hatte Strauß doch die entscheidenden Anfangs- und Aufbaujahre geprägt. Dem Nachfolger Kai-Uwe von Hassel war dann die innere Konsolidierung der neuen deutschen Streitkräfte ein zentrales Anliegen.

Die Spiegel-Affäre war zweifellos eine Zäsur für die Bundesrepublik, das politische System war in eine heftige Krise geraten. Erheblich Schaden genommen hatte auch die Autorität von Konrad Adenauer. Im Herbst 1963 ging seine Kanzlerschaft und damit die Nachkriegszeit zu Ende.

Resümee zur Aufbauphase der Bundeswehr

Im Vergleich zur Neuaufstellung im zerstörten Nachkriegsdeutschland sind die derzeitigen Schwierigkeiten zur »Wiederbelebung« der Bundeswehr überschaubar. Im politischen Tagesgeschäft wird vieles zerredet, das war früher kaum anders. Nur ist kein Adenauer in Sicht, der mit klarem politischem Willen die vielfältigen Knoten durchtrennt zum Nutzen einer einsatzfähigen Bundeswehr in Aufgabenteilung mit den Partnern.

Starfighter – ein Kampfflugzeug als »Witwenmacher«

Die Bundesluftwaffe hatte 1957 bei der Suche nach einem modernen Abfangjäger die Wahl. Die US-Maschinen Lockheed F-104 Starfighter und Grumman F11F Tiger konkurrierten mit der französischen Mirage III und der noch in der Planungsphase befindlichen britischen Saunders-Roe SR.177 (P177). Luftwaffen-Inspekteur Josef Kammhuber forderte einen Überschall-Allwetterjäger für kurze Startbahnen zur Bekämpfung sowjetischer Bomber. Verteidigungsminister Franz Josef Strauß schloss sich einer Empfehlung zur Beschaffung der F-104 gegen den Rat einiger Experten an. Der Verteidigungsausschuss des Deutschen Bundestages stimmte am 6. November 1958 einstimmig der Beschaffung des F-104G (G für Germany) Starfighter zu.

Den Verantwortlichen hätte von vornherein klar sein müssen, dass die Einführung eines nicht ausgereiften Flugzeugs zur Debatte stand. Wegen rasch absehbarer gravierender Mängel wurde der Rumpf verstärkt, ein anderes Triebwerk und ein komplett überarbeitetes Navigationssystem eingerüstet. Aus dem »Schönwetterjäger« wurde ein Flugzeug mit hohen fliegerischen Anforderungen. Die aerodynamisch anspruchsvolle Auslegung (Stummelflügel) mit hohem Abfluggewicht verzieh keine Fehler. Eklatante Fertigungsmängel kamen hinzu.

Ein Triebwerksausfall führte zwei Monate nach der Überführung der ersten 104 im Mai 1962 zum ersten tödlichen Flugunfall. Zu den technischen und Auslegungsmängeln trat eine systematische Überforderung der Besatzungen: Das erste Geschwader sollte im Juni 1962 gleich mit Kunstflugdarbietungen in Dienst gestellt werden. Der Fehler eines Flugzeugführers führte zum tödlichen Absturz aller vier beteiligten Starfighter. Der Verband wurde dennoch wie geplant aufgestellt.

Vogelschläge, schlechtes Wetter oder fliegerische Mängel (Kollisionen mit anderen Flugzeugen) wurden als Gründe für viele Abstürze angegeben. Allein 1965 waren 27 Starfighter-Unfälle mit 17 Toten zu verzeichnen. Mehrmals wurden Startverbote für die ganze Flotte verhängt. Es sollte Jahre dauern, bis einschneidende Maßnahmen in der Ausbildung fliegerisch wie technisch, Änderungen am Flugzeug und in der technischen Organisation der Geschwader die Unfallrate nennenswert senken konnten.

Für den damaligen Verteidigungsminister Franz Josef Strauß ergaben sich in der Folge ernsthafte Probleme. Enthüllungen des Nachrichtenmagazins »Der Spiegel« warfen 1966 unbequeme Fragen auf: Die technisch bessere Mirage hatte als Alternative zur Verfügung gestanden, doch wieder einmal hatte die Frage einer Atomrüstung eine mitentscheidende Rolle gespielt. Strauß wollte ein Flugzeug einführen, das Atomwaffen »bis zum Ural« tragen konnte. Ein atomares Bündnis mit den Franzosen war aber nicht realisierbar, wohingegen die Amerikaner für den Ernstfall nukleare Sprengköpfe in Aussicht stellten. Viel Staub wirbelte auch die Schmiergeldpraxis des Herstellers Lockheed auf. Ein Untersuchungsausschuss des Bundestages konnte jedoch keine Bestechung nachweisen.

Das Flugzeug erfreute sich bei den fliegenden Besatzungen trotz allem aufgrund seiner imposanten Flugleistungen großer Beliebtheit. In der Öffentlichkeit verfestigte sich allerdings sein Ruf als Witwenmacher. Bis 1991 waren 916 Starfighter bei der Bundeswehr im Einsatz, durch Unfälle gingen an die 300 Luftfahrzeuge verloren, davon 269 durch Abstürze. 116 Besatzungsangehörige verunglückten tödlich.

Kalter Krieg und Blockbildung

Der Begriff »Kalter Krieg« geht vermutlich auf einen US-amerikanischen Politikberater zurück, der ihn am 16. April 1947 zum ersten Mal in der Öffentlichkeit verwendet hatte. Den sich anbahnenden Konflikt zwischen den USA und der UdSSR bezeichnete er als »cold war«.

Zwischen den Siegermächten USA und Sowjetunion war nach Ende des Zweiten Weltkrieges rasch ein Spannungsverhältnis entstanden. Bis auf den Einsatz von militärischen Kräften in einem Heißen Krieg wies das Verhältnis zunehmend Elemente einer kriegerischen Auseinandersetzung auf. Vor dem apokalyptischen Szenario einer Weltkatastrophe als Folge eines Atom-

schlages und -gegenschlags stand, sozusagen als Vorstufe eines drohenden Heißen Krieges feindlicher Atommächte, der Kalte Krieg.
Er wird auch als Systemkonflikt zwischen den Westmächten und der seit 1922 von Josef Stalin geführten Sowjetunion verstanden. Die im Zweiten Weltkrieg nach dem deutschen Überfall auf die Sowjetunion und dem japanischen Angriff auf Pearl Harbor 1941 entstandene Koalition von USA, Großbritannien und Sowjetunion wurde bis 1945 von gemeinsamen Kriegszielen zusammengehalten. Mit der Kapitulation der Deutschen und der Japaner zerbrachen allerdings die letzten Gemeinsamkeiten. Es kam zu ernsthaften Meinungsverschiedenheiten über die territoriale Neuordnung der Nachkriegswelt, das Selbstbestimmungsrecht der Staaten Osteuropas sowie über die Ausgestaltung der Besatzungszonen.

Rüstungswettlauf und Politik der Eindämmung

Unter dem Eindruck der Irankrise 1946 mit der Weigerung Stalins, die während des Zweiten Weltkriegs in den Nordiran einmarschierten Sowjettruppen wie vereinbart zurückzuziehen, drohte US-Präsident Truman mit dem Einsatz von Atomwaffen. Spätestens ab diesem Zeitpunkt war die Einigkeit der früheren Alliierten dahin. Mit der Truman-Doktrin* reagierten die USA 1947 auf die sowjetische Unterstützung kommunistischer Kräfte in der Türkei und im Bürgerkrieg in Griechenland. Trumans Nachfolger, Dwight D. Eisenhower, forderte mit seiner Doktrin ab 1957 die Zurückdrängung kommunistischer Einflüsse.** Die Sowjets warfen hingegen den USA vor, unter dem Vorwand einer freihandelsorientierten Politik globale Hegemonialbestrebungen zu verfolgen.

Europa und weite Teile der übrigen Welt wurden im Ergebnis dieser Spannungen in sowjetische und US-amerikanische Einflusssphären aufge-

---

* Nach dieser Doktrin sollte es zum außenpolitischen Grundsatz der Vereinigten Staaten von Amerika werden, »freien Völkern beizustehen, die sich der angestrebten Unterwerfung durch bewaffnete Minderheiten oder durch äußeren Druck widersetzen«.

** Die Eisenhower-Doktrin besagte, dass die USA überall und mit allen zur Verfügung stehenden Mitteln (also auch Atomwaffen) prowestliche Regierungen vor kommunistischer Unterwanderung oder einer Bedrohung durch die Sowjetunion schützen würden.

teilt. Die Gründung von NATO und Warschauer Pakt vertiefte die Spaltung, was gleichzeitig die Teilung Deutschlands verfestigte.

Das Ergebnis dieses Gleichgewichts des Schreckens ist bekannt: Ein ruinöser Rüstungswettlauf führte zu einer atomaren Vernichtungskraft, die ausgereicht hätte, den Globus mehrfach zu zerstören. Eine direkte militärische Konfrontation der Supermächte blieb allerdings aus, die Abschreckung hat funktioniert. Ausnahmen bildeten die Berlin-Blockade 1948/49, der von den Westalliierten mit einer Luftbrücke begegnet wurde (»Rosinenbomber«), und die Kubakrise 1962: In beiden Fällen standen sich die UdSSR und USA mit erheblichem Kriegsrisiko gegenüber. Weitere massive Militäreinsätze wie die der USA in Korea in den 1950er-Jahren oder Vietnam (1964–1975) oder der Einsatz der Sowjetunion in Afghanistan zwischen 1979 und 1989 zwangen die jeweils andere Supermacht nicht direkt auf das Gefechtsfeld. Die Militärmacht wurde eher unterstützend eingesetzt, um eigene Positionen zu verteidigen. In Stellvertreterkriegen wie Angola von Mitte der 1970er-Jahre bis zur Jahrtausendwende oder im Nahost-Konflikt ab 1967 wurde jeweils eine Seite unterstützt und mit Waffen beliefert.

So wurde ein vielfältiges Instrumentarium im Rahmen des Kalten Krieges eingesetzt, um die eigene Machtbasis zu stärken und abzusichern. Neben umfangreichen Geheimdienstaktivitäten waren das Propaganda sowie handels- und wirtschaftspolitische Maßnahmen zur Stützung willfähriger Regierungen in der sogenannten Dritten Welt.

Die Bundeswehr in den 1970er-Jahren

Die 1970er-Jahre waren weltweit und für Deutschland eine Zeit großer Veränderungen. Am 30. April 1975 endete der Vietnamkrieg. Mit der sozial-liberalen Koalition unter Willy Brandt begann 1969 eine auf Entspannung angelegte Ostpolitik und eine neue Politik gegenüber der DDR (Stichwort: »Wandel durch Annäherung«). Terroranschläge hielten Deutschland in Atem: Bei den Olympischen Spielen 1972 in München überfielen palästinensische Terroristen die israelische Mannschaft; gipfelnd im »Deutschen Herbst« 1977 verübte die Rote Armee Fraktion (RAF) zahlreiche Morde.

Auch auf der Weltbühne stellten sich einige unverhoffte Entwicklungen ein. Die bedrohliche Kubakrise im Oktober 1962 führte im Ergebnis zu nennenswerten Abrüstungs- und Entspannungsbemühungen zwischen den Weltmächten. Das Atomteststoppabkommen von 1963 leitete eine langwierige und von zahlreichen Rückschlägen begleitete Phase des Ausgleichs ein. Mit dem Abschluss der SALT-Verträge (1969–1979), der Helsinki-Konferenz von 1973 und dem INF-Vertrag von 1987 (siehe nachfolgend) wurde dem Ende des Ost-West-Konflikts der Weg bereitet.

In der Bundeswehr selbst standen maßgebliche Veränderungen an:
- Ende 1973 verfügte die Bundeswehr über insgesamt 486.000 Mann.
- Am 29. Juni 1972 stimmte das Bundeskabinett der Einrichtung von Bundeswehr-Universitäten in Hamburg und München zu.
- Zum 1. Oktober 1975 traten die ersten weiblichen Sanitätsoffiziere ihren Dienst an. Auch der Militärmusikdienst öffnete sich für Frauen. Die normale Soldatenlaufbahn blieb ihnen jedoch verwehrt.
- Ab Mitte der 1970er-Jahre explodierten die Anträge auf Kriegsdienstverweigerung. 1977 waren es fast 70.000 im Vergleich zu rund 10.000 bis 15.000 in den Jahren zuvor.

In fragwürdiger Erinnerung geblieben ist der im Mai 1972 allerdings wieder zurückgenommene Haarnetz-Erlass vom 8. Februar 1971: Bundeswehrsoldaten sollte auf Wunsch von Verteidigungsminister Helmut Schmidt (SPD; Verteidigungsminister von 22. Oktober 1969 bis 7. Juli 1972) erlaubt sein, lange Haare auch im Dienst zu tragen. 740.000 Haarnetze wurden für diesen Zweck bestellt. Das brachte der Bundeswehr den spöttischen Namen »German Hair Force« und Schmidt den Aachener »Orden wider den tierischen Ernst« ein.

NATO-Doppelbeschluss 1979 – Neuauflage 2019/2020?

Am 12. Dezember 1979 verabschiedeten die NATO-Außen- und Verteidigungsminister den NATO-Doppelbeschluss. »Doppelbeschluss« aus folgenden Gründen: Erstens, weil er Verhandlungen mit der Sowjetunion über den Abbau der seit Mitte der 1970er-Jahre auf Westeuropa gerichteten SS-20-Raketen zum Gegenstand hatte. Und zweitens, weil er für den Fall eines Scheiterns der Gespräche vorsah, dass die USA ab Ende 1983 ebenfalls nukleare Mittelstreckenraketen (Pershing II) in Europa stationieren würden. Von pazifistischen Kreisen in der Bundesrepublik wurde dieser »Doppelbeschluss« verkürzt und manipulativ als »Raketen-Doppelbeschluss« diskreditiert. Es gelang der Friedensbewegung schließlich, Hunderttausende zu Demonstrationen gegen einen »Rüstungswettlauf« zu mobilisieren. Zu Demonstrationen wie auf der Bonner Hofgartenwiese im Oktober 1981 kamen bis zu 400.000 Menschen. Die Hardthöhe, der Sitz des Bundesministeriums der Verteidigung, wurde mit einer Menschenkette »eingezäunt«; eine Maßnahme, bei der auch den damals dort Beschäftigten durchaus mulmig zu Mute war.

Die Debatte um den NATO-Doppelbeschluss wurde schließlich im Herbst 1981 für die SPD zu einer Zerreißprobe: Bundeskanzler Helmut Schmidt (SPD) konnte sich mit seinem Eintreten für den Beschluss der Unterstützung seiner Partei nicht sicher sein. Der Bundestag, der seit dem Regierungswechsel im Oktober 1982 von einer Koalition aus CDU/CSU und FDP dominiert wurde, stimmte am 22. November 1983 der Stationierung neuer US-Mittelstreckenraketen in der Bundesrepublik zu. Einen Tag danach brach die Sowjetunion die Verhandlungen ab. Erst 1987 gelang eine Lösung: US-Präsident Ronald Reagan und der sowjetische Präsident Michail Gorbatschow vereinbarten den Abbau aller nuklearen Mittelstreckenraketen in Europa. Die USA unter Reagan hatten die Sowjetunion militärisch wie wirtschaftlich in die Enge getrieben und zu deren Niedergang beigetragen.

Eines der zentralen Abrüstungsabkommen war der zwischen Reagan und Gorbatschow ausgehandelte und am 8. Dezember 1987 in Washington unterzeichnete INF-Abrüstungsvertrag (INF = Intermediate Range Nuclear Forces, nukleare Mittelstreckensysteme). Mit ihm war beiden Seiten der Besitz landgestützter, atomarer Marschflugkörper und Raketen mit einer Reichweite von 500 bis 5500 Kilometern untersagt. Ein wichtiger Schritt zur Beendigung des Kalten Krieges. Als jedoch die US-Dienste herausfanden, dass Russland an neuen Marschflugkörpern mit einer Reichweite von etwa 2500 Kilometern arbeitete, und zudem die Raketenrüstung des Iran bedrohliche Formen annahm, planten die USA, ein Raketenabwehrsystem in Tschechien, Polen und später Rumänien zu stationieren, was 2005/2006 Auslöser für heftige russische Kritik am INF-Vertrag war.

Im Februar 2017 schließlich wurde klar, dass Russland Marschflugkörper des Typs SSC-8 (in Russland 9M729 genannt) im eigenen Land stationiert hatte und damit gegen das INF-Abkommen verstieß, konterte Washington mit der Entwicklung neuer Raketen. Am 20. Oktober 2018 erklärte US-Präsident Trump, die USA würden sich aus dem INF-Vertrag zurückziehen. Am 4. Dezember setzen die USA Russland eine Frist von 60 Tagen, um die neuen Marschflugkörper zu zerstören. Andernfalls hätten die USA kein Interesse mehr, am INF-Vertrag festzuhalten. Moskau wies die Vorwürfe erneut zurück und drohte mit Aufrüstung. Sollten die USA aus der INF-Vereinbarung aussteigen, werde Russland genau jene Waffen bauen, die bisher unter dem INF-Vertrag verboten waren, kündigt Wladimir Putin an. Am 23. Januar 2019 behauptete Russland, der Marschflugkörper 9M729 habe nur eine Reichweite von 480 Kilometern. Militärexperten bezweifeln diese Angaben; sie sind der Überzeugung, dass diese Raketen eine erheblich größere Reichweite haben und zum Beispiel problemlos Berlin sowie große Teile Deutschlands erreichen können. Am 1. Februar 2019 erklärten die USA ihren Rückzug aus dem INF-Vertrag. Endgültig auslaufen würde er aber erst im Juli. Bis dahin habe Russland die Möglichkeit, zu den Bedingungen des Abkommens zurückzukehren. Russland hat das umgehend abgelehnt und seinerseits den Vertrag ausgesetzt. Übrigens hatte bereits die Obama-Regierung in den russischen Aktivitäten einen Verstoß gegen den INF-Vertrag gesehen, jedoch am Abkommen festgehalten, weil die Europäer ein neues atomares Wettrüsten befürchteten.

Armee der Einheit

Die Bundeswehr hat sich um unser Land mit dem Aufbau der »Armee der Einheit« ab 1990 verdient gemacht. Eine herausragende Leistung, die auch im zivilen Bereich ihresgleichen sucht. Hier ist weitaus schneller als in anderen Bereichen etwas zusammengewachsen. Mit dem Tag der Wiedervereinigung bestand die Bundeswehr rechnerisch aus rund 640.000 Angehörigen: 486.000 der Bundeswehr (Stand: 1989) und 155.000 der Nationalen Volksarmee (NVA, Stand: 1989). Gemäß »Kaukasus«-Vereinbarung* sollte diese Personalstärke auf 370.000 abgebaut werden.

Am 3. Oktober 1990 übernahm Verteidigungsminister Gerhard Stoltenberg von Rainer Eppelmann, seit 18. April 1990 Minister für Abrüstung und Verteidigung der DDR, das Kommando über die vormalige NVA, jetzt Bundeswehrkommando Ost (BwKdo Ost) mit Sitz in Strausberg. Es wurde ab 4. Oktober 1990 von Generalleutnant Jörg Schönbohm befehligt. Die Mehrzahl der ehemaligen NVA-Unteroffiziere und -Offiziere wurde entlassen. Übernommen wurden circa 3500 Offiziere und 8000 Unteroffiziere. Eine Übernahme erfolgte üblicherweise um einen oder zwei Dienstgrade niedriger, weil die Beförderungen in der NVA zügiger vonstattengegangen waren als in der Bundeswehr. Nicht übernommen wurden ehemalige Stasi-Mitarbeiter. Insgesamt gab es viele Härten, zumal sich viele nicht übernommene NVA-Soldaten fragten, ob ihr Dienst über all die Jahre umsonst gewesen war und wie sie zukünftig ihre Familien ernähren sollten.

An Gerätschaften übernahm die Bundeswehr unter anderem das Kampfflugzeug MiG-29 und verschiedene Hubschrauber. Hinterlassen hat die NVA überdies 767 Luftfahrzeuge (Hubschrauber und Flugzeuge), 208 Schiffe und Boote, 2761 Kampfpanzer, 2200 Artilleriewaffen, fast 1,4 Millionen Handfeuerwaffen und über 300.000 Tonnen Munition. Die NVA war vor allem mit Waffen aus der UdSSR ausgestattet gewesen. Über Nuklearwaffen verfügte die NVA zwar nicht, aber über Trägermittel, die mit Atomsprengköpfen aus den sowjetischen Depots hätten bestückt werden können.[141]

---

* Die Bündniszugehörigkeit des vereinigten Deutschlands war eine der umstrittensten Fragen auf dem Weg zur Deutschen Einheit gewesen. Die USA, England und Frankreich sowie die Bundesrepublik bestanden auf einer vollen Mitgliedschaft Deutschlands im westlichen Verteidigungsbündnis, was Gorbatschow ablehnte. Der »Durchbruch", so Bundeskanzler Helmut Kohl, gelang am 16. Juli 1990 »im Kaukasus«: Für Kohl völlig überraschend stimmte Gorbatschow plötzlich einer NATO-Mitgliedschaft des vereinigten Deutschlands zu.

Die Auflösung der NVA und die Integration ihrer Überreste, und zwar materiell, personell und psychologisch, bedeuteten eine gewaltige Aufgabe für die Bundeswehr. Die NVA gehörte immerhin zu den schlagkräftigsten Armeen des Warschauer Pakts. Am 10. Juli 1952 waren von der Volkskammer der DDR die »Nationalen Streitkräfte« der DDR proklamiert worden, zunächst als Kasernierte Volkspolizei (KVP). Zur Nationalen Volksarmee wurde sie mit dem 18. Januar 1956. Die NVA war vollständig der Kontrolle durch die SED unterworfen, sie verstand sich als »Machtinstrument der Arbeiterklasse« zum Schutz der sozialistischen Staatsform vor Angriffen von außen und innen. Das allgemeine Wehrpflichtgesetz vom 24. Januar 1962 legte einen Grundwehrdienst von 18 Monaten fest. Es wurde nahezu jeder Mann vom 18. bis zum 26. Lebensjahr eingezogen. Der Wehrdienst konnte auch bei den »Grenztruppen« oder als »Bausoldat« ohne Waffe absolviert werden. Zwischen 1964 und 1990 gab es insgesamt rund 12.000 Bausoldaten.[142]

KAPITEL V

Armee im Auslandseinsatz: Bedarf, Grenzen, Risiken, Belastungen

Die Bundeswehr ist im Laufe der letzten Jahrzehnte zu einer Armee mit Auslandseinsätzen geworden. Zu Zeiten des Kalten Krieges dominierte die Abschreckung, die Truppe hatte feste Aufgaben, zugewiesene Aufstellungsräume und ein mehr oder weniger stabiles Kriegsbild. Das hat sich geändert, die Bedrohung ist heute vielfältig, unser Land aber nur mehr von Freunden umgeben. Die Heimatverteidigung verkam in der Folge zu einer inhaltsleeren Hülle, Kräfte wurden dafür nicht mehr vorgehalten. Nachdem die Politik endlich realisiert hat, dass in Europa überraschenderweise doch nicht der ewige, sichere und stabile Friede eingekehrt ist, soll sich dies ändern und die Landesverteidigung wieder eine größere Rolle spielen. Aber bislang sind das nur Pläne, ist das Zukunftsmusik. Dafür müssen erst wieder entsprechende Strukturen aufgebaut werden, die Hülle dafür ist leer.

Wer von Auslandseinsätzen der Bundeswehr hört, könnte auf die Idee kommen, dass große Teile der Armee an verschiedenen Einsatzorten weltweit ihren Dienst verrichten. Dem ist aber nicht so. In den letzten Jahren befanden sich 3500 bis 4000 Soldaten an verschiedenen Orten im Einsatz, die Schwerpunkte waren Afghanistan und Mali. Durch Vor- und Nachbereitung der Einsätze kann die Anzahl der Soldaten, die unmittelbar betroffen sind, mit circa 10.000 bis 12.000 veranschlagt werden. 12.000 von circa 180.000 Soldaten, das sind nicht einmal 7 Prozent der Mannschaftsstärke. Selbst wenn »einsatzgleiche Verpflichtungen« und »Dauereinsatzaufgaben«[143] hinzugezählt werden, erhöht sich die Zahl nicht wesentlich. Das darf für eine 180.000-Mann-Armee keine Überforderung darstellen.

Von einer starken Belastung oder gar Überforderung der Bundeswehr kann in Anbetracht dieser Zahlen mitnichten die Rede sein. Um die Einsätze zu ermöglichen, müssen noch einige Tausend Soldaten und zivile Mitarbeiter hinzugezählt werden, die in Stäben und Ämtern jeden Tag aufs Neue an den Voraussetzungen arbeiten, damit Auslandseinsätze durchgeführt werden können. Symbolisch steht dafür das Einsatzkommando der Bundeswehr in Potsdam, das bundeswehrübergreifend die Einsätze koordiniert. Ferner werden in beschränktem Umfang auch Reservisten herangezogen. Im Übrigen werden für Auslandsmissionen vorgesehene Kräfte regelmäßig auf die Gastländer, auf deren religiöse und kulturelle Eigenheiten vorbereitet, eine zwar aufwendige, aber höchst sinnvolle Vorgehensweise.

Folgerung

Die Bundeswehr ist mit Auslandseinsätzen im bisherigen Rahmen nicht überlastet, entsprechende Äußerungen sind interessengeleitet und entbehren jeglicher Grundlage. Für einzelne Einheiten wird das zutreffen, aber nicht für die Armee als Ganzes. Dass für jeden Einsatz immer wieder erforderliches Material und in Teilen auch Personal zusammengestellt werden muss, ist ein Kernproblem. Ursache hierfür ist die unzureichende Ausstattung der Bundeswehr, aber keine generelle Überforderung.

Neben den Missionen in Afghanistan und Mali, die durchaus als Kriegseinsätze[144] bezeichnet werden können, sind die Soldaten in den anderen Auslandsaktivitäten im Wesentlichen mit Ausbildungsaufgaben für befreundete Armeen, mit Verbindungs- und anderen Aufgaben befasst. Diese haben ihren eigenen, durchaus auch symbolischen Wert, nämlich Flagge zu zeigen und für unsere freiheitlich-demokratischen Werte einzustehen.

Ausgewählte Daten zu laufenden Auslandseinsätzen[145]

Einsatz	Beginn	Personal	Personal-Obergrenze	Kosten* (Mio. Euro)
Kosovo Force (NATO)	1999	367	800	3.400
United Nations Interim Forces in Lebanon (UNIFIL)	2006	126	300	396
United Nations African Union Hybrid Mission in Darfur (UNAMID)	2007	7	50	3,3
EU NAVFOR Somalia (Operation Atalanta) / Horn von Afrika	2008	18	600	450
United Nations Mission in the Republic of South Sudan (UNMISS)	2011	14	50	4,1
EU-Trainingsmission in Mali	2013	139	300	43,8
Multidimensional Integrated Stabilization Mission in Mali (MINUSMA)	2013	877	1100	35,4
United Nations Mission for the Referendum in Western Sahara (MINURSO)	2013	3	4	0,2
Resolute Support (NATO) / Afghanistan	2015	1193	1300	315
EU NAVFOR MED (Operation Sophia) / Mittelmeer	2015	98	950	7,4
NATO-Mission Sea Guardian / Mittelmeer	2016	204	650	noch nicht bekannt
United Nations Support Mission in Libya (UNSMIL)	März 2018	2	keine Obergrenze	noch nicht bekannt
Kampf gegen den »Islamischen Staat« (NATO) / Syrien – Irak	April 2018	408	800	noch nicht bekannt

* *Die Kosten liegen bislang nur bis Ende 2015 vor.*

Kapitel V

»Unsere Sicherheit wird nicht nur, aber auch am Hindukusch verteidigt«[146]

Ob die Einsätze in den Kriegsgebieten jemals ihre Ziele erreichen werden, ist in jedem Einzelfall die Frage. Die Bundeswehr ist in der Mehrzahl der Fälle Teil einer Operation im NATO-Rahmen oder unter dem Dach der VN. Sie trägt also weder die Gesamtverantwortung, noch kann sie allein über Schwerpunkte, Vorgehensweisen und die einzusetzenden Kräfte entscheiden. Zum Einsatz am Hindukusch wurde schon viel geschrieben. NATO- und US-Truppen haben dort viel erreicht, immerhin wurde die Schreckensherrschaft der Taliban beendet. In Teilen des Landes können Mädchen in Taliban-freien Distrikten wieder zur Schule gehen, geradezu symbolhaft für die wenigstens teilweise Befriedung.

Dem stehen getötete Soldaten gegenüber, allein Deutschland hat 58 Gefallene und weit mehr fürs Leben Gezeichnete zu beklagen, die USA über 2300 Gefallene bis 2014.[147] Von den 1400 Milliarden Dollar, die der Krieg seit 2001 verschlungen hat, wurden gerade einmal 61 Milliarden in die Entwicklung des Landes investiert.[148] Mit militärischen Kräften und hohem Einsatz allein kann eine friedliche Entwicklung offensichtlich nicht erzwungen werden. »Nichts ist gut in Afghanistan« war der Beitrag der EKD-Ratsvorsitzenden Margot Käßmann 2010 zur Lage in Afghanistan. Was die Alternative war zur militärischen Bekämpfung der Taliban in dem geschundenen Land, konnte sie außer dem Verlangen nach mehr Fantasie für den Frieden auch nicht angeben.[149]

Das Kriegsziel – Schaffung eines stabilen Landes – liegt jedoch in weiter Ferne, ein Staatsaufbau nach demokratischen Grundsätzen ebenso. Den Taliban gelingt es immer wieder, aus ihren Rückzugsorten in Pakistan heraus Angriffe und Anschläge zu verüben. Die afghanischen Militär- und Polizeikräfte sind nach wie vor nur beschränkt einsatzfähig und leicht verwundbar. Die Bundeswehr hat sich im Kern nach Masar-i-Sharif und Kunduz zurückgezogen und führt kaum noch militärische Operationen durch. Sie beschränkt sich schwerpunktmäßig auf Ausbildungshilfe für die afghanischen Sicherheitskräfte und unterstützt nur in beschränktem Umfang deren Operationen. Mal sehen, was passiert, wenn sich die US-Amerikaner größtenteils oder, wie von US-Präsident Trump angekündigt, gänzlich aus dem Land zurückziehen. Laut »Das Parlament« vom 25. Februar 2019 hat die afghanische Zentralregierung nur noch 226 von 407 Distrikten unter ihrer Kontrolle.

Es bleibt zu hoffen, dass aus Afghanistan wenigstens Lehren für künftige Einsätze gezogen werden. Eine weitreichende Strategie mit anzustrebenden Zielen und ein langer Atem mit vielfältigen Aktivitäten weit über militärische Aspekte hinaus sind unabdingbare Voraussetzungen. Das ist inzwischen bekannt. Aber das Schlagwort von der »vernetzten Sicherheit« wird in der Praxis erst dann nachhaltige Erfolge zeitigen können, wenn die dafür benötigten Stellen unvoreingenommen miteinander arbeiten. Wenn Nichtregierungsorganisationen (NGOs) das Militär als wichtigen Partner und Voraussetzung für die Sicherheit anerkennen und akzeptieren. Davon ist allerdings immer nur dann die Rede, wenn NGO-Kräfte Schaden nehmen und Militär zu deren Rettung benötigt wird.

Bundeswehr in Afrika und Nahost

Der Einsatz in Mali ist zweigeteilt: Zum einen führt die Bundeswehr zusammen mit Partnernationen einen Stabilisierungseinsatz unter dem Dach der VN durch.[150] Zum anderen hat der Bundestag beschlossen, zusammen mit europäischen Partnern die malische Armee mit militärischer Ausbildung zu unterstützen.[151] Diese Ausbildungsmission darf nicht für die VN-Mission herangezogen werden und umgekehrt. Sobald der Eindruck entsteht, dass Kräfte der einen Seite in die andere wirken, fangen deutsche Medien an zu schreiben[152] und die Politik zu reagieren. Sobald ein Soldat mehr vor Ort ist oder die Bundeswehr in der Durchführung auch nur minimal vom vorgegebenen Mandat abweicht, wird lautstark ein Problem daraus gemacht.

Selbstverständlich kann das Rezept für Auslandseinsätze nicht lauten, dass die Bundeswehr einen Pauschalauftrag erhält und vor Ort machen kann, was sie für richtig hält. Auslandseinsätze sind politische Aktionen, die auch rasch vorgegebene Grenzen überschreiten können. Etwas anderes ist es hingegen, mit dem Millimetermaß nachmessen zu wollen, was Tausende von Kilometer entfernt passiert. Die Maßstäbe des kleinkarierten politischen Alltags im Inlandsgeschäft passen nicht zu einem Kriegseinsatz fern der Heimat.

Der US-Einmarsch in den Irak ab 2003 hat das Land nachhaltig destabilisiert. Der IS-Terror hat dort seine Wurzel. Die Bundeswehr ist seit 2015 in den Kurdengebieten des Irak im Einsatz, um die Peschmerga an von Deutschland gelieferten Waffen auszubilden. Nachdem der IS zerschlagen ist, bringt die Bundesrepublik eine Ausbildungsmission für die irakischen Streitkräfte auf den Weg. Ziel ist die Ausbildung der Ausbilder als Fähigkeitsaufbau für den Zentralirak.[153] Warum nun diese Mission ein isoliertes deutsches Vorgehen werden soll, bleibt das Geheimnis der politisch Verantwortlichen. Nur logisch und konsequent wäre die Ausbildungsunterstützung im Rahmen der parallel laufenden NATO-Ausbildungsmission. »Multilateralismus predigen, aber entgegen aller Vernunft national vorgehen«, scheint die Devise zu lauten.

Zwei-Welten-Problematik im Auslandseinsatz

Aus Einsätzen wird ein eklatantes Missverhältnis bei Mentalität und Arbeitshaltung zwischen taktisch operierenden (Welt 1) und dauerhaft in Feldlagern stationierten Kräften (Welt 2) beschrieben. Eine Zwei-Welten-Problematik gefährde die Kameradschaft. »Weniger als ein Drittel der in Afghanistan stationierten Deutschen setzten sich unmittelbaren und objektiven Gefahren aus, indem sie zur Auftragserfüllung regelmäßig die schützenden Feldlager verließen.« Eine unterschiedliche Mentalität und Arbeitshaltung waren die Folge: »Während die draußen eingesetzten Soldaten mit existenziellen Risiken konfrontiert wurden und große Entbehrungen in Kauf nahmen, erlebte der überwiegende Teil der Truppe einen stark inländisch geprägten Einsatz, samt Bürokratie und Formalismus.« Die Begrüßung von Patrouillenrückkehrern mit heiteren Gruppenfotos auf ausgebrannten Gefechtsfahrzeugen führte zu Frustration und Wut.[154]

Nur diejenigen sind einer erhöhten Gefährdung ausgesetzt, die tatsächlich außerhalb der geschützten Feldlager zum gefährlichen Einsatz kommen. Ein Lagerverwalter, Koch oder Betreuungssoldat ist genauso lange abwesend von Heimat und Familie, hat aber kaum ein Gefechts- oder Anschlagsrisiko. Politiker – vom Abgeordneten bis zum Minister – und Journalisten, die sich regelmäßig und allzu häufig ein vermeintlich realistisches Bild vom Einsatz der Bundeswehrsoldaten vor Ort machen möchten, nehmen in aller Regel ein geschöntes Zerrbild mit nach Hause. Ganz abgesehen davon, dass diese Besuche die Stäbe vor Ort in Atem halten und von ihren eigentlichen Aufgaben ablenken. Solche »Gefechtsfeldtouristen« aus Politik und Medien sind insofern vor Ort nur ungern gesehen. Was bekommen sie auch zu sehen? In den Feldlagern etablierte Massagesalons, Tanzkurse und Beachclubs vermitteln einen bizarren Eindruck der Einsatzrealitäten. Von den zum Teil erheblichen Spannungen innerhalb der Truppe ist kaum was zu spüren. Der damalige Wehrbeauftragte des Deutschen Bundestages stellte sogar eine »besorgniserregende Dimension« der Zustände fest und sah den Zusammenhalt ganzer Einsatzkontingente bedroht.[155]

Folgerung

Es ist vordringliche Aufgabe der Kommandeure vor Ort, auf die unterschiedlichen Belastungen innerhalb der Einsatzkontingente je nach Lage zu reagieren. Im Umgang mit den Heimatdienststellen wie auch mit Besuchern ist ein realistisches Lagebild abzugeben.

Unterstützung zu Hause und Fürsorgepflicht

Womit wir bei einem Hauptproblem bei Einsätzen der Bundeswehr im Ausland angekommen wären, der fehlenden Unterstützung der hiesigen Bevölkerung: Repräsentative Umfragen ergeben überwiegend ein eindeutiges Bild: Die Bundeswehr soll zu Hause bleiben und Auslandseinsätze anderen überlassen. Diese Skepsis, die die Bevölkerung mittlerweile laut diversen Umfragen zu 70 bis 75 Prozent teilt, wirkt sich auf die Soldaten aus, die sich in ihrem oft gefährlichen Einsatz nicht wertgeschätzt fühlen. Sie wirkt auch auf die Politik zurück, die höchst sparsam mit Aufträgen für Auslandsmissionen umgeht.

Ein zurückhaltender Umgang mit Auslandseinsätzen ist dabei per se richtig, allerdings darf es nicht sein, dass eine Bündnisarmee bis zum Schaden enger Bündnispartner und deren Soldaten einseitig zurückgehalten wird. Bündnisse können nur funktionieren, wenn alle gleiche Risiken tragen. Deutschland muss nicht überall dabei sein; aber wenn, dann zu gleichen Bedingungen wie die anderen.[156] Der Eindruck, den derartiges Verhalten bei befreundeten Nationen hervorruft, lässt sich unschwer beschreiben: Die Deutschen seien Drückeberger, die es sich in ihrer Geschichte bequem einrichten.

Folgerung

Stabilisierungsaktionen auf der Nordhalbkugel liegen im deutschen Interesse. Deutschland hat sich mit militärischen Kräften an VN- beziehungsweise EU-Missionen zu beteiligen wie die Bündnispartner auch. Die deutsche Sonderrolle ist eine Anmaßung ohne Berechtigung. »Entweder ist es moralisch, die Terrormiliz IS zu bombardieren; dann gilt das auch für die Deutschen. Oder es ist nicht moralisch, für alle.« Auf diesen Nenner brachte es Tagesspiegel-Journalist Christoph von Marschall.[157]

Die Skepsis in der Bevölkerung und in der Politik gegenüber Auslandsmissionen führt auch zu einer problematischen Schutzhaltung den eigenen Einsatzkräften gegenüber. Dass das Leben und die körperliche Unversehrtheit von Soldaten einen immens hohen Stellenwert genießt, ist heutzutage pure Selbstverständlichkeit. Und das ist gut so. Die beste Ausrüstung für gefährliche Einsatzaufgaben ist gerade gut genug. Andererseits dürfte aber auch kein Feuerwehrmann mehr auf eine Leiter geschickt werden, sollte jegliche Gefährdung ausgeschlossen werden.

Wenn Soldaten zur Vermeidung möglicher Personenschäden nur mehr hinter dickem Panzerstahl durch Städte und Dörfer patrouillieren, geht aber etwas Entscheidendes verloren: Es kommt kaum noch zum Kontakt mit der einheimischen Bevölkerung, die Wirkung des menschlichen Austauschs von Angesicht zu Angesicht kommt zu kurz. Unsichtbare Soldaten in geschützten Fahrzeugen mit schwerer Bewaffnung sind nicht weit von der Wirkung entfernt, den unbemannte Drohnen am Himmel auf Einheimische erzielen.

Unabhängig davon muss der Respekt der deutschen Öffentlichkeit jenen Soldaten gelten, die diese oft gefährlichen Einsätze bestreiten. Noch im Ersten Weltkrieg wurden »Kriegszitterer«* zum Teil schmerzhaften und entwürdigenden Behandlungsmethoden ausgesetzt. Inzwischen ist das Bewusstsein dafür gewachsen, dass in einer kriegerischen Umgebung die Seele von Soldaten nicht weniger in Mitleidenschaft gezogen werden kann als der Körper. Das Krankheitsbild einer posttraumatischen Belastungsstörung (PTBS) ist inzwischen als Kriegs- und Einsatzfolge anerkannt.

Posttraumatische Belastungsstörung

Es hat lange gedauert, bis die Bundeswehr sich des PTBS-Problems systematisch annahm, noch bis 2010 fehlte es an der gezielten Erfassung und Betreuung. Wie drängend das Thema wurde, zeigt die Tatsache, dass mit Beginn der Auslandseinsätze ab den 1990er Jahren bis 2010 etwa 2200 PTBS-»Behandlungskontakte«, zwischen 2011 und 2017 aber mehr als 10.000 solcher Kontakte registriert wurden. 70 bis 75 Prozent entfielen auf den Afghanistan-Einsatz. Diese Zahlen geben nur eingeschränkt wieder, was PTBS ist. Die Prävalenz (Häufigkeit des Auftretens) ist zudem schwer einzuschätzen, weil nicht alle Betroffenen Hilfe in Anspruch nehmen, die Dunkelziffer ist wie bei vielen psychiatrisch relevanten Erkrankungen kaum kalkulierbar.

Hinter PTBS verbergen sich oft hochkomplexe psychische Belastungen und psychiatrische Erkrankungen: Schlafstörungen, Albträume, Flashbacks

---

* Damaliger Ausdruck für traumatisierte Soldaten.

(blitzartiges Wiedererleben), Vermeidungsverhalten. Mit einer »Weichei«-Haltung hat dies nichts zu tun. Es ist auch nicht hilfreich, wenn PTBS von Teilen der Bevölkerung damit abgetan wird, dass sich Betroffene doch nicht auf diesen »Job« hätten einlassen müssen. Dass eine PTBS das Alltagsleben radikal einschränken, bis zur Erwerbsunfähigkeit, ja zum Suizid führen kann, wird öffentlich gerne verdrängt (siehe Erfahrungen mit Vietnam-Heimkehrern in den USA). Verdrängt wird auch, dass unter »Veteranen« die Selbstmordrate signifkant erhöht ist – in den USA etwa nach beiden Irakkriegen und bei Heimkehrern aus Afghanistan.

Die Fürsorge des Staates für Betroffene ist gefordert. Dabei muss es keine schwerst auffällige PTBS sein, es reicht schon, wenn ein Betroffener an keinem Grillfest teilnehmen kann, weil ihn der Geruch gegrillten Fleisches an ein traumatisches Erlebnis bei einem Bombenanschlag erinnert; oder wenn er sich während der Silvesterballerei verängstigt im Keller verkriecht.

Hinreichend diagnostisch erfasst und therapeutisch behandelt ist das PTBS-Problem aber noch nicht. Ursächlich ist dabei nicht nur die Scheu Betroffener, sich als PTBS-Erkrankte zu »erklären«, sondern auch die oft lange Latenzzeit, bis die Erkrankung sichtbar wird. Das kann eventuell auch erst nach dem Ausscheiden der Soldaten aus dem Dienst geschehen.

Richtig ist auch, dass Soldaten aufgrund ihrer Erfahrungen im Einsatz innerlich wachsen. Bei vielen Rückkehrern entwickelte sich eine vertiefte Wertschätzung gegenüber Sicherheit und Wohlstand im eigenen Land. Zugleich begannen viele, die Probleme der Wohlstandsgesellschaft zu relativieren und eine größere Offenheit gegenüber den Nöten von Menschen in Krisenregionen zu entwickeln.

Seit Ende 2010 nun gibt es beim Verteidigungsministerium einen Generalarzt als PTBS-Beauftragten. Seither wird das Problem systematischer betreut. Als Kooperationspartner werden der Bundeswehrverband, der Reservistenverband und diverse Selbsthilfegruppen einbezogen. Die Vorbereitung der Soldaten auf einen Einsatz, die Betreuung während und danach erfolgen gezielter, um eine gewisse Fähigkeit zur Resilienz zu erzeugen. Allerdings dauern die Verfahren nach dem Wehrdienstbeschädigungsverfahren (WDB) zum Teil immer noch sehr lange. Verfahrensdauern von zwei Jahren sind keine Seltenheit.

Ein weiterer Aspekt ist nicht zu übersehen: Je distanzierter ein Land den eigenen Soldaten gegenübersteht, desto ausgeprägter stellt sich bei diesen die Sinnfrage und desto häufiger tritt PTBS auf. Denn wer kann es schon mit sich und seiner Familie vereinbaren, ein lebensbedrohliches Risiko einzugehen, wenn die Allgemeinheit davon nichts hält. (Siehe dazu Kapitel I »Armee in einer postpatriotischen Gesellschaft«.)

KAPITEL VI

Eine europäische Armee – reales Ziel oder Fata Morgana?

Am 22. Januar 2019 unterzeichneten Frankreichs Staatspräsident Emmanuel Macron und Bundeskanzlerin Angela Merkel den »Vertrag von Aachen«. Er enthält unter anderem die Vision einer europäischen Armee. Wie das nach dem Brexit und damit ohne eine der wohl schlagkräftigsten EU-Armeen, nämlich die britische, bewerkstelligt werden soll, steht in den Sternen.

Einen Vorstoß in diese Richtung unternahm Macron bereits im Rahmen der Gedenkwoche zum 100. Jahrestag des Endes des Ersten Weltkriegs im November 2018. Damals sagte er in einem Interview mit dem Radiosender Europe 1, »ohne eine wahre europäische Armee könnten die Europäer nicht verteidigt werden (...) Macron begründete seine Forderung mit der Warnung vor ›autoritären Mächten, die an den Grenzen Europas aufsteigen und sich wieder bewaffnen‹. Europa müsse sich verteidigen ›mit Blick auf China, auf Russland und sogar die USA‹. Der von US-Präsident Donald Trump angekündigte Rückzug aus dem INF-Abrüstungsvertrag mit Russland sei eine Gefahr für Europa. ›Wer ist das Hauptopfer?‹, fragte Macron – und gab selbst die Antwort: ›Europa und seine Sicherheit.‹«[158]

Neu ist der Vorschlag einer europäischen Armee freilich nicht. Über Jahre und Jahrzehnte entstand aber keine rechte Begeisterung. Merkel wäre, allein schon dem Koalitionsvertrag von 2013 zufolge, längst verpflichtet gewesen, diesen Plan zu verfolgen. Damals hieß es darin: »Wir streben einen immer engeren Verbund der europäischen Streitkräfte an, der sich zu einer parlamentarisch kontrollierten europäischen Armee weiterentwickeln kann.«[159]

Kapitel VI

Erste Ansätze

Derartige Vorschläge sind seit Ende des Zweiten Weltkrieges regelmäßig schiefgegangen oder wurden in nur homöopathischen Ansätzen halbherzig realisiert. 1954 ist der Aufbau einer Europäischen Verteidigungsgemeinschaft (EVG) noch in Frankreichs Nationalversammlung gescheitert. 1987 wurde dann eine deutsch-französische Brigade aufgestellt, die 2002 zu einem deutsch-französischen Korps aufgestockt wurde, dem als Eurokorps später Spanien, Belgien und Luxemburg beitraten.

Weitere Erfolge waren das seit 1995 einsatzbereite 1. Deutsch-Niederländische Korps in Münster mit aktuell zwölf beteiligten Nationen. Im September 1999 wurde in Stettin das »Multinationale Korps Nord-Ost« (HQ MNC NE) als gemeinsames deutsch-polnisch-dänisches Hauptquartier in Dienst gestellt. Seit 2004 existiert eine Europäische Verteidigungsagentur. Eine Art »europäische Eingreiftruppe« gibt es seit 2007; sie ist mit ihren Kampfgruppen (Battlegroups) aber noch nie zum Einsatz gekommen, unter anderem, weil die Truppensteller die Einsatzkosten zum Großteil selbst tragen müssten. 2012 kam das Zauberwort »Pooling and Sharing« mit gemeinsamen Hubschrauberverbänden und einer Zusammenlegung von Marinekapazitäten in Nord- und Ostsee auf. Das in Eckernförde stationierte deutsche Seebataillon – eine 800 Mann starke Einheit, die auf Evakuierungen, Anti-Terror-Einsätze und den Schutz von Seewegen spezialisiert ist – wird in die niederländische Marine integriert. 3000 Soldaten und die letzten 18 schweren Leopard-Kampfpanzer der niederländischen Armee wurden Teil der deutschen 1. Panzerdivision im niedersächsischen Bergen. Im Gegenzug wird ein deutsches Panzerbataillon einer niederländischen Brigade unterstellt.[160]

Über diese Initiativen und Überlegungen ist Merkel in ihrer Straßburger Rede nicht hinausgekommen. Dort, wo sie hätte konkreter werden können, begab sie sich ins Ungefähre: »Wir sollten an der Vision arbeiten, eines Tages auch eine echte europäische Armee zu schaffen.« Europa müsse sein Schicksal »ein Stück weit in die eigene Hand nehmen.«[161] Merkel warf damit mehr Fragen auf, als Antworten gegeben wurden: Was heißt »ein Stück weit«? Was heißt »eines Tages«? »Was heißt »echte«? Um die Frage »Und die NATO?« im Keim zu ersticken, fügte Merkel hinzu, dass dies »keine Armee gegen die NATO« sein solle. Und weil Europa »mehr als 160 Verteidigungssysteme beziehungsweise Waffensysteme« habe und die Vereinigten Staaten von Amerika nur 50 oder 60 hätten, schlug sie vor, an einer gemeinsamen Entwicklung von Waffensystemen innerhalb Europas und an einer gemeinsamen Rüstungsexportpolitik zu arbeiten. Da ist manch Wahres dran. Nur: Warum ist es aber bisher nie konsequent betrieben worden, entsprechende Systeme zu vereinheitlichen? Warum konnte zum Beispiel die Luftwaffe im Mai 2013 die Luftbetankung französischer Kampfflugzeuge nicht übernehmen? Der Grund: Die Tankstutzen passten nicht in die Tanköffnungen der französischen Kampfflieger. Und wie kann es heute noch sein, dass es in der EU 17 Panzermodelle, 26 verschiedene Haubitzen und 29 Schiffstypen gibt?[162]

Völlig offen bliebt sowohl bei Macron als auch Merkel, wie eine solche europäische Armee aussehen könnte. Ob es sich um eine Armee Europas oder der EU handelt. Wie es mit EU-Mitgliedern aussieht, die keine NATO-Mitglieder sind, wie etwa Österreich, Schweden, Finnland, Irland, Zypern. Oder wie es um NATO-Mitglieder steht, die keine EU-Mitglieder sind, wie etwa die strategisch enorm wichtigen Länder Norwegen, Island und Türkei. Ob all dies auf parallele Kommandostrukturen – hier NATO, dort europäische Armee – hinausläuft. Wie sich ein Europäischer Sicherheitsrat zum Weltsicherheitsrat verhalten sollte. Es wäre anzusprechen gewesen, wie es um eine europäische Armee nach dem Brexit steht und was es bedeutet, wenn die Briten ihre »special relationship« zu den USA vertiefen werden, unter anderem auch, was Rüstungsprojekte betrifft.

Und nach dem Brexit?

Der Brexit zeigt jedenfalls, dass sich auch Großbritannien föderalistischen Vorstellungen einer europäischen Verteidigung widersetzt. General Michael Jackson sagte: »Ich habe meiner Königin und allen Nachfolgern einen Treueid geschworen – nicht der ständig rotierenden EU-Präsidentschaft in Brüssel.«[163] Insofern würde jede weitere militärische Integration die Briten weiter von der EU wegführen. Der NATO droht damit hinsichtlich Einsatz und Rüstung weitere Spaltung. Es sollte zudem nicht übersehen werden, dass die Armeen Frankreichs und Großbritanniens die stärksten innerhalb der EU sind – nicht nur, aber auch weil sie Atommächte sind. Wenn die Briten tatsächlich aus der EU austreten, könnte womöglich eine der beiden einsatzfähigsten EU-Armeen ein für alle Mal draußen bleiben aus der am 11. Dezember 2017 beschlossenen Europäischen Sicherheits- und Verteidigungsunion (ESVU). Wenigstens hier den Briten ein Angebot zu machen und sie zum Mitmachen zu gewinnen, wäre überfällig gewesen.

Denn ohne Briten werden die Franzosen in einer europäischen Armee der Koch und alle anderen Mitgliedsstaaten die Kellner sein. Auch die Deutschen wären Kellner, obwohl Deutschland das bevölkerungsreichste und wirtschaftsstärkste Land der EU ist. Dass Frankreich die Führungsrolle übernehmen würde, hat mit dem Selbstverständnis der »Grande Nation« zu tun. Auch mit der gewachsenen Aversion der Franzosen, Souveränität abzutreten, und mit deren Misstrauen gegenüber dem latenten Pazifismus der Deutschen.

Frankreichs Interessen

Es kommen zwei sehr handfeste Interessen hinzu, von denen die Franzosen nie auch nur einen Deut abweichen würden. Erstens: Die Franzosen sind Atommacht. Ihre atomare Stärke rangiert – wenn auch mit deutlichem Abstand hinter den USA und Russland – immerhin auf Rang 3 zusammen mit Großbritannien und China. Die Force de frappe – also die vermutlich 200 bis 300 Atomsprengköpfe mit dem atomgetriebenen Flugzeugträger »Charles de Gaulle«, atomgetriebenen U-Booten und interkontinentalen Trägerraketen – würden sie nie teilen wollen. Weder Macron noch ein x-beliebiger Nachfolger würde die französische Nuklearmacht einem EU-Kommando unterstellen. Zum Dissens bezüglich der Abgabe von Souveränitätsrechten kämen zahlreiche weniger wichtige Punkte hinzu: Eine Harmonisierung der EU-Armeen in Fragen der Arbeitszeitordnung, der Beteiligungsrechte sowie des Disziplinar- und Strafrechts scheint so aussichtslos wie der Bau europäischer Flugzeugträger.

Bezeichnend ist, dass in der Vision Stratégiquevon Frankreichs Generalstabschef François Lecointre weder NATO noch EU eine Rolle spielen. Abgesehen davon, dass schon ein Mitverfügen der Deutschen über Atomwaffen erneut ein Grund wäre, Deutschland innenpolitisch zu zerreißen. Das war bereits zu sehen, als der damalige Verteidigungsminister Franz Josef Strauß (unterstützt von Konrad Adenauer) in den Anfangsjahren der Bundeswehr die Idee einer Bewaffnung mit Atomwaffen verfolgte. Die Gegenkräfte sind seither garantiert nicht geringer geworden.

Und zweitens: Die Franzosen sind Flugzeugbauer. Sie sind nicht nur an transnationalen Rüstungsprojekten wie dem A400-Transporter maßgeblich beteiligt. Mit ihrer Rafale (frz. für Böe, Windstoß) von Dassault Aviation haben sie zudem ein konkurrenzfähiges Gegenstück zum Eurofighter. Die Franzosen gehen hier nicht nur solidarisch und gemeinnützig zu Werke. Sie achten schon sehr darauf, dass ihre eigene Flugzeugindustrie am Laufen gehalten wird, zum Beispiel eben der allein in französischer Hand befindliche Dassault-Aviation-Konzern als Hersteller von Geschäftsflugzeugen und Militärmaschinen wie Rafale beziehungsweise früher Mirage oder Alpha Jet. Auch über diese Schiene werden sich die Franzosen eine Mitgliedschaft an einer ESVU in Form von Waffenlieferungen an die Partner gut bezahlen lassen.

Sie hätten jedenfalls die Nase weit vorne in einer – im Moment höchst fiktiven – europäischen Armee, denn sie haben sich innereuropäisch in der Sicherheits- und Militärpolitik einen deutlichen Vorsprung erarbeitet. Frankreich ist anscheinend kein so postpatriotisches und postheroisches Land wie Deutschland, das alles Militärische marginalisiert. Unsere Rüstungsindustrie ist zu einem Schattendasein verdammt, noch dominierende Firmen wie Krauss-Maffei Wegmann (Leopard) begeben sich in französische Partnerhände, Airbus-Militär bringt keinen Tornado-Nachfolger mehr zustande, ganz abgesehen davon, dass auch bei Airbus die Franzosen entscheidende Spieler sind. Den Tornado-Nachfolger wird folglich ein französisch dominiertes Konsortium um Dassault Aviation entwickeln und bauen. Die einzige Alternative für die Deutschen wäre ein Kauf in den USA, was von der deutschen Luftwaffe präferiert wird. Das aber will die deutsche Politik, wie im Kapitel III dargestellt, hoffentlich nicht.

Wenn sich die Briten also europäisch zurücknehmen und sich die Deutschen sicherheitspolitisch wie seit Jahrzehnten ganz hinten einreihen, sind die Franzosen die entscheidende Führungsnation. Reicht das, um den militärisch expandierenden Chinesen und Russen zu begegnen? Da die Deutschen aber auch nicht als bloße Befehlsempfänger der US-Amerikaner dastehen wollen, bleibt nichts anderes übrig, als Frankreich als tonangebend zu akzeptieren.

Es ist insofern vor allem der Neuen Züricher Zeitung (NZZ) im Gegensatz zur deutschen Presse vorbehalten, Merkels Straßburger Auftritt als »trostlos« und ihre »Vision« als »Symbol für Ideenlosigkeit« sowie als »Fata Morgana« zu zerpflücken. In der NZZ vom 13. November 2018 schrieb Peter Rásonyi, die Vision Merkels komme daher wie ein Deus ex Machina im antiken Theater. Wenn auf der Bühne, in diesem Fall der EU, nichts mehr gehe, werde – wie hier mit einer »europäischen Armee« – eine neue, ins Geschehen eingreifende Gottheit eingeführt. Das sei aber ein großes Ablenkungsmanöver mit einer »Prise Anti-Trumpismus«, denn die entscheidenden Fragen blieben ausgeblendet: Was wäre der Einsatzauftrag dieser Armee? Wie könnten parallele Strukturen in der NATO funktionieren?[164]

In einem Gastbeitrag für die Süddeutsche Zeitung vom 17. Dezember 2018 nannte Rudolf Adam, 2004 bis 2008 Leiter der Bundesakademie für Sicherheitspolitik, die Vorstellung einer europäischen Armee eine »Vision, die in die Irre führt«. Adam wies darauf hin, dass die EU in folgenden Konfliktfällen keinerlei Rolle spielte: Irak-Krieg, Intervention in Libyen, Nahost-Konflikt, gegenüber Russland oder China. Europa könne militärisch sein Schicksal nicht in die eigene Hand nehmen, weil es an den Werkzeugen dafür fehle.[165] Und es sei hinzugefügt, ganz entscheidend am politischen Willen und an einer staatlichen Souveränität der EU.

Faktor USA

Die USA orientieren sich nicht erst seit Trump neu. Sein Vorgänger Obama hatte bereits eine strategische Neuausrichtung auf den Asien- und Pazifik-Raum angekündigt. Auch sonst sind die USA rund um den Globus gut beschäftigt. Allein deshalb müssen sich die Europäer – endlich mit etwas mehr Dynamik – um sich selber kümmern. Das heißt nicht, dass sich Europa militärisch und strategisch von den USA abnabeln kann. Es ist aber durchaus auch im amerikanischen Interesse, dass sich die europäischen Länder besser aufstellen. Die USA sollten dabei als letzter Garant der Sicherheit Europas erhalten bleiben, es gibt für Europa in absehbarer Zeit keine Alternative zur NATO. Insbesondere die osteuropäischen EU-Mitglieder warnen davor, die Bindung an die USA zu lockern; sie haben zur NATO mehr Vertrauen als zur EU. Das fehlende Vertrauen gilt an dieser Stelle in Sonderheit Deutschland.

Eine europäische Armee liegt realistisch betrachtet in weiter Ferne. Nicht zuletzt, weil eine europäische Armee eine europäische Regierung voraussetzt. Die maßgeblichen EU-Länder sollten daher auf dem Teppich bleiben und eine Armee der Europäer anstreben statt einer europäischen Armee. Nicht zuletzt auch, weil jeder Einsatz einer europäischen Armee mit dem deutschen Parlamentsvorbehalt kollidieren würde. Zugespitzt: Ein französischer Staatspräsident kann quasi von einer Stunde auf die andere einen Luftangriff auf feindliche Ziele anordnen. Eine Parlamentsarmee deutscher Ausprägung ist hier gewollt schwerfällig – unzumutbar für unsere Partner. Im Sinne von mehr Flexibilität wäre hier über eine Idee Wolfgang Ischingers nachzudenken. Er plädiert für die Einrichtung eines deutschen Nationalen Sicherheitsrates nach US-Vorbild als Weiterentwicklung des Bundessicherheitsrates. Ein solcher Nationaler Sicherheitsrat, so Ischinger, sollte die Bundesregierung so beraten können, dass sie im Bedarfsfall auch militärische Einsätze anordnen kann.[166] Immerhin hat sich die neue CDU-Vorsitzende Kramp-Karrenbauer diese Idee zu eigen gemacht.[167]

Frankreich nicht verhungern lassen

Frankreich wartet seit bald zwei Jahren auf eine substanzielle deutsche Reaktion. Der Berliner Politikbetrieb beschäftigt sich jedoch mit Vorliebe mit sich selbst. Alle politischen Parteien verweigern sich jedweder Zusage, selbst die Konservativen legen die Hände in den Schoß, die Regierung bremst nach Kräften. Wenn Deutschland mit Frankreich auf dem Feld der Verteidigung voranginge, wäre allen geholfen: Europa bekäme ein Feld gemeinsamer Entwicklung zum Vorteil aller. Der alte Kontinent könnte schrittweise seine strategische Handlungsfähigkeit steigern. Zudem hätten die Deutschen einen großen Gewinn von einem starken und entschiedenen Partner, er könnte die deutsche Zögerlichkeit und Verantwortungsscheu in Teilen kompensieren. Wir müssen endlich mehr Verantwortung übernehmen, die Zeit des vornehmen Beiseitestehens ist vorbei.

Die Folgen des deutschen Aussitzens sind klar: Kaum hatte sich etwa der Rummel um den deutsch-französischen »Vertrag von Aachen« vom 22. Januar 2019 gelegt, begann es zwischen Paris und Berlin schon wieder zu knistern. Überhaupt ist Frankreichs dynamischem Staatspräsidenten Macron die EU-Trippelschritt-Politik von Kanzlerin Merkel ein Dorn im Auge. Mitte Februar 2019 reicht es nicht einmal mehr zu medienwirksamen Fotos bei der 55. Münchner Sicherheitskonferenz. Macron hatte sehr kurzfristig abgesagt. Stattdessen ließ Macrons Generalstabschef Lecointre bei einem sicherheitspolitischen Forum eine mittelschwere Bombe platzen. Er sagte klipp und klar, dass Frankreich seine nukleare Streitmacht »Force de frappe« und seine Raketen mit 8000 Kilometer Reichweite nicht in den Dienst des Schutzes anderer EU-Länder stellen wird.[168] Die Franzosen wissen sehr wohl um ihr Gewicht und lancieren diese Absicht mitten hinein in die freilich reichlich illusionäre Vision einer europäischen Armee und in den Brexit, mit dem die andere westeuropäische Nuklearmacht aus der EU ausschert.

Deutschland ist einmal mehr auf die Zuschauerränge verbannt. Ziemlich ohnmächtig wird Berlin zusehen müssen, wie es mit den INF- und START-Abkommen weitergeht. Hinauskatapultiert hat sich Deutschland auch, weil es sich bei Rüstungsexporten nicht mit den Franzosen hat einigen können.

Eine Hinhaltetaktik namens PESCO

Sonntagsreden und unverbindliche Deklarationen über die Weiterentwicklung europäischer sicherheitspolitischer und militärischer Strukturen helfen nicht weiter. Einen PESCO-Vertrag zu schließen und dann finanziell nicht zu unterlegen,[169] ist die typisch deutsche »Wasch mir den Pelz und mach mich nicht nass«-Lösung. Die Regierung verhandelt einen Fahrplan für einen abgestimmten Rahmen mit den europäischen Partnern, wonach ein Aufbau gemeinsamer militärischer Fähigkeiten erfolgt. Die erforderlichen Haushaltsmittel werden aber nicht eingeplant.

Das prinzipielle Muster hinter dieser Vorgehensweise erkennen inzwischen auch unsere Partner: Die Deutschen haben es gerne, wenn möglichst viele Nationen um den Tisch versammelt sind. Mit ihnen kann ein wohlklingender Vertrag mit hehren Absichten geschlossen werden, hinter der absehbar entstehenden Uneinigkeit in der Umsetzung man sich wunderbar verstecken kann. Ein schlagkräftiges Militär, wie es unsere französischen Freunde anstreben, scheut unsere Regierung allem Anschein nach wie der Teufel das Weihwasser. Ansonsten könnte Deutschland ja auch mit Frankreich zusammen nach der EIF-Initiative* die geforderten Interventionskräfte aufstellen.

Das hätte den Vorteil, dass die Briten mit dabei sein könnten, weil dafür eine EU-Mitgliedschaft nicht Bedingung ist. Stattdessen halten wir lieber die Franzosen wie alle anderen mit PESCO hin und entfalten alle möglichen diplomatischen Initiativen. Das Mantra vom Multilateralismus wirkt als Schlaftablette der eigenen Bevölkerung wie den Partnern gegenüber. Im Verfassen diplomatischer Noten und dem Abhalten großer Konferenzen sind wir Spitze, in praktischer Politik, die auf Ergebnisse abzielt, hapert es gewaltig. Die Deutschen sind die Bremser schlechthin in allen strategischen und militärischen Belangen sowohl innerhalb wie außerhalb der EU. Mal sehen, wie lange das noch gut geht, denn die Welt ist durchaus gefährlich und wartet nicht auf die realitätsfremden deutschen Weltverbesserer.

Synergien sinnvoll nutzen

Wir brauchen Nationalstaaten, aber mehr Europa dort, wo nationalstaatliches Handeln an Grenzen stößt, wie in der Außen- und Sicherheitspolitik. Die europäische Einigung ist allerdings eine Schnecke, die auch auf lebenswichtigen Feldern kaum vorankommt. Wo bleibt die deutsche Kanzlerin, die in einem bayerischen Bierzelt verkündet hat: »Die Zeiten, in denen wir

---

* European Intervention Force.

uns auf andere völlig verlassen können, sind ein Stück weit vorbei. Europa muss sein Schicksal selbst in die Hand nehmen!«[170] Der Macron-Vorschlag einer »gemeinsamen Interventionstruppe« für Kriseneinsätze böte »mehr Europa«. Derartige Kräfte könnten zum wachsenden Kern einer europäischen Sicherheitsstruktur werden. Voraussetzung dafür ist die an anderer Stelle beschriebene Verständigung über einen gemeinsamen Oberbefehl und eine Angleichung der politischen Entscheidungsmechanismen. Neben machtpolitischen Aspekten könnte eine derartige Truppe auch aus dem EU-Haushalt finanziert werden und würde die Partnerstaaten in der Gesamtbilanz entlasten, weil nur anteilige Beiträge fällig würden.

Folgerung

In einem ersten Schritt sollten EU-Militärmissionen aus dem EU-Haushalt finanziert werden. Alle Staaten würden nach ihrem Beitragsschlüssel herangezogen, eine neue Gemeinschaftsaufgabe könnte laufen lernen. Nachdem die EU-Kommission immerhin schon 2017 einen europäischen Verteidigungsfond zugunsten der Entwicklung von Rüstungsgütern vorgestellt hat, wäre dies ein logischer nächster Schritt.

Anstatt Machbares konkret zu verfolgen, fordert der deutsche Außenminister Maas die Gründung eines Europäischen Sicherheitsrates.[171] Dass eine derartige Einrichtung nur funktionieren würde, wenn vom Einstimmigkeitsprinzip abgewichen wird, sieht er zwar auch, dass sich aber Italien, Frankreich oder gar Deutschland in außen- und sicherheitspolitischen Grundfragen überstimmen lassen würden, glaubt er vermutlich selber nicht.

Die Europäer geben kaum weniger als die USA für ihre Verteidigung aus, erzielen aber nur einen Bruchteil von deren Wirksamkeit. Mit wenigstens teilgemeinsamen Lösungen könnten immense Ausgaben eingespart und erforderliche Fähigkeiten aufgebaut werden. Eine gemeinsame europäische Armee wird es aber so lange nicht geben, wie es keine gemeinsame Außen- und Sicherheitspolitik gibt, die diesen Namen auch verdient. Sollten die USA als strategischer Rückhalt tatsächlich ausfallen, wer übernimmt dann unsere Rückversicherung?

Folgerung

In Teilbereichen muss die nationale Souveränität eingeschränkt werden, damit Europa handlungsfähig wird. Der sicherheitspolitische und militärische Flickenteppich ist europäisch so überholt wie national der Föderalismus beim Verfassungsschutz. Nötig ist ein zwar teures, aber breites Instrumentarium, das durch Synergieeffekte bezahlbar wird. Dazu gehört auch die enge Verbindung mit einem zweitschlagsfähigen Atomwaffenstaat, um in unsicheren Zeiten überleben zu können.

KAPITEL VII

Deutsche Sonderwege

»Parlamentsarmee«

In jedem demokratischen Staat ist die Armee Bestandteil der Exekutive, sie oder zumindest ihr Einsatz wird vom Parlament kontrolliert. Die Deutschen jedoch versuchen als einzige Nation, das Gegenteil zu suggerieren: Die Bundeswehr sei eine Parlamentsarmee, die Regierung habe sich zu ihrem Einsatz an den Bundestag zu wenden. Bei Gefahr in Verzug kann die Bundesregierung allerdings auch einen Einsatz anordnen, der dann im Nachhinein vom Parlament gebilligt werden muss.

Die Grundlage für diesen Sonderweg einer Parlamentsarmee lieferte das Bundesverfassungsgericht. Streitpunkt war die Beteiligung der Bundeswehr an einer VN-Mission in Somalia. Das BVerfG hatte am 12. Juli 1994 in seinem Urteil zur Verfassungsmäßigkeit von Einsätzen der Bundeswehr im Ausland verfügt, dass ein Parlamentsmandat vorliegen müsse. Auslöser für diesen Entscheid waren Unfähigkeit und Unwilligkeit der Politik, im normalen parlamentarischen Verfahren eine Regierungsentscheidung zum Auslandseinsatz der Streitkräfte durch das Parlament kontrollieren zu lassen – so, wie es alle anderen demokratischen Staaten auch tun. Nicht das Grundgesetz macht die Bundeswehr zur Parlamentsarmee, sondern ein Gerichtsentscheid, auf dessen Grundlage so getan wird, als habe unsere Armee ein Heer von Bundestagsabgeordneten als Oberbefehlshaber.

Dem ist aber nicht so. Im Frieden ist der Verteidigungsminister Inhaber der Befehls- und Kommandogewalt, im Krieg oder Spannungsfall der Bundeskanzler. So will es das Grundgesetz. Der deutsche Sonderweg »Parlamentsarmee« mit seinen hemmenden Abläufen in Bezug auf einen Einsatz der Bundeswehr wurde von der Politik bewusst zu einem Verzögerungsfaktor ausgebaut, um nicht die gleichen Risiken wie die Partner tragen zu müssen.

Völlig verquer ist in Deutschland, dass sich die Regierung hinter dem Parlament versteckt, um nicht Militäreinsätze befürworten zu müssen, die vielleicht unpopulär sind. »Das ist mangelnde Führung«, so Ex-Verteidigungsminister Volker Rühe in der Diskussion um die Folgen der von ihm geleiteten Kommission zur Änderung des Parlamentsvorbehalts.[172] Im Übrigen hat das Parlament bei 138 Anträgen der Bundesregierung seit 1994 auf einen militärischen Einsatz noch kein Mandat abgelehnt.[173] Dafür wird allerdings auch der Dauerkuhhandel gesorgt haben, der die Bundeswehreinsätze und deren Detailregelungen zwischen Regierung und Bundestag begleitet.

Nach Volker Rühe müsse die deutsche Öffentlichkeit lernen, dass »integrierte europäische Einheiten und ihre militärischen Fähigkeiten nicht einem Volk allein gehören«. Er sieht in der heutigen Lage ein Versagen der Bundesregierung, namentlich seiner seit 2005 regierenden Parteikollegin Angela Merkel. Als serbische Milizen 1992 Sarajevo einkesselten und beschossen, »haben wir deutsche Tornados ... mit scharfen Raketen eingesetzt«. Seit 2005 wolle die Regierung nur noch Flugzeuge mit Kameras entsenden. Rühe ist regelrecht empört: »Wir schützen unsere eigenen Soldaten nicht.«[174]

Mit der verfehlten Zuordnung der Streitkräfte soll vernebelt werden, dass auch unsere Streitkräfte ein Wirkmittel der Exekutive sind, sie können nicht die eines Parlaments sein. Unsere Legislative hat mit der Bundeswehr so viel zu tun wie mit jeder anderen Exekutivorganisation auch: Der Bundestag entscheidet über die gesetzlichen Rahmenbedingungen einschließlich Haushalt, der Einsatz der Armee hingegen ist Sache der Regierung, die wiederum vom Parlament kontrolliert wird. Es ist an der Zeit, den deutschen Sonderweg Parlamentsarmee zu beenden, anstatt ihn gebetsmühlenartig zu wiederholen. Davon unbenommen ist die grundgesetzliche Regelung, dass der Bundestag den Spannungs- und Verteidigungsfall feststellt.

Deutschland braucht keinen speziellen Parlamentsvorbehalt. Das ist eine Scheinlösung. Derartige Mechanismen sind in der heutigen schnelllebigen Zeit eher hinderlich. Und was sagt die Regierungspartei SPD dazu? »Wenn sie [von der Leyen] darauf abzielt, Kompetenzen des Bundestags an das Europäische Parlament zu übertragen, denken wir in eine ähnliche Richtung. Aber eine Einschränkung des Parlamentsvorbehalts wird es mit der SPD nicht geben«, so der SPD-Politiker Niels Annen, damaliges Mitglied in der Rühe-Kommission.[175] So ist es kein Wunder, dass Außen- und Verteidigungsministerium in zwei verschiedenen Welten leben. Von der Leyen lässt immerhin gelegentlich anklingen, dass Partnernationen die gleichen Risiken zu tragen hätten. SPD-Politiker sind anscheinend demgegenüber für die deutschen Friedensbotschaften zuständig.

An dieser Stelle müsste eigentlich der Wähler sprechen und den fehlgeleiteten Politikern sagen, sie mögen endlich aufhören mit ihren deutschen Sonderheiten, unsere Partner würden das mindestens genauso gut machen wie wir. Die Wähler werden aber von interessierter Seite wie auch den Medien so verunsichert, dass sie zu falschen Schlussfolgerungen kommen – auf Kosten der äußeren Sicherheit der Bundesrepublik Deutschland und der Bündnispartner. Die adoleszenten Deutschen verhindern, dass Europa erwachsen wird und die in unserem nachhaltigen Interesse liegende Rolle in der Welt zugunsten von Demokratie, Rechtsstaatlichkeit und freiem Welthandel wahrnehmen kann.

Innere Führung – nach wie vor einmalig oder überholt?

Zu den prägenden Leitbildern der Bundeswehr gehört das Prinzip »Innere Führung« (IF). Dieses Prinzip atmet den Geist von Himmerod (siehe Kapitel IV) und gilt als Führungs- und Unternehmensphilosophie der Bundeswehr, es ist sozusagen die Übertragung des Grundgesetzes auf die Bundeswehr. Mit IF verbindet sich das Bild vom »Staatsbürger in Uniform«, der den Werten und Normen des Grundgesetzes verpflichtet ist.

Es soll damit das Prinzip »Befehl und Gehorsam« eingehegt werden, denn ohne Bezüge zur demokratischen, rechtsstaatlichen Grundordnung wäre ein Soldat Söldner. Der »Staatsbürger in Uniform« aber soll ein mitverantwortliches Subjekt sein, das nicht aus einem Untertanengeist heraus gehorcht. Die IF soll zudem sicherstellen, dass jeder Soldat, egal welchen Ranges, durch die Kraft des Rechts auch vor der Macht des eigenen Staates geschützt wird. Der Vorgesetzte wurde neu definiert und 1957 ein Wehrstrafrecht eingeführt, das der militäreigenen Gerichtsbarkeit (Truppendienstgerichte) mit dem Bundesverwaltungsgericht eine zivile Krone aufsetzte. Das individuelle Recht auf Kriegsdienstverweigerung aus Gewissensgründen war schon 1949 mit dem Grundgesetz fixiert worden.

Die Innere Führung lebt; dafür sind mehrere Einrichtungen und Instrumente geschaffen worden:

Bereits 1956 wurde die Schule der Bundeswehr für Innere Führung in Dienst gestellt, 1981 in »Zentrum für Innere Führung« (ZInFü) umbenannt. Dort geht es vor allem um Themen wie Menschenführung, Recht, Betreuung und Fürsorge bis zur interkulturellen Kompetenz, Ethik und internationale Kooperationen.

1958 wurde vom damaligen Verteidigungsminister Franz Josef Strauß der Beirat für Fragen der Inneren Führung als Beratergremium mit Vertretern aus allen relevanten gesellschaftlichen Bereichen eingerichtet.

2013 wurden dem ZInFü weitere Aufgaben übertragen, etwa die Bereiche »Beauftragter für Erziehung und Ausbildung des Generalinspekteurs der Bundeswehr« und »Innere und Soziale Lage«.

Seit 2014 führt das ZInFü truppendienstlich das Zentrum für Militärgeschichte und Sozialwissenschaften der Bundeswehr in Potsdam (ZMSBw) und das Militärhistorische Museum in Dresden und Berlin-Gatow. Im ZMSBw werden zum Beispiel im Sinne der Prinzipien der Inneren Führung die Inhalte der historischen und politischen Bildung bearbeitet.

Hohe Bedeutung kommt dem 1959 erstmals berufenen Wehrbeauftragten des Bundestages zu. Er hat Verfassungsrang: Nach Artikel 45b des Grundgesetzes wird er »zum Schutz der Grundrechte und als Hilfsorgan des Bundestages bei der Ausübung der parlamentarischen Kontrolle« berufen.

Teil der Etablierung des IF-Konzepts sind seit 1973 auch die Universitäten der Bundeswehr in Hamburg und München.

»Innere Führung« ist bei uns zu einem Grundprinzip geworden, ein Exportschlager wurde jedoch nicht daraus: Zwar war das Interesse befreundeter Armeen durchaus vorhanden, aber übernommen hat es keine von ihnen.

Und auch innerhalb der Bundeswehr scheint die IF nicht unumstritten zu sein. So berichtet etwa die »Zeitschrift für Innere Führung« (iF) in ihren Ausgaben 1/2015 und 1/2018 von einer Befragung des Zentrums für Militärgeschichte und Sozialwissenschaften unter rund 7000 Soldaten aus dem Jahr 2013. Eine der Fragen lautete: »Wie ist alles in allem Ihre Einstellung zur Inneren Führung?« Darauf antworteten mit »Positiv / eher positiv«: 44 Prozent der Mannschaften, 42 Prozent der Unteroffiziere o.P., 60 Prozent der Unteroffiziere m.P.*, 77 Prozent der Offiziere und 83 Prozent der Stabsoffiziere. Verkürzt interpretiert: Bei Führern ist Innere Führung eher ein Thema als bei Geführten.

Kritik an der Inneren Führung

Das Konzept der Inneren Führung hat sich im Prinzip bewährt, dennoch gibt es Kritik – vor allem mit Blick auf die Armee im Einsatz. Kritik wird vor allem laut an der Ausbildung des Führungspersonals: Sie sei zu theoretisch und auf das Administrative ausgerichtet, sie sei keine realistische Ausbildung in Menschenführung.

Dazu kommt, dass Innere Führung bis hinauf in die Spitze der Bundeswehr nicht immer qua Vorbild erlebbar gemacht wird: Wenn im November 2009 von einem Verteidigungsminister zu Guttenberg ohne Anhörung ein Staatssekretär (Peter Wichert) und ein Generalinspekteur (Wolfgang Schneiderhan) entlassen werden; wenn ein Verteidigungsminister de Maizière 2013 seinen Soldaten sagt: »Hört einfach auf, dauernd nach Anerkennung zu gieren!«; wenn eine Verteidigungsministerin von der Leyen 2017 der Bundeswehr ein »Haltungsproblem« meint attestieren zu müssen und »Säuberungs- und Reinigungsprozesse« einleitet … Dann steht ein solches Verhalten für das Gegenteil von Innerer Führung.

---

* o.P./m.P.: ohne/mit Portepee.

Tatsächlich ist für eine Armee im Einsatz grundsätzlich zu fragen, inwieweit eine an den Prinzipien der Inneren Führung ausgerichtete Grundorientierung von Soldaten für einen Kampfeinsatz geeignet und die IF nicht zu sehr an zivilgesellschaftlichen Normen orientiert ist.

Der Zwiespalt liegt darin, dass die Gesellschaft eine friedliche Grundhaltung erwartet, andererseits die Soldaten ihr Militärhandwerk im Fall des Falles aber erfolgreich anzuwenden haben. Für die Staatsbürger in Uniform stellt sich damit die Frage, ob in der Politik und im kollektiven Bewusstsein der Deutschen tatsächlich präsent ist, wofür wir Streitkräfte haben. Mit dieser Diskrepanz wird der Soldat – obwohl »Staatsbürger in Uniform« – zu einem Fremdkörper. Es scheint vergessen zu sein, dass es keine Demokratie, keinen Rechtsstaat, keine staatliche Souveränität gibt ohne ein Militär, das all dies schützt.

Ein junger Major i.G.,[*] Marcel Bohnert, hat diese Diskrepanz ausgeleuchtet. Zusammen mit anderen jüngeren Offizieren veröffentlichte er 2014 die Schrift »Armee im Aufbruch«. Zur Gedankenwelt junger Offiziere in den Kampftruppen der Bundeswehr. Die Autoren wenden sich darin unter anderem gegen ein Übermaß an Beteiligungsrechten; sie fordern für die Bundeswehr »Professionalisierung statt Politisierung«. Im Jahr 2017 ließ Bohnert eine weitere Schrift – er nennt sie Streitschrift – folgen.[176] Er bezeichnet die Innere Führung als Beispiel für einen deutschen Sonderweg. Kernthema ist die Frage, inwieweit eine friedliche geistige Grundorientierung von Soldaten dazu geeignet ist, in einem Kampfeinsatz zu tragen. Seiner Auffassung nach sind andere, verbündete Armeen im Auslandseinsatz auch ohne Innere Führung einsatzfähig, oft sogar einsatzfähiger als die Bundeswehr.

Vor allem ist Bohnert der Überzeugung: »Soldatinnen und Soldaten kämpften weniger für die politische Dimension ihres Auftrages als für die Kameradinnen und Kameraden an ihrer Seite.«[177] Eine solche Kameradschaft ist nach einer Umfrage des SoWi-Institutes der Bundeswehr für 90

---

[*] i.G.= »im Generalstab«, ist eine Zusatzbezeichnung für Offiziere (kein Dienstgrad) ab dem Dienstgrad Hauptmann, die einen Generalstabslehrgang absolviert haben oder als Generalstabsoffiziere verwendet werden.

Prozent der Soldaten ein wichtiger Grund für ihre Teilnahme am Afghanistan-Einsatz. Trotz aller Belastungen, Entbehrungen und Gefahren insbesondere in kämpfenden Truppenteilen sei hier eine hoch ausgeprägte Berufszufriedenheit festzustellen. Dennoch habe sich demgegenüber bei vielen Soldaten das Gefühl eingestellt, zwar den Kopf hinhalten zu müssen, aber von der Politik und der deutschen Öffentlichkeit nicht ausreichend wahrgenommen zu werden. Verhaftet in den Denkmustern der Friedensarmee würden Kampfeinsätze in der gängigen friedensgesellschaftlichen Logik wie ein Tabubruch angesehen. Folge sei unter anderem, dass Großgerät wie Panzer und Schützenpanzer nicht wie erforderlich in den Einsatz geschickt wurde.[178] Es dürfte nicht sein, dass sich Einsatzsoldaten selbst für ihr Handeln rechtfertigen müssen.

Wenn dies zutrifft, stellt sich zudem die Frage, was die zahlreichen Politikerbesuche im Einsatz an Wert haben. Außer Spesen nichts gewesen, steht zu vermuten, denn die Probleme vor Ort werden von den Besuchern nicht ausreichend wahrgenommen. Wenn es allerdings am Mut zu Offenheit und Ehrlichkeit gegenüber Politikern und höheren Vorgesetzten fehlt, machen die verantwortlichen Offiziere im Einsatz oft nicht wie geboten den Mund auf. Sind das die Rückwirkungen davon, wenn kritische Meinungsäußerungen unterdrückt werden und Generale ohne Angabe von Gründen in den einstweiligen Ruhestand versetzt werden?

Das Bemühen, die Bundeswehr als attraktiven Arbeitgeber darzustellen, dem Soldatenberuf jegliches heroische Pathos abzuerkennen, erzeuge ein »verzerrtes Bild der Streitkräfte und berge die latente Gefahr, auf lange Sicht zur Schwächung der Bundeswehr beizutragen. Die zu beantwortende Grundfrage der Personalgewinnung muss bleiben, warum junge Menschen sich dafür entscheiden sollten, ›im Frieden in den Krieg zu ziehen‹‹.[179] Bohnert beklagt zudem zu Recht, dass es keine militärwissenschaftlichen Forschungsfakultäten an den Universitäten der Bundeswehr gibt. Es sei hinzugefügt: Immerhin leistet sich unser Land über 220 Professuren zur Ideologie des »Gender Mainstreaming«.

Als äußerst kritisch wird auch die öffentliche Zurückhaltung der hohen militärischen Führung gesehen, die ihr den Ruf der »schweigenden Generalität« eingebracht hat. Diese Zurückhaltung beruhe wohl vor allem auf »einer dem Karriereverlauf dienlichen Systemkonformität«. Generale und Admirale sind daran zu erinnern, dass sie gegenüber der politischen Leitung das starke Mittel ihres eigenen Rücktritts haben. »Wenn (allerdings) das Militär in der Praxis (...) Mechanismen unterliegt, in denen Anpassungsverhalten (...) eher honoriert wird als kritische Interventionsbereitschaft, kann nicht ernsthaft von einer Realisierung des Staatsbürgers in Uniform ausgegangen werden«, so Marcel Bohnert.[180]

In Bezug auf die Beteiligung von aktiven Soldaten und Veteranen am öffentlichen Diskurs bemängelt Bohnert auch zu Recht den eklatanten Widerspruch zwischen der Offenheit in der Kommunikation, wie sie das Weißbuch 2016 fordert, und der gelebten Wirklichkeit: Weil es gerade auch im Verteidigungsministerium an Transparenz und Diskussionsbereitschaft mangelt, werden Interna immer häufiger an die Öffentlichkeit »durchgestochen« – und das nicht immer zum Vorteil des Ansehens der Bundeswehr.

Innere Führung beim Umgang mit Regelabweichungen

Zur Inneren Führung gehört die Frage, wie mit Regelabweichungen umgegangen wird. Damit ist nicht gemeint, Soldaten mit radikalen Ansichten zu tolerieren. Jeder Soldat lernt aber schnell, dass eine Armee nur dann funktioniert, wenn formale Regelwerke Spielräume bieten. Die Soziologie spricht hier von einer »brauchbaren Illegalität«, die in allen Organisationen anzutreffen ist. »Nicht stupides Durchsetzen der von oben verordneten formalen Erwartungen ist Führungsstärke, sondern kluges (...) Urteilen mit Blick auf die Frage, wo die Grenze zwischen brauchbaren Informalitäten und für die Armee schädlichen Informalitäten liegt«, so Stefan Kühl.[181]

Die Frage der Zulässigkeit von Regelabweichungen wurde akut mit den von den Medien hochgespielten »Skandalen« der letzten Jahre. Dass übertriebene Aufnahmerituale abzustellen sind, liegt auf der Hand. Wenn aber jede Härte in der Ausbildung pauschal unter Missbrauchsverdacht, die Truppe gar generell unter Extremismusverdacht gestellt wird, untergräbt dies die Funktionsfähigkeit der Bundeswehr und damit die Sicherheit unseres Landes. Reflexartig reagiert die militärische Führung und greift hart durch: Die Verantwortlichen wissen, was von der politischen Leitung und von den Medien erwartet wird. Die bereits an anderer Stelle thematisierte Verunsicherung des Führungspersonals hat auch dort ihre Ursache.

Denn militärische Vorgesetzte müssen bei Kleinigkeiten befürchten, dass ihre Untergebenen sich bei Konflikten an übergeordnete Kontrollinstanzen wenden. Eine Unterminierung der Autorität der Vorgesetzten ist die Folge. Das birgt die Gefahr, dass das Gespür dafür verloren geht, welche Abweichungen von den Regeln punktuell geduldet werden können und welche nicht. Jeder Vorgesetzte braucht einen Ermessensspielraum, sonst kann das gebotene Maß an Verantwortlichkeit nicht zum Tragen kommen.

Konstruktive Vorschläge statt überzogener Kritik

Grundsätzlich hat sich die Innere Führung durchaus bewährt. So manche Kritik daran ist überzogen. Allerdings befindet sich die Bundeswehr mit Tausenden von Soldaten im Einsatz, das ist eine neue Lage. Dabei erwecken Schlagzeilen wie die auf einer Titelseite der »Zeitschrift für Innere Führung« (Heft 2/2017) »Innere Führung hilft gegen hybride Bedrohungen« falsche Erwartungen. Ebenso daneben liegen im selben Heft so euphorische Beiträge wie »Wege aus dem Autoritarismus – Das Konzept der Inneren Führung als Unterstützung von Demokratisierungsprozessen in der arabischen Welt«.

Bleiben wir auf dem Teppich und formulieren ein paar Grundsätze für die Zukunft der Inneren Führung:

1. Innere Führung hat viel mit einem ganzheitlichen Verständnis des Menschen, des führenden und des geführten, zu tun. Hier dürfte man sich durchaus auf die Stein-Hardenbergischen Reformen im Preußen des beginnenden 19. Jahrhunderts berufen, vor allem auf die flankierenden Bildungsreformen eines Wilhelm von Humboldt, der der ganzheitlichen Bildung der Persönlichkeit Vorrang vor jeder funktionalistischen Vorstellung vom Menschen einräumte. Das gilt gerade auch für den Bereich politischer, historischer und ethischer Grundbildung. Hieran mangelt es, weil die Schulen oft Absolventen

ohne solide Grundlage entlassen. Ob die Bundeswehr unter den obwaltenden Rahmenbedingungen als »Schule der Nation« fungieren kann, darf jedenfalls bezweifelt werden.

2. Innere Führung hat mit Selbstreflexion der Führenden zu tun, nämlich zu wissen, dass der Einheitsführer in Personalunion ein Führerdual, also zugleich zwei Führungsrollen zu vereinen hat: die Rolle des aufgabenbezogenen und die des sozial-emotionalen Führers. Ferner zu wissen, dass ein Führender immer dem Führerdilemma ausgesetzt ist, das heißt, dass einerseits Vorgaben so zuverlässig wie möglich zu erfüllen sind, andererseits Spielräume verfügbar sind.
3. Innere Führung ist eine Frage der Ressource Zeit. Oder einfacher: Innere Führung ist erstens Kommunikation, zweitens Kommunikation und drittens Kommunikation. Konkret heißt das: Befehle müssen nicht nur nach oben gerechtfertigt werden, sondern auch nach unten; Einheitsführer müssen eine Führung der »offenen Tür« praktizieren.
4. Auch wenn dieser Grundsatz bei einer Armee mit immerhin Tausenden Soldaten im Einsatz schwer durchzuhalten ist: Eine wichtige Aufgabe der Inneren Führung besteht darin, innere Geschlossenheit zu fördern. Die Bundeswehr darf sich nicht aufsplittern lassen in »Drinnis« und »Draussis«, in Einsatzsoldaten und Soldaten ohne Einsatz.
5. Innere Führung steht und fällt mit den Prinzipien Anerkennung und Empathie: Anerkennung für das von den Soldaten Geleistete und Empathie für deren Erleben.

Innere Führung hat mit Wertschätzung zu tun – im Materiellen und vor allem auch im Ideellen. Diese Prinzipien gelten über das Ausscheiden eines Soldaten aus der Bundeswehr und ggf. über den Tod der Betreffenden hinaus.

Es geht um Anerkennung

Auch symbolische Anerkennung hat ihre Bedeutung. Insofern war es richtig, dass Verteidigungsminister Hans Apel 1980 anlässlich des 25-jährigen Bestehens der Bundeswehr das »Ehrenzeichen der Bundeswehr« gestiftet hat. Es wurde am 29. Oktober 1980 von Bundespräsident Karl Carstens genehmigt. Gut und richtig war es auch, dass Verteidigungsminister Franz Josef Jung am 13. August 2008 das neue »Ehrenkreuz für Tapferkeit« sowie Sonderformen der Ehrenkreuze in Gold und Silber für hervorragende Einzeltaten gestiftet hat. Sie wurden von Bundespräsident Horst Köhler am 18. September 2008 genehmigt: als Ehrenkreuz der Bundeswehr für Tapferkeit für Taten, die weit über das erwartbare Maß an Tapferkeit im Rahmen der Pflichterfüllung hinausgingen; als Ehrenkreuze der Bundeswehr in Gold, Silber und Bronze sowie als Ehrenmedaille der Bundeswehr für treue Pflichterfüllung und überdurchschnittliche Leistungen (nach einer Dienstzeit von sieben Monaten).

Die Anfang 2006 von Verteidigungsminister Jung gestartete Initiative, ein Denkmal für gefallene und im Dienst ums Leben gekommene Soldaten zu errichten, war ebenfalls überfällig. Zu diesem Zeitpunkt waren bereits 39 Soldaten im Ausland ums Leben gekommen. 2008/2009 folgte die Umsetzung dieser Idee. Am Bendlerblock in Berlin wurde »Den Toten unserer Bundeswehr« ein Ehrenmal errichtet. Gewürdigt werden damit die seit Gründung der Bundeswehr mehr als 3200 militärischen und zivilen Angehörigen der Bundeswehr, die im Dienst ihr Leben verloren. Ihre Namen sind dort in Bronzeplatten eingraviert. Die Frage des Standortes wurde heftig diskutiert. Der Bendlerblock war die offenbar einzig konsensfähige Variante. Besser, weil sichtbarer, wäre ein Denkmal in der Nähe des Reichstagsgebäudes und damit des Bundestages gewesen, ganz im Sinne der »Parlamentsarmee« als Armee des Bundestages als Repräsentant des deutschen Volkes. Für dieses Volk, nicht für das Verteidigungsministerium, haben die zumeist jungen Menschen ihr Leben gelassen.

Ebenfalls nicht sehr glücklich war die Entscheidung, in der Henning-von-Tresckow-Kaserne in Geltow bei Potsdam einen »Wald der Erinnerung« zu errichten. Dieser »Wald« war von Familienangehörigen und Kameraden initiiert und am 15. November 2014 eingeweiht worden, er soll Angehörigen von Gefallenen eine Möglichkeit geben, Bäume zum Gedenken zu pflanzen. Der ehemalige Wehrbeauftragte des Bundestages Reinhold Robbe (SPD, im Amt von 2005 bis 2010) hatte den Standort der Gedenkstätte als »beschämend« und als Beispiel für eine »verfehlte Gedenkkultur in Deutschland« bezeichnet. Robbe wäre ein Ort im Zentrum Berlins passender erschienen, so aber würden die Gefallenen der Bundeswehr »versteckt«. Dies sei ein »Schlag ins Gesicht für die Angehörigen«, so Robbe gegenüber der Bild-Zeitung.[182]

Tradition – politisch und historisch korrekt

»Zukunft ist Herkunft«, so lautet eine gängige Redensart. Damit ist gemeint, dass es ohne ideelle Verwurzelung keine gereifte und vorwärtsschauende Identität geben kann. Das gilt für Einzelindividuen, Familien, Stämme, Völker, Nationen, Staaten, Staatenbünde. Es gilt auch für formelle, sekundäre Gruppierungen: für Vereine, Verbände, Bildungseinrichtungen und so weiter. In den modernen Kultur- und Sozialwissenschaften werden solche Identitätsanker als »Narrativ« bezeichnet. In ihnen bündeln sich vor allem tragende Mythen, Wertvorstellungen, Sinnstiftungen, Modi der Weltwahrnehmung, Projektionen, Sehnsüchte, Fiktionen, Wunschträume, Visionen, womöglich auch Trugbilder et cetera. Auch eine Armee braucht solche Narrative. Im Fall der Bundeswehr heißt dieses »Traditionsverständnis«.

Traditionen und Überlieferungen sind nicht einfach da, sie werden geschaffen, verschiedentlich erfunden (siehe das Schlagwort »Invention of Tradition«); sie werden modifiziert oder auch von Zeit zu Zeit verworfen. Aber für die Dauer ihrer Gültigkeit sind sie auf Konstanz angelegt. Woody Allen brachte dies in »Harry außer sich« (1997) mit dem Satz auf den Punkt: »Tradition ist die Illusion von Dauerhaftigkeit«.

Traditionen haben – wie Narrative, Glaubensbekenntnisse, Einstellungen, Haltungen und Überzeugungen – eine äußerst wichtige individual- und sozialpsychologische Funktion, zumal in Zeiten der Beliebigkeit und Flüchtigkeit einer sich ständig wandelnden Welt. Erstens dienen sie als Orientierungshilfe in einer Flut oft genug widersprüchlicher Informationen. Zweitens hilft das Bekenntnis zu Traditionen, Zustimmung zu erwerben und Widerspruch zu vermeiden. Drittens wird über Traditionen die individuelle oder auch soziale und kollektive Identität definiert. Und schließlich kann unter Berufung auf Traditionen das eigene Selbstwertgefühl geschützt werden und eine Abgrenzung gegen andere stattfinden.

Traditionen werden individuell gelebt, sie werden in Gruppen und Organisationen gepflegt, und sie werden nicht selten politisch verordnet. In letzterem Fall ist Traditionspolitik zugleich Geschichtspolitik. Politik entscheidet dann über die Frage, was überlieferungswert ist und was nicht. Das freilich macht Traditionspolitik anfällig für politisch oder ideologisch motivierten Missbrauch.

Wenn nun eine Armee Traditionen pflegt, gilt es, all dies mit zu bedenken. Für die Bundeswehr sind diese Überlegungen aufgrund unserer Geschichte von besonderer Sensibilität. Andere Armeen tun sich mit ihren Traditionen leichter. So hatten es alle drei Traditionserlasse von drei verschiedenen Verteidigungsministern in sich:

- der Erlass »Bundeswehr und Tradition« vom 1. Juli 1965, unterzeichnet von Kai-Uwe von Hassel (1963 bis 1966 Bundesminister der Verteidigung);
- die »Richtlinien zum Traditionsverständnis und zur Traditionspflege in der Bundeswehr« vom 20. September 1982, unterzeichnet von Hans Apel (1978 bis 1982 Bundesminister der Verteidigung);
- der Erlass »Die Tradition der Bundeswehr – Richtlinien zum Traditionsverständnis und zur Traditionspflege« vom 28. März 2018, unterzeichnet von Ursula von der Leyen (Bundesministerin der Verteidigung seit Dezember 2013).

Als Säulen des Traditionsverständnisses der Bundeswehr gelten seit 2018 hochministeriell:

Erstens die Preußischen Militärreformen (1807–1814) in der Folge der anti-napoleonischen Freiheitskriege; sie wurden angestoßen durch die vernichtende Niederlage vom 14. Oktober 1806 in der Schlacht bei Jena und Auerstedt. König Friedrich Wilhelm III. setzte eine »Militär-Reorganisations-Kommission« ein. Der Kommission gehörten an: als Vorsitzender Generalmajor Gerhard von Scharnhorst, ferner Oberstleutnant August Neidhardt von Gneisenau und Stabskapitän Carl von Clausewitz. Ziel war es, eine neue Armee aufzustellen. Es gab nun eine Wehrpflicht, eine Reform der Ausbildung von Offizieren, es gab Beförderungen nicht mehr nur nach Dienstalter und adliger Herkunft, sondern auch nach dem Leistungsprinzip, und es gab eine Öffnung der höheren Offiziersränge für Bürgerliche. Die Militärreform war Teil der großen preußischen Staatsreformen unter anderem mit der Gleichstellung der Juden als Bürger, einer Reform der Staatsverwaltung, Abschaffung der Leibeigenschaft. Diese Reformen waren zudem verbunden mit den Bildungsreformen Wilhelm von Humboldts, der in Fragen der Bildung die Gesamtpersönlichkeit in den Mittelpunkt stellte.

Zweite Säule des neuen Traditionsverständnisses ist der Militärische Widerstand gegen Hitler und gegen das NS-Regime, die dritte Säule die eigene Geschichte der Bundeswehr.

Insgesamt aber wird mit dem 2018er-Erlass deutsche Militärgeschichte einmal mehr wie deutsche Geschichte in toto auf die zwölf dunklen Jahre reduziert, für die Tradition der Bundeswehr aber zugleich ausgeklammert. Als wenig beziehungsweise keineswegs traditionswürdig gelten neben der Wehrmacht (1935–1945) zudem die Reichswehr (1921–1935) und die Nationale Volksarmee (1956–1990).

Tradition selbstreferenziell schaffen

Der Erlass von 2018 versteht sich als Weiterentwicklung der Vorgängererlasse von 1965 und 1982. Es heißt, die Neufassung sei notwendig geworden durch die Wiedervereinigung Deutschlands, die veränderte Weltlage und die neuen Aufgabenstellungen der Bundeswehr. Von Weiterentwicklung kann allerdings kaum die Rede sein. Denn die Vorgängererlasse waren konkreter, auch souveräner. Vor allem aber ist der Erlass von 2018 in einer schier aufdringlichen Weise selbstreferenziell. Die Koalitionäre CDU/CSU/SPD der im Februar/März 2018 neu formierten Bundesregierung wollten es so. Im Koalitionsvertrag heißt es: »Ein zukunftsweisender Traditionserlass wird vornehmlich die eigene Geschichte der Bundeswehr in den Mittelpunkt stellen.« Hat die Regierung eine pathologische Angst vor der Geschichte – und vor der Nation? Warum sonst sollte sich das offizielle Deutschland so schwertun mit der eigenen Identität und deren Symbolen, etwa mit der

Deutschlandfahne und dem Deutschlandlied? Kritiker sprechen deshalb ob dieser Angst nicht ganz zu Unrecht von einem Anti-Traditionserlass.

Vorsichtiger formuliert es der renommierte Historiker Michael Wolffsohn am 29. März 2018 im Deutschlandfunk: »Aber diese eigene Tradition zu einer Reduktion quasi der gesamten deutschen Militärgeschichte zusammenzupressen, das finde ich dann doch, ehrlich gesagt, zu dünn – bei aller Begeisterung und Zustimmung zu dem Ansinnen, den alten Traditionserlass, der übrigens früher sehr gut war, zu erneuern und dem Zeitgeist anzupassen.«[183] Allerdings ist der Verteidigungsministerin, die den Erlass zu verantworten hat, zugutezuhalten, dass bereits ihre Vorgänger Volker Rühe (CDU), Rudolf Scharping, Peter Struck (beide SPD) und Franz Josef Jung (CDU) eine Art aktiver Traditionsamnesie gepflegt hatten.

Jedenfalls werden mit dem Erlass von 2018 fast sämtliche Traditionen aus 300 Jahren deutscher Militärgeschichte abgeschnitten. Die Bundeswehr soll sich de facto zum Monopol-Traditionsstifter erheben, findet sich also in der paradoxen Situation wieder, sich selbst als Vorbild dienen zu sollen, denn ihre »Tradition« beginnt erst 1956. Mehr noch, sogar Traditionen und Begriffe, die die Bundeswehr selbst geprägt hat, werden laufend über Bord geworfen: Zum Beispiel wurden die tradierten Bezeichnungen »Jagdgeschwader« und »Jagdbombergeschwader« getilgt. Personen wie Reitergeneral von Seydlitz, die Generalstabsoffiziere Graf Gneisenau und Graf Moltke d. Ä., die Fliegeroffiziere von Richthofen, Marseille und Marschall Rommel fallen durch den Rost. Die Bundeswehr hat jedoch vergleichbare Vorbilder in ihrer eigenen Geschichte nicht hervorgebracht, wie sollte sie auch. Eigene Leitbilder stehen kaum zur Verfügung, allenfalls Soldaten wie Oberleutnant Ludger Hölker (1934–1964), der seine abstürzende Luftwaffen-T-33 im Jahr 1966 noch über die Gemeinde Straßberg lenkte und dabei tödlich verunglückte. Heldenhafte Leitbilder fehlen, auch wenn zahlreiche bei Auslandseinsätzen der Bundeswehr Gefallene zu beklagen sind. Aber es fehlt hier selbst bei Soldaten, die bei Sprengstoffanschlägen getötet wurden – so hart es klingen mag –, das Moment der mutigen Tat.

Völlig verdrängt wird bei dem Versuch, eine »eigene Tradition der Bundeswehr« zu schaffen, die Tatsache, dass es rund 40.000 ehemalige Wehrmachtssoldaten waren, die maßgeblich dabei halfen, die Bundeswehr aufzubauen.

Der größte Teil des Führerkorps der jungen Bundeswehr, vom Unteroffizier bis zum General, bestand aus Soldaten der Wehrmacht. Sie haben eine der demokratischsten Armee der Welt aufgebaut. Ohne diese sorgfältig ausgewählten Soldaten wäre die Bundeswehr nicht zustande gekommen, ohne sie hätte sie nicht sehr bald den Respekt der Verbündeten erwerben können. Im aktuellen Traditionserlass wird all dies nicht gewürdigt. Es wird zwar allgemein Bezug genommen – so der Text – auf »historische Beispiele für zeitlos gültige soldatische Tugenden, etwa Tapferkeit, Ritterlichkeit, Anstand, Treue, Bescheidenheit, Kameradschaft, Wahrhaftigkeit (...), aber auch Beispiele für militärische Exzellenz«, die in der Bundeswehr Anerkennung finden könnten. Freilich werden diese mit einem nachfolgenden Satz wieder weggewischt: All dies sei immer »im historischen Zusammenhang zu bewerten und nicht zu trennen von den politischen Zielen, denen sie dienten«.[184]

Der Bannstrahl des 2018er-Traditionserlasses trifft auch die Nationale Volksarmee (NVA), die mit der Wehrmacht mehr oder weniger auf eine Stufe gestellt wird. Aber es ist richtig, was in Punkt 3.4.2 steht: »Die NVA begründet als Institution (...) keine Tradition der Bundeswehr.« Als »Hauptwaffenträger einer sozialistischen Diktatur« war sie »fest in die Staatsideologie der DDR eingebunden und wesentlicher Garant für die Sicherung ihres politisch-gesellschaftlichen Systems.« Allerdings wird eingeräumt, dass die »Aufnahme von Angehörigen der NVA in das Traditionsgut der Bundeswehr möglich« ist.

Widerstand gegen Hitler als Traditionspfeiler

Laut Traditionserlass der Bundeswehr gilt neben den Militärreformen von 1813 nur der militärische Widerstand gegen das NS-Regime als traditionswürdig. Ist aber der Widerstand von der Wehrmacht zu trennen? Ist es richtig, den gesamten Widerstand auf den 20. Juli 1944 zu fokussieren? Der Widerstand reichte tatsächlich sehr viel weiter zurück. Bereits 1938 hatte der Generalstabschef des Heeres, Generaloberst Ludwig Beck, zusammen mit weiteren hochrangigen Offizieren einen Staatsstreich gegen Hitler geplant. Es gab von Anfang an Generale, die sich Hitler widersetzten, der bekannteste ist wohl Kurt von Hammerstein, der deswegen entlassen wurde.

Selbst unter dem 20. Juli 1944 ist nicht nur Oberst Graf von Stauffenberg zu verstehen. Tatsächlich bestand die Erhebung aus Hunderten zumeist hochrangiger Offiziere: Von den in der Folge hingerichteten oder in den Freitod getriebenen waren drei Feldmarschälle, darunter die Heldenfigur Rommel, sowie 19 Generale.

Umgang mit der Wehrmacht

Unter Punkt 3.4.1 heißt es im Erlass von 2018: »Der verbrecherische NS-Staat kann Tradition nicht begründen. Für die Streitkräfte eines demokratischen Rechtsstaates ist die Wehrmacht als Institution nicht sinnstiftend.« Aber kann der Widerstand ohne die Wehrmacht überhaupt gedacht werden? Nein, denn der Widerstand gegen Hitler vom 20. Juli 1944 funktioniert ohne Hinweis auf die Rolle der Wehrmacht im Dritten Reich nicht. Überhaupt kam der einzig gefährliche Widerstand gegen das verbrecherische NS-Regime aus den Reihen des deutschen Militärs, also der Wehrmacht.

Gewiss war die Wehrmacht ein Instrument Hitlers – wie alle Institutionen, ebenso wie der ganze Staat, wie letztlich das ganze Volk. Aber von einer totalen »Verstrickung« der Wehrmacht zu sprechen, ist ein Kollektivurteil, das einer Kollektivstrafe gleichkommt. Nein, die pauschale Gleichsetzung von Wehrmacht und Nationalsozialismus ist falsch und völlig schief. Ideell war die Wehrmacht keine NS-Institution. Dazu nur eine, nicht ganz unwichtige Äußerlichkeit: In der Wehrmacht wurde bis zum 20. Juli 1944 nicht mit dem Hitlergruß gegrüßt.

In welchem Umfang Soldaten der 17 Millionen umfassenden Wehrmacht (ohne SS!) an Verbrechen beteiligt waren, ist umstritten. Entsprechende Schätzungen bewegen sich zwischen einem niedrigen einstelligen und einem zweistelligen Prozentbereich. Juristisch wurden 0,05 Prozent der Wehrmachtsoldaten von deutschen und alliierten Gerichten wegen Kriegsverbrechen oder Beteiligung an der Judenvernichtung verurteilt. In diese Zahl eingeschlossen sind die Massenurteile der sowjetischen Gerichtsbarkeit aus der unmittelbaren Nachkriegszeit, von denen die meisten Anfang der 1990er Jahre von der Militärstaatsanwaltschaft der Russischen Föderation als unbegründet aufgehoben wurden.[185]

Das heißt auch: Das überwältigende Gros der Wehrmachtsoldaten war nicht in Verbrechen verwickelt, es wurde freilich mit geächtet. Dabei spielten die anfangs sehr umstrittenen zwei sogenannten Wehrmachtsausstellungen des Hamburger Instituts für Sozialforschung implizit eine Rolle. Die erste dieser Wanderausstellungen hatte es von 1995 bis 1999 unter dem Titel »Vernichtungskrieg. Verbrechen der Wehrmacht 1941 bis 1944« gegeben und die zweite, nach Kritik an der ersten von 2001 bis 2004 unter dem Titel »Verbrechen der Wehrmacht. Dimensionen des Vernichtungskrieges 1941 bis 1944«. Jan Philipp Reemtsma, der Initiator der historisch-handwerklich zum Teil fragwürdigen Ausstellungen, mit der eine ganze Väter-und-Söhne-Generation diskriminiert wurde, war übrigens einmal gefragt worden, ob er Deutschland liebe. »Halten Sie mich für nekrophil?«, so Reemtsmas Antwort. Der Macher der ersten Ausstellung war der umstrittene Historiker und Publizist Hannes Heer. Er gehörte zu den Wiederbegründern des Sozialistischen Deutschen Studentenbundes (SDS). Wegen seiner Tätigkeit im SDS wurde er 1968 nicht als Referendar zum Schuldienst zugelassen.

Rund 800.000 Besucher in 33 Städten in Deutschland und Österreich haben die Ausstellung gesehen, die vorübergehend ausgesetzt wurde, weil Verfälschungen nachgewiesen werden konnten. Am Ende aber blieb eine Verunglimpfung und Pauschalverurteilung ehemaliger deutscher Soldaten im Gedächtnis der Öffentlichkeit. Der nicht gerade als rechtskonservativ geltende Fernsehjournalist Rüdiger Proske hat die Ausstellungen gar als »raffinierteste Darstellung historischer Irreführung in unserem Lande seit dem Dritten Reich« bezeichnet.[186]

Schon viel früher hatte Konrad Adenauer eine Ehrenerklärung für die Wehrmacht abgegeben. Gewiss auch, weil er diese Soldaten für die neue Armee brauchte und sie nicht einer pauschalen moralischen Verurteilung überlassen wollte. Die Frage, ob der Zweite Weltkrieg die Schuld unserer zwangsweise in den Krieg gezogenen Großväter und Urgroßväter war, hat den vormaligen Bundeskanzler Helmut Schmidt zeitlebens beschäftigt. Seinen Standpunkt hat er 1997 in einem Schreiben an den damaligen Verteidigungsminister Volker Rühe (CDU) skizziert: Eine Kollektivschuld gebe es nicht, schreibt Schmidt da. Richtig, es gab unter den mehr als 17 Millionen Soldaten, die zwischen 1939 und 1945 einberufen wurden und von denen rund 5 Millionen gefallen sind, vermisst blieben oder in Kriegsgefangenschaft starben, zwar Verbrecher, aber, so Schmidt, »ebenso gab es eine Mehrheit persönlich schuldloser Soldaten«. Und Schmidt weiter: »Kein Deutscher ist allein deswegen mit Schuld beladen, weil er zur Zeit Hitlers gelebt, gearbeitet oder gedient hat. Millionen Deutsche sind ohne persönliche Schuld in Hitlers Angriffskrieg verstrickt worden.«[187]

Nicht einmal die zahlreichen Ehrenerklärungen für die Wehrmacht bedeutender ausländischer Staatsmänner ließen die Wehrmachtssoldaten in einem anderen Licht erscheinen. Frankreichs damaliger Staatspräsident François Mitterrand etwa hatte gesagt, dass die Soldaten der Wehrmacht tapfere Soldaten waren, derer man sich nicht zu schämen brauche. Bereits am 23. Januar 1951 hatte der damalige Oberbefehlshaber der NATO-Streitkräfte und spätere US-Präsident, General Dwight D. Eisenhower, gegenüber Konrad Adenauer und der Presse – wenn auch nach anfänglichen Vorbehalten und angesichts des Koreakrieges und Stalins Expansionsdrang nicht ohne taktisches Kalkül – folgende Ehrenerklärung für die Soldaten der Wehrmacht abgegeben: »Ich für meinen Teil glaube nicht, dass der deutsche Soldat als solcher seine Ehre verloren hat. Die Tatsache, dass gewisse Individuen im Kriege unehrenhafte und verächtliche Handlungen begangen haben, fällt auf die betreffenden Individuen selbst zurück und nicht auf die große Mehrheit der deutschen Soldaten und Offiziere. Wie ich dem Kanzler und anderen deutschen Herren, mit denen ich gestern Abend gesprochen habe, gesagt habe, bin ich zu der Überzeugung gekommen, dass ein wichtiger Unterschied zwischen deutschen Soldaten und Offizieren als solchen und Hitler und seiner kriminellen Gruppe besteht.«[188]

Ein Hintertürchen mit Blick auf Wehrmacht lässt der Erlass von 2018 dann aber dennoch offen: »Die Aufnahme einzelner Angehöriger der Wehrmacht in das Traditionsgut der Bundeswehr ist dagegen grundsätzlich möglich. Voraussetzung dafür ist immer eine eingehende Einzelfallbetrachtung sowie ein sorgfältiges Abwägen. Dieses Abwägen muss die Frage persönlicher Schuld berücksichtigen und eine Leistung zur Bedingung machen, die vorbildlich oder sinnstiftend in die Gegenwart wirkt, etwa die Beteiligung am militärischen Widerstand gegen das NS-Regime oder besondere

Verdienste um den Aufbau der Bundeswehr.«[189] Aber gleich wieder die Einschränkung: Solange der historische Kontext – verbrecherischer Krieg Deutschlands – klar bestimmt ist.

»Säuberungen« in der Bundeswehr?

Wie in allen Kulturen, wenn Menschen zusammenleben und zusammenwirken müssen oder wollen, spielen symbolische Handlungen eine Rolle. Das gilt in besonderer Weise für das Militär. Die ZDv (Zentrale Dienstvorschrift) 10/8 mit dem Titel »Militärische Formen und Feiern der Bundeswehr« von 1983 enthält wesentliche Grundlagen: Grußformen, Appelle, das Antreten, Kranzniederlegungen, ein Feierliches Gelöbnis und der Große Zapfenstreich haben als Rituale eine enorme Bedeutung; sie wirken nach innen und nach außen, sie vermitteln Sicherheit und stärken den Zusammenhalt. Nach außen freilich wirken sie immer seltener, weil diese Rituale ständig von linken Kräften gestört und deshalb zum Teil irgendwo versteckt stattfinden.

Die militärische Führung achtet auf politische und historische Korrektheit. Im Mai 2014 etwa wurde das Motto »Treue um Treue« vom Heeresinspekteur untersagt. Die Losung war nach dem Tod gefallener Bundeswehrsoldaten 2010 an einem Banner in Afghanistan angebracht worden. Begründung des Verbots: Dieses Motto sei nicht geeignet, »Traditionen der Bundeswehr zu pflegen und in diesem Zusammenhang Treuepflicht zu symbolisieren. In heutiger Wahrnehmung und in der Geschichte deutscher Streitkräfte ist der Wahlspruch im Wesentlichen durch die Verwendung als Motto der Fallschirmjägertruppe der Wehrmacht geprägt worden und mit dieser verbunden. Es ist davon auszugehen, dass seine Verwendung in der Bundeswehr und insbesondere bei den Fallschirmjägern in der öffentlichen Wahrnehmung auch als Bekenntnis zu einer Traditionslinie Wehrmacht – Bundeswehr aufgefasst wird.« Das Motto erinnere zudem zu sehr an Fallschirmjäger der Wehrmacht. Aber all diese argumentativen Salti sind grotesk: Die Treuepflicht des Soldaten zu erwähnen wird als anstößig empfunden, nur weil der Satz eine Geschichte hat! Nein, treues Dienen ist Kern des Eides von Berufssoldaten, wieso soll im täglichen Umgang ein Leitmotiv dieses Inhalts nicht verwendet werden dürfen? Ein hanebüchenes Verbot sondergleichen.

Besonders markant war der Umgang der politischen Führungsspitze mit dem Fall des Oberleutnants Marco A. im Frühjahr 2017. Es ging schier hysterisch zu. Dabei lag etwa das Versagen bei Marco A. nicht innerhalb der Bundeswehr, sondern bei den Behörden, die ihn als Flüchtling anerkannten. Das hinderte von der Leyen nicht daran, in einem offenen Brief die gesamte Bundeswehr unter Generalverdacht zu stellen, ihr ein »Haltungsproblem« zu unterstellen. Ministerin und Generalinspekteur wollten alles aus den Kasernen verbannen, was auch nur entfernt an die Wehrmacht erinnern könnte. Leider hat sich ein Großteil der militärischen Führung geschmeidig angepasst. Wenn es ein »Haltungsproblem« gibt, so liegt es eher hier.

Im exorzistischen Furor scheute sich die Ministerin nicht einmal, dafür den bolschewistischen Kampfbegriff »Säuberung« zu verwenden. In der ARD-Talkrunde »Anne Will« vom 7. Mai 2017, die eigentlich der Präsidentschaftswahl in Frankreich galt, sprach Verteidigungsministerin von der Leyen mit Blick auf die Vorfälle von einem »Säuberungsprozess«, der in Gang zu setzen sei. Alte Helme, historische Waffen, Modelle müssten aus Vitrinen und Traditionsecken verschwinden. Der Bildersturm machte nicht einmal Halt vor einem Porträt von Altbundeskanzler Helmut Schmidt, das ihn als jungen Leutnant der Wehrmacht zeigt. Pikanterweise hing das Bild in der nach ihm benannten Bundeswehr-Universität in Hamburg. In Hammelburg wurde ein Wandbild des nach dem 20. Juli zum Selbstmord getriebenen Generalfeldmarschalls Erwin Rommel übermalt; und im Bundeswehrkrankenhaus Westerstede wurde die letzte Rotkreuzflagge des Zweiten Weltkriegs über Berlin entfernt. Allerdings hatte bereits Jahre zuvor Verteidigungsminister Volker Rühe (CDU) einen politisch motivierten »Bildersturm« inszeniert, indem er die Traditionsecken in den Kasernen systematisch durchforsten ließ. Devotionalien, alte Uniformen, Auszeichnungen, Waffen, Fahnen, Fotos und Erinnerungsstücke mussten – da »politisch nicht korrekt« – entfernt werden.

Der Traditionserlass von 1982, vom Sozialdemokraten Hans Apel verantwortet, war da von anderem »Kaliber«. Er wusste noch um die Bedeutung, welche »soldatische Erfahrungen und militärische Leistungen der Vergangenheit für die Ausbildung der Streitkräfte« haben.

2018 gab es eine neue Liedersammlung: dem geänderten Traditionsverständnis entsprechend und geschlechtersensibel. Das bisherige Liederbuch »Kameraden singt!« fiel dem Großreinemachen zum Opfer. Denn dieses enthielt Lieder wie »Schwarzbraun ist die Haselnuss«, »Westerwald« oder das »Panzerlied«, die schon die Wehrmacht gesungen hatte. Alle weg, ebenso wie »Heia Safari« oder »Prinz Eugen, der edle Ritter«. Jetzt können die Soldaten auf eine »kritisch und sensibel« überprüfte neue Liedersammlung im Intranet der Bundeswehr zugreifen. Sogar die Bundesprüfstelle für jugendgefährdende Medien wurde eingebunden. Die neue Liste von Anfang August 2018 enthält 118 Lieder, darunter die Europahymne, die Nationalhymne, sämtliche Landeshymnen sowie die »Kinderhymne – Anmut sparet nicht noch Mühe« von Bertolt Brecht.

Manche Lieder wurden wieder aufgenommen, aber umgedichtet. Beispielsweise bekam das Westerwald-Lied eine neue dritte Strophe. Ursprünglich heißt es in dem Marschlied: »Ist das Tanzen dann vorbei / gibt es meist ne Keilerei / Und dem Bursch, den das nicht freut, sagt man nach, er hat kein' Schneid.« Nun heißt es: »Freiheit, Recht und Einigkeit / hüten wir im Waffenkleid / Wenn's dem Gegner nicht gefällt, schützen wir's in Wald und Feld.« Zugleich wurde der geschlechterneutralen Sprache Geltung verschafft. Im Matrosenlied »Auf einem Seemannsgrab« weint künftig nicht nur ein kleines Mädel um ihren Geliebten, sondern alternativ auch ein »kleiner Bube«.[190]

Recht seltsam auch war das Agieren der Verteidigungsministerin, als sie 2017 öffentlich so tat, als seien in der Staufer-Kaserne in Pfullendorf sexuellsadistische Praktiken in der Ausbildung an der Tagesordnung gewesen. Auch hier hat sie das Ansehen der Bundeswehr belastet, indem sie geradezu Sodom-und-Gomorrha-Erzählungen Vorschub leistete. Die zuständige Staatsanwaltschaft Hechingen ermittelte. Das Ergebnis war: »Tatbestände von Strafvorschriften gegen die sexuelle Selbstbestimmung oder nach sonstigen Strafvorschriften wurden nicht verwirklicht.« Die Vorermittlungen wurden eingestellt. Hier gilt, was die FAZ vom 20.2.2018 schrieb: »Leider muss sich die Bundeswehr auch im Innern verteidigen. Wer jede Härte in der Ausbildung pauschal unter Missbrauchsverdacht und die Truppe generell unter den Verdacht eines latenten Extremismus stellt, auch der untergräbt die Sicherheit des Landes und des Bündnisses.«[191]

Historisch korrekte Kasernennamen

Alle Jahre wieder geraten die Namen von Bundeswehrkasernen in die Kritik. Klar, der Name »von Hindenburg« scheint sich erledigt zu haben. Die letzten Kasernen, die diesen Namen trugen (Augsburg, Würzburg, Kassel, Magdeburg), sind aufgelöst. Kasernen und Standorte, die mit den Namen von Wehrmachtssoldaten benannt waren, wurden Stück für Stück umgetauft.

In der Frühphase der Bundeswehr ging die Namensgebung noch unkompliziert vonstatten. 1961 – Minister war Franz Josef Strauß (CSU) – hatten drei Luftwaffen-Geschwader die Traditionsnamen »Richthofen«, »Boelcke« und »Immelmann« bekommen. 1967 wurden unter Verteidigungsminister Gerhard Schröder (CDU) drei Kriegsschiffe auf die Namen »Lütjens«, »Mölders« und »Rommel« getauft; alle drei sind mittlerweile ausgemustert oder verschrottet. Von 1973 bis 2005 trug das Jagdgeschwader 74 in Neuburg/Donau den Namen »Mölders«, danach wurde es von Minister Struck zum alten Namen »JG 74« zurückversetzt, ebenso die Werner-Mölders-Kaserne in Visselhövede, die seitdem Kaserne Lehnsheide heißt. 1995 bereits war – in diesem Fall nachvollziehbar – unter Minister Volker Rühe die Dietl-Kaserne in Füssen umgetauft worden in Allgäu-Kaserne, und aus der Kübler-Kaserne in Mittenwald wurde die Karwendel-Kaserne. 2015 wurde die General-Hans-Graf-von-Sponeck-Kaserne in Germersheim in Südpfalz-Kaserne umbenannt. Von Sponeck war 1942 wegen »Ungehorsams« zu langer Haft verurteilt und auf Befehl Himmlers 1944 erschossen worden.

Seit 2017 wurde die Umbenennung der Ernst-Moritz-Arndt-Kaserne in Hagenow geprüft. Der Name »Ernst Moritz Arndt« (1769–1860) scheint nicht mehr opportun, auch wenn Arndt Mitglied der Frankfurter Nationalversammlung und Kämpfer für ein einheitliches Deutschland war. Ernst Moritz Arndt hat sich während der preußischen Reformen verdient gemacht. Auf ihn ist unter anderem der heutige Leitgedanke des »Staatsbürgers in Uniform« zurückzuführen. Von interessierter Seite wird Arndt unterstellt, er habe sich nationalistisch und antisemitisch geäußert. Die Universität Greifswald, die sich von 1933 bis 2018 Ernst-Moritz-Arndt-Universität Greifswald nannte, verzichtet mittlerweile auf diesen Namen und stellt die Verwendung frei.

Den Hintergrund solcher Umbenennungen zeigt eine Entscheidung vom 24. April 1998 im Bundestag. Bei insgesamt nur 25 anwesenden Abgeordneten (es war ein Freitag) nutzte die PDS samt Grünen bei Enthaltungen der SPD die Gelegenheit und boxte einen Antrag mit folgendem Wortlaut durch: »Der Deutsche Bundestag fordert die Bundesregierung auf, dafür Sorge zu tragen, dass Mitgliedern der Legion Condor in Deutschland nicht weiter ehrendes Gedenken z. B. in Form von Kasernenbenennungen bei der Bundeswehr zu Teil wird. Bereits erfolgte Kasernenbenennungen nach Mitgliedern der Legion Condor sind aufzuheben.« Diesem Beschluss fiel schließlich der Name »Mölders« zum Opfer, weil er Angehöriger der Legion Condor gewesen war – einer deutschen Luftwaffeneinheit, die im Spanischen Bürgerkrieg zwischen 1936 und 1939 zugunsten von General Franco eingegriffen hatte. Allerdings war Mölders im Gegensatz zur Behauptung der PDS nicht an der Bombardierung Guernicas beteiligt gewesen.[192]

Eisernes Kreuz

2008 entbrannte ein Streit um das Eiserne Kreuz. Dieser Streit entzündete sich an der Frage, ob das Eiserne Kreuz als Tapferkeitsauszeichnung für Bundeswehrsoldaten, die sich bei Einsätzen im Ausland bewährt haben, eingeführt werden soll. Das Ergebnis vorweg: Man konnte sich nicht dazu durchringen.

Dabei war das Eiserne Kreuz in größter nationaler Not vom Preußischen König Friedrich Wilhelm III. 1813 für Soldaten gestiftet worden, die sich in den Befreiungskriegen den napoleonischen Truppen entgegenwarfen. Damit gehört das Eiserne Kreuz zu den positiven Traditionen deutscher Militärgeschichte. Schnell wurde es zum nationalen Symbol nicht nur Preußens, sondern aller Deutschen. Wieder aufgelegt wurde der Tapferkeitsorden 1870 sowie im Ersten und Zweiten Weltkrieg. Sein Ruhm überdauerte auch das Dritte Reich: Die Bundesrepublik Deutschland erhob es zum Symbol der Bundeswehr, und der Bundespräsident gestattete ab 1957 offiziell das Tragen der Wehrmachtsauszeichnungen unter Beseitigung der NS-Symbole, weshalb diese Orden selbstverständlich weiter getragen wurden. Legendär sind die Auftritte Erich Mendes, Major a. D. der Wehrmacht (1960–1967 Bundesvorsitzender der FDP), der das Ritterkreuz des Eisernen Kreuzes trug. Der Traditionserlass von 1965 hatte das Eiserne Kreuz noch als »Sinnbild sittlich gebundener soldatischer Tapferkeit« gewertet. Der Nachfolgeerlass von 1982 gestand dem Eisernen Kreuz besondere Bedeutung als »nationales Erkennungszeichen und als Sinnbild für Tapferkeit, Freiheitsliebe und Ritterlichkeit« zu.

Als Kriegsauszeichnung oder Verdienstorden wird das Eiserne Kreuz aber seit 1945 nicht mehr verliehen. Zwar bestimmte Bundespräsident Theodor Heuss am 1. Oktober 1956 das Eiserne Kreuz als Symbol der Bundeswehr und als deren Erkennungs- beziehungsweise Hoheitszeichen – auch auf Truppenfahnen und Truppenwappen. Selbst das Ehrenzeichen der Bundeswehr trägt das Eiserne Kreuz, auf Briefköpfen und dergleichen wird es als Symbol verwendet.

Aber als Auszeichnung kam es nicht mehr infrage. Im Frühjahr 2007 wurde im Deutschen Bundestag eine Petition zur Wiedereinführung des Eisernen Kreuzes als Tapferkeitsauszeichnung der Bundeswehr für die Auslandseinsätze initiiert. Diese Petition wurde innerhalb der vorgeschriebenen Zweimonatsfrist von mehr als 5000 Personen unterzeichnet. Der Deutsche Bundestag hat die Petition beraten und am 13. Dezember 2007 beschlossen, sie an die Bundesregierung zu überweisen. Der Präsident des Reservistenverbands, Ernst-Reinhard Beck (CDU), schlug vor, für den Orden die Form des Eisernen Kreuzes zu verwenden. Er begründete dies mit der Aussage, dass das Symbol von allen Fahr- und Flugzeugen sowie Schiffen der Bundeswehr getragen werde und in Krisenregionen mittlerweile zu einem Zeichen der Hoffnung, der Hilfe und der Solidarität avanciert sei, für das man sich nicht schämen müsse. Dies stieß aufgrund seiner Wiedereinführung durch das nationalsozialistische Regime weitgehend auf Ablehnung. Am 6. März 2008 billigte der damalige Bundespräsident Horst Köhler den Vorschlag des Verteidigungsministers Franz Josef Jung (CDU) zu einem Orden für »außergewöhnlich tapfere Taten«. An eine Wiederbelebung des Eisernen Kreuzes sei aber nicht gedacht, vielmehr an eine Erweiterung des vorhandenen Ehrenzeichens der Bundeswehr. Als Resultat wurde am 10. Oktober 2008 das Ehrenkreuz der Bundeswehr für Tapferkeit gestiftet.

Patriotismus und Vaterlandsliebe

Von Patriotismus oder auch Liebe zum Vaterland oder zur Heimat ist im Erlass von 2018 nicht mehr die Rede. Dieser Liebe war im ersten Traditionserlass von 1965 immerhin ein eigener Absatz (Punkt 11) gewidmet. Wörtlich war dort zu lesen: »Vaterlandsliebe gründet in den natürlichen Bindungen des Menschen an Heimat, Land, Volk, deren Geschichte und Kultur. Vaterlandsliebe ist nicht Nationalismus und hat sich meist mit freiheitlicher Gesinnung verbunden. Zu den kleinen Räumen, denen sie ursprünglich galt, sind im Laufe der Geschichte immer größere hinzugetreten. Diese Erweiterung vollzieht sich auch im werdenden Europa. Vaterlandsliebe bleibt auch im Zeitalter weltweiter Zusammenarbeit Wurzelboden politischer Verantwortung.«

Und noch im Erlass von 1982 hatte es in Punkt 17 geheißen: »In der Traditionspflege der Bundeswehr soll auf folgende Einstellungen und Verhaltensweisen besonderer Wert gelegt werden: kritisches Bekenntnis zur deutschen Geschichte, Liebe zu Heimat und Vaterland, Orientierung nicht allein am Erfolg und den Erfolgreichen, sondern auch am Leiden der Verfolgten und Gedemütigten.« Das Wort Patriotismus kommt im Erlass von 2018 nur als »verfassungsorientierter Patriotismus« vor. Das aber ist ein dünner Patriotismus. (Siehe dazu das Kapitel I, »Armee in einer postpatriotischen Gesellschaft«.)

Einsatz der Bundeswehr im Innern

Angesichts der terroristischen Bedrohung wird immer wieder diskutiert, ob und unter welchen Umständen die Bundeswehr im Innern eingesetzt werden darf. Das Grundgesetz setzt dem Einsatz des Militärs im Inland enge Grenzen. Die rechtlichen Rahmenbedingungen sind eindeutig: »Außer zur Verteidigung dürfen die Streitkräfte nur eingesetzt werden, soweit dieses Grundgesetz es ausdrücklich zulässt.« (Artikel 87a, Absatz 2) Weshalb existiert aber in Deutschland im Unterschied zu nahezu allen Partnerländern eine strikte Trennung von Polizei und Bundeswehr? Selbst bei Terroranschlägen ist der Einsatz nur »zur Abwehr einer drohenden Gefahr für den Bestand oder die freiheitliche demokratische Grundordnung« erlaubt (siehe GG 87a, Abs. 4).

Schauen wir auf unsere wichtigsten Partner: Die Franzosen haben nicht lange gefackelt und nach den Anschlägen von Paris 2015 und Nizza 2016 die französische Armee zur Unterstützung der Polizei herangezogen. Sie verfolgen Pläne, eine Nationalgarde mit 84.000 Mann nach US-Vorbild einzurichten, die sowohl militärische als auch polizeiliche Aufgaben wahrnehmen kann. Sie soll aus Reservisten der Streitkräfte, der Gendarmerie und der Polizei gebildet werden.[193] Für die USA war es selbstverständlich, nach den Terroranschlägen auf das World Trade Center in New York umgehend die Nationalgarde und Teile der Streitkräfte in Marsch zu setzen.

Deutschland ist einer von wenigen Staaten weltweit, die sich einer strikten Trennung von militärischen und polizeilichen Aufgaben verschrieben haben. Begründet wird dies mit den geschichtlichen Erfahrungen aus Nationalsozialismus und dem Zweiten Weltkrieg. Die strikte Trennung von Militär und Polizei wird als notwendige Konsequenz aus dieser Zeit gesehen.

Die Frage ist nur: Gab oder gibt es auch nur geringste Anzeichen dafür, dass die Bundeswehr auf eigene Rechnung gegen die freiheitlich-demokratische Grundordnung tätig wurde oder tätig werden könnte? Nichts dergleichen ist in über 60 Jahren Bundeswehr auch nur ansatzweise zu finden. Die Streitkräfte sind ein höchst loyaler Bestandteil unserer freiheitlichen, demokratischen, rechtsstaatlichen Grundordnung. Die Bundeswehr war in jeder Phase ihrer Geschichte ein Stabilitätsanker unserer Nation – und darüber hinaus des heutigen Europas. Sie ist im In- und Ausland als Institution eines demokratischen Staates respektiert.

Zugleich läuft die Kritik einer Bundestagsabgeordneten der Linkspartei völlig aus dem Ruder: »Doch während die Polizei noch der Unschuldsvermutung verpflichtet ist, gilt dies für die Bundeswehr nicht. Sie wird auf den Krieg vorbereitet und darauf, getötete Zivilisten als sogenannte Kollateralschäden hinzunehmen. Das darf nicht auch noch im Inland um sich greifen.«[194] Derart danebenliegende Wortmeldungen disqualifizieren sich von selbst. So einfach machen es sich gewisse Kreise: Sie machen die Bundeswehr madig, indem sie Vorurteile schüren.

Bundeswehr keine Ersatzpolizei

Selbstverständlich darf die Bundeswehr nicht als Notnagel dienen, wenn in den Bundesländern ausgedünnte Polizeikräfte bei der Wahrnehmung ihrer verfassungsrechtlichen Aufgaben an ihre Grenzen stoßen. Die Polizeibehörden der Länder wie auch die Bundespolizei müssen nach Ausrüstung, Ausstattung und personeller Stärke in der Lage sein, ihre regulären Aufgaben selbst zu erfüllen. Die langen Jahre der Reduzierung von Polizeikapazitäten sind aber anscheinend vorbei, die innere Sicherheit erhält Schritt für Schritt wieder die ihr zustehende Priorität. Es dreht sich in der Diskussion also nicht darum, gewachsene Polizeiaufgaben durch die Bundeswehr wahrnehmen zu lassen.

Bezeichnend ist zudem, dass 65,4 Prozent der Bundesbürger nach einer Umfrage aus dem Jahr 2017 keine Einwände gegen einen Einsatz der Streitkräfte im Inneren hegen.[195] Für den Fall eines schwerwiegenden Terroranschlags sprechen sich 68 Prozent der Deutschen für diese Möglichkeit aus.[196] Die Menschen in unserem Lande haben diesbezüglich weit weniger Vorbehalte, als immer wieder behauptet wird.

Innerer Notstand

Im Übrigen dürfen wir unseren staatlichen Einrichtungen durchaus zutrauen, dass sie nicht zögern würden, die Bundeswehr bei Ereignissen katastrophischen Ausmaßes einzusetzen. Denn Streitkräfte verfügen mit ihren Waffen, Flugzeugen und Schiffen über eine ganz andere Ausstattung als die Polizei. Sollte es darauf ankommen, darf nicht gezögert werden. Die Entwicklungen der letzten Jahrzehnte mit verheerenden terroristischen Attacken haben zu einer Verwischung der Grenzen zwischen innerer und äußerer Sicherheit geführt. Eine drohende Gefahr für den Bestand der demokratischen Grundordnung des Bundes oder eines Landes durch organisierte und militärisch bewaffnete Aufständische, der durch Polizeikräfte nicht hinreichend begegnet werden kann, ist gemäß Art. 87a, Abs. 4 GG eine Voraussetzung für den Einsatz der Bundeswehr. Wie aber verhält sich unser Staat bei neuen asymmetrischen oder hybriden Konfliktformen? Die Politik ist hier in der Pflicht, endlich Klarheit zu schaffen.

Die Bundeswehr kann also bereits heute schon zur Unterstützung der zivilen Behörden angefordert werden. Dabei kann es sich nach der Rechtsprechung des Bundesverfassungsgerichts auch um einen unmittelbar drohenden terroristischen Anschlag handeln. Der Einsatz der Streitkräfte ist aber immer nur als Ultima Ratio zulässig. Statt die Polizeikräfte der Länder personell und materiell militärisch aufzurüsten, ist es mithin allemal sinnvoller, vorhandene militärische Kräfte bei Bedarf auch im Inneren einzusetzen.

Den Ernstfall üben

Um für den Ernstfall optimal vorbereitet zu sein, müssen unter anderem Anforderungs- und Informationswege wie auch einsatztaktische Konzepte in gemeinsamen Übungen zwischen Polizei und Bundeswehr erprobt werden. Immerhin wurden bereits Übungen durchgeführt, um das Zusammenwirken zu testen. GETEX 2017[197] erbrachte interessante Erkenntnisse: »Zu lange Dienstwege, fehlendes Gesamtlagebild, kein sicheres Netz zum Datenaustausch, unterschiedliche Fachbegriffe, eine unklare Rechtssituation« wurden als Mängel mit Handlungsbedarf identifiziert.[198] Die Bürger unseres Landes hätten jedenfalls kein Verständnis, wenn die Bundeswehr im Bedarfsfall wegen derartigen Hemmnissen nicht wirkungsvoll zum Schutz der Bevölkerung eingesetzt werden könnte. Um Defizite im Zusammenwirken von Bundes- und Landesbehörden, Polizeikräften, Hilfsorganisationen und auch der Bundeswehr zu beseitigen, sind entsprechende Übungen unabdingbar. Art. 87a, Abs. 4 GG ist im Lichte der Erkenntnisse an absehbare Notwendigkeiten anzupassen.

Ausblick

Ja, es stimmt, das Buch ist zu einer Streitschrift geworden – umso mehr, je länger wir daran gearbeitet haben. Denn statt den Gefahren einer unsicher gewordenen Welt vorzubauen, bedienen die politischen und medialen Eliten den um sich greifenden, gefühligen Hedonismus saturierter Schichten. Statt sich mit Umsicht und Nachdruck der veränderten Bedrohungslage zu stellen, hechelt man romantisierenden pazifistischen Strömungen hinterher und stößt Bündnispartner vor den Kopf. Der vielfach anhaltende politische Stillstand in Berlin gleicht einer Lähmung, das mächtigste Land in Europa macht sich künstlich klein. Die Naivität der deutschen Führungs- »Eliten« wird mit schönen Worten kaschiert.

Die Autosuggestion, seit dem Niedergang des Warschauer Paktes auf Dauer nur von Freunden und Partnern umgeben zu sein, hat die Gefahren der globalisierten Welt aus dem Blick geraten lassen. Die freiheitliche demokratische Grundordnung ist kein Selbstläufer auf ewig. Die tatsächliche Lage ist inzwischen unsicherer denn je, Sicherheits- und Verteidigungspolitik müssen daher wieder den ihnen zustehenden Rang erhalten. Unsere Partner in NATO und in EU möchten darauf vertrauen können, dass unser Land einen adäquaten Beitrag nicht nur zur inneren Sicherheit, sondern auch zu einer gemeinsamen Politik der äußeren Sicherheit leistet.

Seit der Wiedervereinigung wurde die Bundeswehr drastisch reduziert, die Friedensdividende mehrfach eingefahren. Überhastete und überstürzte Strukturreformen seit der Jahrtausendwende haben die Bundeswehr zu einem teuren Torso verkommen lassen. Die Wehrpflicht wurde über Nacht ausgesetzt, ohne eine dauerhaft belastbare Idee für die Gewinnung des erforderlichen Personals zu haben. Keine Geringere als Bundeskanzlerin Angela Merkel hat zu verantworten, dass die Armee ihrer Kernaufgabe der Landesverteidigung nicht mehr gerecht wird. Merkel hat bislang (Stand: Frühjahr 2019) vier Verteidigungsminister verbraucht; sie war die Einzige,

Ausblick

die in dieser Zeit immer da war und Verantwortung trug. Sie wäre im Übrigen nach dem Grundgesetz im Verteidigungsfall auch die Oberbefehlshaberin unserer Streitkräfte.

Die eingeleiteten Trendwenden in den Bereichen Personal, Material und Finanzen sind notwendige erste Schritte zurück zur Wehrhaftigkeit unseres Landes. Einmal verspieltes Vertrauen sowohl der NATO- und EU-Partner als auch der Angehörigen unserer Streitkräfte ist allerdings nur schwer zurückzugewinnen. Mit mehr Geld allein ist es nicht getan, mehr Geld allein würde dem Skandal etwa um die Reparatur der Gorch Fock nur unweigerlich weitere hinzufügen. Heerscharen von Beratern würden davon profitieren, nicht aber der Steuerzahler. Gefragt sind jetzt sorgfältig abgestimmte Programme für die Reorganisation der Streitkräfte und für notwendige Beschaffungsvorhaben, um die Ausrüstungsmängel zu beseitigen.

Höchst fragwürdige und unmilitärische Prioritäten haben in den Jahren faktischer Nichteinsetzbarkeit (Ausnahme Auslandseinsätze mit ein paar Tausend Mann) die Armee auch im Innenverhältnis verkrusten lassen. Auflagen aus systemfremden Quellen wie die völlig übertriebene Arbeitszeitregelung, der ausfernde Datenschutz, unmilitärische Gleichstellungsprinzipien, unsinniger Umweltschutz mit Abgasuntersuchungen in Afghanistan und das Betreiben von Kinderkrippen in Kasernen vernebeln das Kerngeschäft. Das »Bürokratiemonster« ist Ausdruck der Verantwortungsscheu in zahlreichen Führungsetagen; das von der Verteidigungsministerin demonstrierte Misstrauen in Haltung und Pflichterfüllung der Führung pflanzt sich bis in die Truppe fort. Misstrauen ist das Gegenteil dessen, was eine Armee im Wandel, zumal als Einsatzarmee braucht.

Auch unsere Partner haben das Zutrauen verloren, dass die Bündnisarmee Bundeswehr gleiche Risiken auf sich nimmt, wie sie von ihnen getragen werden. Es kann überhaupt nicht angehen, dass die Deutschen Fotografen und Sanitäter in den Einsatz schicken und die Bündnispartner die Drecksarbeit machen. Die Kanzlerin sagte, es sei richtig und notwendig, auch militärisch gegen den Chemiewaffeneinsatz in Syrien vorzugehen, und betonte im gleichen Atemzug, das sollen aber andere machen! Deutschland hat bereits zweimal seine Soldaten aus der gemeinsam betriebenen NATO-AWACS-Luftüberwachung zurückgezogen. »Es ist eine abenteuerliche Vorstellung, Deutschland könne im Einzelfall aus einem System aussteigen, das ihm nicht alleine gehört. Damit macht man die gemeinsame Verteidigung kaputt«, so Ex-Verteidigungsminister Volker Rühe am 10. Februar 2019 im Tagesspiegel.[199]

Die Deutschen sind zu oft Weltmeister im Verdrängen. Das Schockerlebnis der Balkankriege scheint zu lange her zu sein, wiewohl es das Ergebnis eigener Unzulänglichkeit war. Europa war weder in Bosnien noch im Kosovo in der Lage, das Morden zu stoppen, die USA mussten das Heft in die Hand nehmen. Die Europäer betonten damals zwar, sie hätten die Lektion gelernt, aber wäre das heute grundlegend anders? Wäre die EU heute in der Lage, einen Krieg in unmittelbarer Nachbarschaft ohne Hilfe der USA zu verhindern oder gar militärisch zu beenden? Nein, denn die militärischen Voraussetzungen sind eher noch schlechter geworden. Europa wäre nicht in der Lage, allein aus eigener Kraft für Ruhe und Ordnung zu sorgen. Es wäre nach wie vor nicht Herr im eigenen Haus.[200]

Wer sagt den Bürgern dieses Landes, dass die Zeit in der Komfortzone zu Ende ist und pazifistische Reflexe nicht weiter tragen werden? Unsere Freiheit ist so kostbar, dass es sich lohnt, sie zu verteidigen, im Extremfall auch militärisch. »Die Freiheit der Erwachsenen hat einen Namen: Sie heißt Verantwortung«, sagte Bundespräsident Joachim Gauck einst und betonte es immer wieder.[201] Die moralischen Oberlehrer in den sogenannten Leitmedien und in der Regierung sollten sich ihrer Verantwortung besinnen, die sie dafür tragen, dass das Gewaltmonopol des Staates auch nach außen erhalten bleibt. Es ist Aufgabe der politisch Verantwortlichen, mit der Bevölkerung offen zu reden und haarsträubende Fehler der Vergangenheit zu korrigieren. Sonst ist es vorbei mit dem Primat dieser Politik und der Bürger wird sich eine neue Regierung wählen.

Anmerkungen

1 Francis Fukuyama, Das Ende der Geschichte, München 1992.
2 Die Mängel werden regelmäßig in den Jahresberichten des Wehrbeauftragten des Bundestages aufgelistet. Quelle: https://www.dbwv.de/fileadmin/user_upload/Downloads/DBwV_Info_Portal/Politik_aktuell/2019/Jahresbericht2018_des_Wehrbeauftragten.pdf
3 Siehe Fußnote 2.
4 http://www.imi-online.de/2003/05/20/die-neuen-verteidigu/
5 Helmuth Plessner, Die verspätete Nation – Über die politische Verführbarkeit bürgerlichen Geistes, Erstveröffentlichung 1935 im Züricher Exil, Zweite Auflage 1959.
6 Report on the work of the Department of Propaganda in Enemy Countries; zit. n. Keith Wilson: Great War Prologue. In: Nicholas Pronay und Keith Wilson (Hrsg.): The Political Re-Education of Germany and her Allies. London und Sidney 1985, S. 37.
7 Hier zitiert nach John Dewey, Deutsche Philosophie und deutsche Politik, Berlin/Wien 2000, S. 43.
8 Caspar von Schrenck-Notzing, Charakterwäsche – Die amerikanische Besatzung in Deutschland und ihre Folgen, Stuttgart 1965; 1993 mit dem Untertitel »Die Politik der amerikanischen Umerziehung in Deutschland« erschienen.
9 Friedrich Sieburg, Abmarsch in die Barbarei. Gedanken über Deutschland. Journalistische Arbeiten 1931 – 1960, hrsg. von Klaus Harpprecht, Frankfurt 1986, S. 229ff.
10 Hermann Lübbe, Ich entschuldige mich – Das neue politische Bußritual, München 2001, S. 22.
11 Gerd Koenen, Das rote Jahrzehnt. Unsere kleine deutsche Kulturrevolution, Frankfurt 2002, S. 95–122.
12 Siehe http://www.spiegel.de/spiegel/print/d-13497032.html
13 Michael Wolffsohn, Keine Angst vor Deutschland, Erlangen 1992, S. 31.
14 www.br.de/nachrichten/euro-2016/fussballfans-fahnen-runter,64wk2d1q68tkjdtn6cv4d1q68tk4
15 Siehe Arnold Toynbee, Krieg und Kultur – Der Militarismus im Leben der Völker, Stuttgart 1958, S. 9.
16 Der Kontext war wörtlich: »Da gab es vier Jahre lang ganze Quadratmeilen Landes, auf denen war der Mord obligatorisch, während er eine halbe Stunde davon entfernt ebenso streng verboten war. Sagte ich: Mord? Natürlich Mord. Soldaten sind Mörder.«
17 International Physicians for the Prevention of Nuclear War; in Deutschland: IPPNW Deutschland – Internationale Ärzte für die Verhütung des Atomkrieges.
18 Egon Flaig, Die Niederlage der politischen Vernunft. Wie wir die Errungenschaften der Aufklärung verspielen, Springe 2017, S. 295.
19 Zitiert nach Parviz Amoghli und Alexander Meschnig, Siegen – oder vom Verlust der Selbstbehauptung. Werkreihe Tumult Nr. 05, Meckenheim 2018, S. 128.
20 Zitiert nach Egon Flaig, Die Niederlage der politischen Vernunft. Wie wir die Errungenschaften der Aufklärung verspielen, Springe 2017, S. 296.
21 Tichyseinblick.de, Josef Kraus, Berliner SPD will Jugendoffizieren den Zutritt zu Schulen verwehren, 2.4.2019.

Anmerkungen

22 Magazin Die Bundeswehr Nr. 7-2017, S. 18
23 Magazin Die Bundeswehr Nr. 7-2017, S. 25
24 »Der Begriff ›Verbund‹ beschreibt eine arbeitsteilige Struktur, bei der die einzelnen Elemente nicht voneinander getrennt werden können, ohne das Ganze und seine Einzelteile zu beschädigen.« [Abschlussbericht der Kommission, S. 4]
25 https://www.sueddeutsche.de/bayern/guttenberg-auf-dem-csu-parteitag-depperte-personaldebatten-1.1017903
26 Siehe Zeitschrift für Innere Führung if 1/2017, »Bevölkerungsumfragen des Zentrums für Militärgeschichte und Sozialwissenschaften der Bundeswehr«.
27 https://tsarchive.wordpress.com/2008/10/23/soldaten118/
28 https://www.spiegel.de/politik/ausland/gefallen-in-afghanistan-der-krieg-der-nicht-krieg-heissen-darf-a-586423.html
29 Siehe https://www.presseportal.de/pm/115329/3866830
30 Siehe if 3/2016: »Bevölkerungsbefragung des Zentrums für Militärgeschichte und Sozialwissenschaften der Bundeswehr«.
31 http://www.zmsbw.de/html/aktuelles/ergebnissederbevoelkerungsumfrage2018deszmsbwveroeffentlicht?teaser=1&PHPSESSID=2fafb807fdcf01bf7543421cec080d70
32 www.presseportal.de/pm/115329/3866830, www.presseportal.de/pm/72183/4158914
33 Siehe if 3/2016: »Bevölkerungsbefragung des Zentrums für Militärgeschichte und Sozialwissenschaften der Bundeswehr.«
34 So Max Weber in seinem monumentalen Werk »Wirtschaft und Gesellschaft« aus dem Jahr 1922. Hier zitiert in der Studienausgabe, Tübingen 1972, S. 527.
35 Dieses Paradoxon hat bereits der Historiker Jacob Burckhardt (1818–1897) zum Ausdruck gebracht. Hier zitiert nach Jacob Burckhardt: Weltgeschichtliche Betrachtungen. Stuttgart 1974, S. 134.
36 Mary Kaldor hat diesen Begriff 1999 mit einer Studie New and Old Wars (dt. Neue und alte Kriege. Organisierte Gewalt im Zeitalter der Globalisierung, Frankfurt a. M. 2000) geprägt. Sie hebt vor allem auf zunehmend nicht-staatlich geführte Konflikte ab. Herfried Münkler tut es mit seinem 2002 erschienenen Buch »Die Neuen Kriege« ähnlich. Wieder andere sprechen von »Wilden Kriegen« (Wolfgang Sofsky, Zeit des Schreckens – Amok, Terror, Krieg, Frankfurt a.M. 2002) oder von »Low Intensitiy Wars« (Martin van Crefeld, The Transformation of War, New York 1991; dt. Die Zukunft des Krieges, Hamburg 1998).
37 https://www.congress.gov/bill/116th-congress/house-bill/676/text
38 .loyal 5/2018, Wozu brauchen wir die Bundeswehr, Sönke Neitzel, S. 16ff.
39 Siehe Koalitionsvertrag CDU/CSU/SPD, 7. Februar 2018, S. 150 ff.
40 Nadia Pantel, Fliegende Waffeneinheit, SZ vom 7. Februar 2019.
41 SZ, Wider die Kleinstaaterei, Kommentar Paul-Anton Krüger, 31. 8. 2018, S. 4.
42 .loyal 12-2017: Französische Rüstungsunternehmen und die französische Regierung hätten sich erbost über die deutsche Verweigerung von Exportlizenzen für gemeinsam hergestelltes Gerät (...) gezeigt.
43 Sylvia Kainz-Huber, zitiert in: Hans-Jürgen Leersch, »Diskussion über Waffenexporte«, in: Das Parlament vom 1. Oktober 2018.
44 Siehe die höchst lesenswerte Abhandlung von Christoph von Marschall, Wir verstehen die Welt nicht mehr. Deutschlands Entfremdung von seinen Freunden, Freiburg im Breisgau 2018.
45 .loyal 5/2018, »Eine Bundeswehr, aber keine Streitkräfte«, Jan Techau, S. 14.

Anmerkungen

46 Siehe dazu auch Mittler-Brief Nr. 4/2018 – Rolf Clement, »Europas weltpolitische Rolle«.
47 Siehe: Michael Stürmer, »In Sibirien fürchten Russen den Landhunger Chinas«, Veröffentlicht am 07.07.2015, https://www.welt.de/debatte/kolumnen/Weltlage/article143703697/In-Sibirien-fuerchten-Russen-den-Landhunger-Chinas.html; https://www.contra-magazin.com/2016/12/uebernimmt-china-den-fernen-osten-russlands/
48 Siehe Umfrage der Forschungsgruppe Wahlen 13.–15. März 2018.
49 Quelle: de.statista.com.
50 Parviz Amoghli und Alexander Meschnig, Siegen – oder vom Verlust der Selbstbehauptung, Lüdingshausen/Berlin 2018, S. 69.
51 Ebenda S. 68.
52 Weißbuch 2016 der Bundesregierung, S. 34.
53 SZ vom 8. September 2018.
54 .loyal 1-2018, »Mit 100 Hackern kann ich schlagkräftig agieren«, IT-Sicherheitsexperte Thomas Reinhold, S. 17.
55 Bonner Generalanzeiger, Leserbrief Ulf von Krause, 2. Juli 2018, S. 27.
56 .loyal 12-2017, »Widerwillig und mutlos«, Aussage eines namentlich nicht genannten NATO-Botschafters in einer Studie der Denkfabrik »Friends of Europe«, S. 20.
57 Tabelle Personalbestand der Bundeswehr 1959 bis 2018, statista.com, https://de.statista.com/statistik/daten/studie/495515/umfrage/personalbestand-der-bundeswehr/
58 WELT vom 29.11.2018, https://www.welt.de/newsticker/news1/article184662016/Ruestung-Bundeswehr-soll-bis-2025-auf-203-000-Soldaten-wachsen.html
59 Die Bundeswehr, Ambitioniertes Wendemanöver, Frank Reiland, 07/2018, S. 6.
60 SZ vom 13. August 2018.
61 .loyal 11/2018.
62 Daniel Deckers, »Es ist euer Land!", in der FAZ vom 5. August 2018.
63 Hans-Peter Bartels in Das Parlament vom 20. August 2018.
64 Tagesspiegel.de, Felix Schirrmann, 7. 9. 2008.
65 Vize-Bundesvorsitzender Jürgen Görlich in Das Parlament vom 20. August 2018, S. 11.
66 .loyal 3-2018.
67 Deutscher Bundestag, Drucksache 19/3613 vom 30. Juli 2018.
68 Die Bundeswehr 10/2016, Streitpunkt Soldatenarbeitszeitverordnung, S. 10ff.
69 Ebenda.
70 Ebenda.
71 SZ, Christoph Hickmann / Joachim Käppner, Manöverkritik, 2./3. Juli 2016, S. 13.
72 Die Bundeswehr 08/2018, SAZV – war da was?, S. 23.
73 Soldatenbeteiligungsgesetz SBG vom 29.08.2016, zuletzt geändert am 27. März 2017 (BGBl. I S. 562).
74 Wehrbeschwerdeordnung vom 23.12.1956, zuletzt geändert am 21. Juli 2012 (BGBl. I S. 1583).
75 Gesetz über den Wehrbeauftragten des Deutschen Bundestages (Gesetz zu Art. 45b GG WBeauftrG) in der Fassung der Bekanntmachung vom 16. Juni 1982 (BGBl. I S. 677), zuletzt geändert durch Artikel 15 Absatz 68 des Gesetzes vom 5. Februar 2009 (BGBl. I S. 160).
76 Deutscher Bundestag – 19. Wahlperiode – 103 – Drucksache 19/7200 (S. 103f.).
77 Unterrichtung durch den Wehrbeauftragten, Jahresbericht 2017, S. 15.

Anmerkungen

78 Gesetz zur Gleichstellung von Soldaten der Bundeswehr (SGleiG) vom 27.12.2004 (BGBl. I S. 3822), zuletzt geändert am 29. März 2017 (BGBl. I S. 626).
79 https://www.bundeswehr.de/portal/a/bwde/start/streitkraefte/truppe/frauen/staerke
80 Das Parlament vom 20. August 2018.
81 Siehe dazu auch Martin van Creveld, Frauen und Krieg, München 2001; Martin van Creveld, Wir Weicheier, Graz 2017, S. 81 – 116 Kapitel III.: Verweiblichung der Streitkräfte.
82 Wehrbeauftragter des Bundestages: 15. Jahresbericht
83 15. Bericht WehrBea S. 6.
84 Die Bundeswehr 9/2018.
85 Streitkräfteamt KompZResAngel, vom 29. November 2018.
86 Unterhaltssicherungsgesetz vom 29. Juni 2015, geändert durch Art. 4 des Gesetzes vom 27. März 2017 (BGBl. I S. 562).
87 Spiegel online vom 22. 9. 2011.
88 Lorenz Hemicker in FAZ-online vom 18.11.2018.
89 Siehe dazu den sehr lesenswerten Sammelband von Marcel Bohnert und Björn Schreiber (Hg.), Die unsichtbaren Veteranen – Kriegsheimkehrer in der deutschen Gesellschaft, Norderstedt 2016.
90 »Kaputtgespart«. Interview der Landshuter Zeitung mit Generalmajor a. D. Jürgen Reichardt vom 16. Februar 2019. S. 12.
91 Mit der Strukturreform 2011 sollten allein 31 Standorte aufgelöst werden (Stationierungskonzept BMVg vom Oktober 2011).
92 Vgl. FN 58 und Tabelle dazu: Entwicklung der Truppenstärke der Bw von 1959 bis 2019
93 www.welt.de/wirtschaft/article137837878/Ministerium-rettet-Kleiderkammer-der-Bundeswehr.html
94 https://www.handelsblatt.com/politik/deutschland/rechnungshof-kritik-bundeswehr-verschwendet-milliarden-mit-fuhrpark/4416150.html
95 Financial Times Deutschland vom 28. Dezember 2006.
96 http://www.spiegel.de/politik/deutschland/ursula-von-der-leyen-illegale-berater-vertraege-auch-bei-bundeswehr-tochter-bwi-a-1236593.html
97 Jahresbericht des Wehrbeauftragten 2018, S. 13 und S. 16.
98 Bericht Wehrbeauftragter vom Februar 2018, Seite 42.
99 https://de.wikipedia.org/wiki/Kritische_Infrastrukturen
100 .loyal 1/2018, Julia Egleder, Digitale Infanterie, S. 8.
101 Stv. Inspekteur CIR (Generalmajor Jürgen Setzer) am 11. November 2018 bei einer Tagung des Verbands der Reservisten der Bundeswehr in München.
102 SZ.de vom 8.8.2018, Matthias Schulze, »Cyberkrieg ist teuer und bringt nichts«.
103 SZ, Georg Mascolo, Ronen Steinke: Lizenz zum »Hackback« vom 4. September 2018, S. 6.
104 .loyal 1-2018, »Mit 100 Hackern kann ich schlagkräftig agieren«, IT-Sicherheitsexperte Thomas Reinhold, S. 17.
105 Jahresbericht des Wehrbeauftragten vom 20. Februar 2018, S. 8.
106 https://www.heise.de/tp/features/US-Cyberkommando-steigt-in-der-Pentagon-Hierarchie-nach-oben-3808035.html vom 21. August 2017.
107 Lorenz Hemicker, »Mehr als Mängel«, in: Das Parlament Nr. 34-35, 20. August 2018.
108 Siehe https://www.tagesspiegel.de/politik/verteidigungsministerium-von-der-leyen-muss-sich-untersuchung-zu-berateraffaere-stellen/23751254.html

Anmerkungen

109 Ulli Kulke, »›Dicke Bertha‹, Deutschlands erste Wunderwaffe«, in: Die WELT vom 17.03.2014.
110 Markus Becker, »Pentagon empört über Tarnkappen-Jet«, in: Spiegel online vom 8. März 2013.
111 SZ, Zu verkaufen, 30./31. März 2019, S. 6
112 Rüstungsmesse in Abu Dhabi 2018, mündliche Aussage eines Teilnehmers.
113 ZMSBw Forschungsbericht 111, August 2015, S. 7.
114 https://www.handelsblatt.com/politik/deutschland/ausruestung-der-bundeswehr-koalitionskrach-ueber-beschaffung-von-drohnen/19985746.html?ticket=ST-2522310-UFkmXzI2ues3hS-Jxn2W-ap1
115 Bundestags-Drucksache 19/2199.
116 Bericht WehrBea vom 20. Februar 2018, S. 6.
117 Die Bundeswehr, Fähigkeitslücken und deren Beseitigung in der Rüstung, Juli 2018, S. 60.
118 DER SPIEGEL, Alle Mittel erlaubt, 5. 5. 2018, S. 40.
119 Der Wehrbeauftragte Hans-Peter Bartels in Kompass 07-08/18.
120 Bericht zur materiellen Einsatzbereitschaft der Hauptwaffensysteme der Bundeswehr 2017, Parl Sts BMVg Markus Grübel, 1980003-V07 vom 26. Februar 2018.
121 Bundesministerium für Arbeit und Soziales (2018) aus Sozialpolitik-aktuell.de.
122 Ausgaben des Bundes für Flüchtlingshilfe und Integration 2017: 20,8 Mrd. Euro, Jahresbericht im Kabinett, https://faktenfinder.tagesschau.de/inland/kosten-bund-fluechtlinge-101.html
123 Augsburger Allgemeine, Wie überlastet und frustriert sind unsere Soldaten? 21. 2. 2018.
124 SZ, Arme Armee, Klaus Naumann, 13. 8. 2018, S. 2.
125 https://de.statista.com/statistik/daten/studie/150664/umfrage/anteil-der-militaerausgaben-am-bip-ausgewaehlter-laender/
126 Christoph von Marschall, Wir verstehen die Welt nicht mehr. Deutschlands Entfremdung von seinen Freunden, Freiburg im Breisgau 2018, S. 230.
127 Ebenda, S. 88.
128 Die Bundeswehr, Die Reserve ist zu gering, 3/2017, S. 16.
129 Siehe Ulf von Krause, Arbeitspapier Sicherheitspolitik, Nr. 23/2018.
130 Daniel Brössler in der SZ vom 17. August 2018.
131 Das nachfolgende Kapitel orientiert sich maßgeblich an folgenden Werken: Heinrich August Winkler, Geschichte des Westens, Band 3: Vom Kalten Krieg zum Mauerfall, 2014; ders.: Geschichte des Westens, Band 4: Die Zeit der Gegenwart, 2015. Ulrich Herbert, Geschichte Deutschlands im 20. Jahrhundert, 2014. Klaus-Jürgen Bremm/Hans-Hubertus Mack/Martin Rink(Hg.), Entschieden für Frieden – 50 Jahre Bundeswehr 1955 bis 2005, 2005. Rolf Clement, Paul Elmar Jöris, 50 Jahre Bundeswehr 1955–2005, 2005. Klaus Naumann, Die Bundeswehr in einer Welt im Umbruch, 1994.
132 Grundgesetzergänzung vom 19. März 1956:
Artikel 87a GG: Die zahlenmäßige Stärke der vom Bunde zur Verteidigung aufgestellten Streitkräfte und die Grundzüge ihrer Organisation müssen sich aus dem Haushaltsplan ergeben.
Artikel 87b GG: Die Bundeswehrverwaltung wird in bundeseigener Verwaltung mit eigenem Verwaltungsunterbau geführt. Sie dient den Aufgaben des Personalwesens und der unmittelbaren Deckung des Sachbedarfs der Streitkräfte.
133 Art. 4, Abs. 3 GG: »Niemand darf gegen sein Gewissen zum Kriegsdienst mit der Waffe gezwungen werden. Das Nähere regelt ein Bundesgesetz.«
134 Detlef Bald, Die Bundeswehr – Eine kritische Geschichte 1955 – 2005, S. 52.

Anmerkungen

135 Detlef Bald, ebenda S. 56.
136 »Göttinger Appell« vom 12. April 1957.
137 Detlef Bald, Die Bundeswehr – Eine kritische Geschichte 1955 – 2005, S. 54.
138 Ebd.
139 Siehe: https://www.atomwaffena-z.info
140 Detlef Bald, Die Bundeswehr – Eine kritische Geschichte 1955 – 2005, München 2005, S. 59.
141 Rolf Clement und Paul Elmar Jöris, 50 Jahre Bundeswehr 1955–2005, Hamburg 2005, S. 108–115.
142 https://de.wikipedia.org/wiki/Nationale_Volksarmee
143 Aufgaben im Ausland, z.B. im NATO-Rahmen, für die kein Bundestagsmandat erforderlich ist.
144 Bis 2009 wurde der Begriff »Krieg« selbst von den Verteidigungsministern Jung und zu Guttenberg gemieden. Vgl. dazu auch Kapitel I, Armee in einer postpatriotischen Gesellschaft.
145 Bundeszentrale für politische Bildung vom 9. August 2018.
146 Verteidigungsminister Peter Struck in seiner Regierungserklärung am 11. März 2004.
147 Statista.com 2018.
148 Thomas Ruttig – Interview mit Senior Analyst, in: Kompass, Katholische Militärseelsorge, 07-08/18.
149 Welt vom 2. Januar 2010.
150 Mit rund 11.000 Blauhelmsoldaten sowie Polizisten und Zivilpersonal soll die VN-Mission MINUSMA zur Stabilisierung Malis beitragen. Die Soldaten haben ein robustes Mandat, das auch den Einsatz von Waffen erlaubt. Die Bundeswehr kann sich mit bis zu 1100 Soldaten an MINUSMA beteiligen (Bundeswehr-Internet).
151 Ausbildung und Beratung der Streitkräfte. Mit der Europäischen Trainingsmission (EUTM) Mali unterstützt die EU die malische Regierung dabei, Sicherheit und Stabilität im Land wieder herzustellen.
152 Die Welt vom 16. September 2018.
153 Das Parlament vom 15. Oktober 2018.
154 Marcel Bohnert, Innere Führung auf dem Prüfstand. Lehren aus dem Afghanistan-Einsatz der Bundeswehr, Hamburg 2017, S. 65ff.
155 Deutscher Bundestag, Unterrichtung durch den Wehrbeauftragten, Jahresbericht 2011 (53. Bericht), 24.01.2012, Seite 21.
156 Der Wehrbeauftragte Hans-Peter Bartels in: Christoph von Marschall, Wir verstehen die Welt nicht mehr. Deutschlands Entfremdung von seinen Freunden, Freiburg im Breisgau 2018, S. 85.
157 Ebenda S. 78.
158 »Macron fordert ›wahre europäische Armee‹«, in: SZ, 6. November 2018, https://www.sueddeutsche.de/politik/militaer-europa-verteidigung-1.4198669
159 »Deutschlands Zukunft gestalten«, Koalitionsvertrag zwischen CDU, CSU und SPD 2013, S. 177.
160 Spiegel online vom 4. Februar 2016.
161 Spiegelonline, 13. November 2018
162 Vgl. Rudolf G. Adam, »Eine Vision, die in die Irre führt«, in: SZ.de, 17. Dezember 2018.
163 Ebenda.
164 Peter Rásonyi, »Die europäische Armee ist ein Symbol für Ideenlosigkeit«, in NZZ, 13.11.2018.
165 Rudolf Adam, »Eine Vision, die in die Irre führt«, in: SZ.de, 17. Dezember 2018.

Anmerkungen

166 Wolfgang Ischinger, Welt in Gefahr. Deutschland und Europa in unsicheren Zeiten, Berlin 2018.
167 https://www.faz.net/aktuell/politik/ausland/akk-formuliert-europa-vision-ihre-antwort-auf-emmanuel-macron-16081792.html
168 Siehe FAZ vom 14.02.2019, https://www.faz.net/aktuell/politik/sicherheitskonferenz/frankreich-will-deutschland-keinen-nuklearen-schutz-garantieren-16039605.html.
169 Christoph von Marschall, Wir verstehen die Welt nicht mehr. Deutschlands Entfremdung von seinen Freunden, Freiburg im Breisgau 2018, S. 81.
170 Ulrich Ladurner, »Deutschland wird sich die Hände schmutzig machen«, in Zeit online vom 1. Juni 2017.
171 Daniel Brössler, »Berlin will Europäischen Sicherheitsrat«, in SZ.de vom 8. Oktober 2018.
172 Christoph von Marschall, Wir verstehen die Welt nicht mehr. Deutschlands Entfremdung von seinen Freunden, Freiburg im Breisgau 2018, S. 78.
173 Ebenda S. 82.
174 Ebenda S. 81.
175 Christoph v. Marschall, »Ursula von der Leyen stellt Parlamentsvorbehalt bei Auslandseinsätzen in Frage«, in: Tagesspiegel vom 21. 03. 2015.
176 Marcel Bohnert, Innere Führung auf dem Prüfstand – Lehren aus dem Afghanistan-Einsatz der Bundeswehr, Hamburg 2017.
177 Ebenda S. 87.
178 Ebenda S. 98ff.
179 Fritz Zwicknagl, Die Bundeswehr an der Schwelle zum Ernstfall, Das schwarze Barett, 37, 2007, S. 11–13.
180 Marcel Bohnert, Innere Führung auf dem Prüfstand – Lehren aus dem Afghanistan-Einsatz der Bundeswehr, Hamburg 2017, S. 132.
181 Stefan Kühl, »Zur Erosion von Kameradschaft. Informale Normen in staatlichen Gewaltorganisationen, Working Paper 15/2017, S. 5.
182 https://www.tagesspiegel.de/politik/reinhold-robbe-ueber-den-wald-der-erinnerung-ex-wehrbeauftragter-kritisiert-gedenkstaette-fuer-soldaten/10980098.html
183 »Ein Traditionserlass ist kein Backrezept«, Michael Wolffsohn im Gespräch mit Dirk Müller, https://www.deutschlandfunk.de/historiker-michael-wolffsohn-ein-traditionserlass-ist-kein.694.de.html?dram:article_id=414295.
184 »Die Tradition der Bundeswehr – Richtlinien zum Traditionsverständnis und zur Traditionspflege« vom 28. März 2018, Kapitel 3.3: Traditionsstiftendes Verhalten.
185 Siehe https://de.wikipedia.org/wiki/Verbrechen_der_Wehrmacht#cite_ref-24
186 Rüdiger Proske, Wider den liederlichen Umgang mit der Wahrheit. Anmerkungen zu einer umstrittenen Ausstellung, Mainz 1999; das ganze Buch handelt davon.
187 Die Welt vom 14.05.2017: Was Helmut Schmidt über die Schuld der Wehrmacht dachte. https://www.welt.de/politik/deutschland/plus164542555/Was-Helmut-Schmidt-ueber-die-Schuld-der-Wehrmacht-dachte.html
188 Hans-Jürgen Schmidt: Wir tragen den Adler des Bundes am Rock – Chronik des Bundesgrenzschutzes 1951–1971. Fiedler-Verlag, Coburg 1995, S. 72.
189 »Die Tradition der Bundeswehr – Richtlinien zum Traditionsverständnis und zur Traditionspflege« vom 28. März 2018, Kapitel 3.4.1: Ausschlüsse, Wehrmacht.

Anmerkungen

190 Siehe auch: Felix Krautkrämer, »›Jawohl, Frau Kapitän!‹. Liederprobleme bei der Bundeswehr«, in Junge Freiheit, 24. August 2018.
191 Reinhard Müller, »Opfer Bundeswehr«, in FAZ vom 20.02.2018.
192 WELT vom 26. Februar 2005: Mölders war erst nach der Bombardierung Guernicas nach Spanien gekommen.
193 »Frankreich baut Nationalgarde mit 84.000 Reservisten auf«, in Zeit online vom 3. August 2016.
194 Pressemitteilung von MdB Ulla Jelpke (Die Linke) vom 7. März 2017.
195 Civey-Umfrage unter 5.059 Wahlberechtigten vom 6. September 2017.
196 Im Auftrag des Bayernkuriers befragte das Meinungsforschungsinstitut dimap zwischen dem 7. und 9. Februar 2017 bundesweit 1015 wahlberechtigte Bürgerinnen und Bürger.
197 GETEX 2017 = Gemeinsame Terrorismus-Abwehr-Exercise mit den Ländern Bayern, Baden-Württemberg, Bremen, Nordrhein-Westfalen, Saarland und Schleswig-Holstein sowie dem Bundesministerium des Innern, dem Bundeskriminalamt, der Bundespolizei und der Bundeswehr.
198 Drucksache 19/807 vom 21.2.2018 (tK 2/18).
199 Christoph von Marschall / Mathias Müller von Blumencron im Gespräch mit Volker Rühe, »Guttenberg hat die Bundeswehr zerstört«, in Der Tagesspiegel vom 10.02.2019, https://www.tagesspiegel.de/politik/ex-verteidigungsminister-volker-ruehe-guttenberg-hat-die-bundeswehr-zerstoert/23968822.html
200 Christoph von Marschall, Wir verstehen die Welt nicht mehr. Deutschlands Entfremdung von seinen Freunden, Freiburg im Breisgau 2018, S. 121.
201 »Joachim Gauck, ›Freiheit heißt Verantwortung‹«, in Handelsblatt vom 13.02.2012.

Bildnachweise

S. 70: Grafik: FinanzBuch Verlag, Daten aus: .loyal 3-2018
S. 78: Schwarwel
S. 88: Grafik: FinanzBuch Verlag, Daten von:
   https://crp-infotec.de/wp-content/uploads/bundeswehr-fuehrungsstruktur.gif
S. 91: Eigene Skizze der Autoren auf der Basis eines anonymisierten, amtlichen Organigramms
S. 106: Ryan Fletcher/Shutterstock.com
S. 107: VanderWolf Images/Shutterstock.com
S. 116: Fingerhut/Shutterstock.com
S. 117: IanC66/Shutterstock.com
S. 149: Gal Istvan Gal/Shutterstock.com
S. 233 oben: Klaus Treude
S. 233 unten: privat

Über die Autoren

Richard Drexl, Jahrgang 1952, ist Oberst a.D. Von 1972 bis 2013 war er Berufssoldat, davon 15 Jahre im Bundesministerium der Verteidigung. Als Abteilungsleiter im Waffensystemkommando der Luftwaffe trug er Verantwortung für die Rüstungsvorhaben des fliegenden Gerätes der Bundeswehr. Über elf Jahre war er Chef und Kommandeur verschiedener Einheiten. Seit 2014 ist er ehrenamtlicher Präsident des Bayerischen Soldatenbundes von 1874 e.V. Mit weit über 60.000 Angehörigen eine der größten Veteranen- und Reservistenorganisationen Deutschlands.

Als ehrenamtlicher Stadtrat in Kaufbeuren im Allgäu hat er auch politische Verantwortung übernommen.

Josef Kraus, Jahrgang 1949, Oberstudiendirektor a.D., Diplom-Psychologe, leitete von 1995 bis 2015 ein Gymnasium in Bayern und war von 1987 bis 2017 ehrenamtlicher Präsident des Deutschen Lehrerverbandes (DL). Über 20 Jahre gehörte er dem Beirat für Fragen der Inneren Führung beim Bundesminister der Verteidigung an. Kraus ist Mitglied der Deutschen Gesellschaft für Auswärtige Politik und der Deutschen Atlantischen Gesellschaft. 2009 erhielt er das Bundesverdienstkreuz am Bande.

Josef Kraus hat bereits mehrere Bücher veröffentlicht: *Spaßpädagogik* (1998), Der *PISA-Schwindel* (2005), *Ist die Bildung noch zu retten?* (2009); den Spiegel-Bestseller *Helikopter-Eltern* (2013), *Wie man eine Bildungsnation an die Wand fährt* (2017) und *50 Jahre Umerziehung – Die 68er und ihre Hinterlassenschaften* (2018).

Demokratie im Sinkflug

Gertrud Höhler

»Grenzen fallen« ist zum Leitmotiv der EU geworden. Plötzlich erscheint die Demokratie als Handicap. Wo Parlamente zu Handlangern der Mächtigen werden, stirbt der demokratische Wettbewerb. Die autokratische Versuchung startete unter deutscher Führung: Die Alleingänge der deutschen Kanzlerin zeugen von einem avantgardistischen Demokratieverständnis. Immer häufiger wählt sie Positionen über dem Gesetz. Der Aufstand der gelenkten Demokraten bleibt aus. Aber immer mehr EU-Länder zementieren ihre Nationalität mit autokratischen Methoden. Auch die humanitäre Supermacht Deutschland scheint nicht mehr unverwundbar. Mit ihrer Streitschrift *Demokratie im Sinkflug* bringt Bestsellerautorin Gertrud Höhler den machtlosen Souverän zurück ins Spiel: Der Staat gehört den Bürgern.

240 Seiten | Hardcover mit Schutzumschlag | 19,99 € (D) | ISBN 978-3-95972-063-2

Ein Buch für Selberdenker aus der EDITION TICHYS EINBLICK.
www.tichyseinblick.de – das Online-Magazin für Selberdenker.

Spurwechsel

Roland Springer

Deutschland beschreitet in der Flüchtlingspolitik in Europa einen Sonderweg. Unter dem Banner humanitärer Hilfe werden Flüchtlinge ohne Begrenzung ins Land gelassen und finanziell versorgt. Bleibeberechtigten Flüchtlingen wird versprochen, sich in Deutschland eine neue berufliche Zukunft aufbauen und auf Dauer bleiben zu können. Hierfür werden sie als arbeitslose Hartz-IV-Empfänger von den Jobcentern der Agentur für Arbeit finanziell unterstützt und bei der Jobsuche betreut. Professor Springer beschreibt unter Bezug auf den Streit um das Für und Wider des deutschen Sonderwegs anhand von Fallbeispielen aus seiner ehrenamtlichen Flüchtlingsarbeit den realen Verlauf sowie typische Probleme der Integration muslimischer Asylbewerber und plädiert für einen Spurwechsel in der deutschen Flüchtlingspolitik.

176 Seiten | Softcover | 16,99 € (D) | ISBN 978-3-95972-058-8

Ein Buch für Selberdenker aus der EDITION TICHYS EINBLICK.
www.tichyseinblick.de – das Online-Magazin für Selberdenker.

Dunkelflaute

Frank Hennig

Täglich werden wir mit Begriffen konfrontiert, die im Ergebnis einer als alternativlos gepriesenen Energiewende verwendet werden oder durch sie erst entstanden sind. Zunehmend gehen Bezeichnungen der allgemeinen Vergrünung in den Alltagsgebrauch über. Wissen wir immer, wie und worüber wir eigentlich reden? Wissen und Glauben bilden Denken und Meinung. Der Trend geht zum Glauben. Frank Hennig greift Bezeichnungen auf und kommentiert sie – in nichtalphabetischer Reihenfolge. Locker lesbar, zuweilen zugespitzt, angereichert und gut durchgeschüttelt mit Fakten, Daten und Zahlen. Technisch-physikalisch fundiert nimmt er die Begriffe beim Wort und deckt auf, dass sie oft mehr verbergen, als erklären – denn es geht längst nicht mehr um die Erzeugung alternativer, sanfter Energie, sondern um Wege, an die öffentlichen Subventionstöpfe und schließlich an die Portemonnaies der Verbraucher zu gelangen.

272 Seiten | Hardcover | 16,99 € (D) | ISBN 978-3-95972-062-5

Ein Buch für Selberdenker aus der EDITION TICHYS EINBLICK.
www.tichyseinblick.de – das Online-Magazin für Selberdenker.

Die neurotische Nation

Wolfgang Herles

Wirtschaftswunder, Wiedervereinigung, Willkommenskultur: In den Augen der meisten Deutschen sind die siebzig Jahre der Bundesrepublik eine einzige Erfolgsstory. Doch wir reden uns unsere Geschichte schön. Bereits in den Jahren des Wirtschaftswunders begann die Überforderung des Sozialstaats. Mit der Wiedervereinigung nahmen die Selbstzweifel an der Identität der Deutschen nicht ab, sondern zu. Und die Willkommenskultur führte bis zum Kontrollverlust des Staates.

Der prominente Fernsehjournalist und Schriftsteller Wolfgang Herles schreibt das Psychogramm einer neurotischen Nation. Die aus den unverarbeiteten Traumata der Deutschen – Nazidiktatur, Holocaust, Weltkrieg, Geldentwertung – entstandenen Ängste verzerren die Realität bis heute und stehen zukunftsfähiger Politik im Weg. Eine unkonventionelle Geschichte der Bundesrepublik und ihrer acht Kanzler, von Adenauer bis Merkel.

320 Seiten | Hardcover | 22,99 € (D) | ISBN 978-3-95972-139-4

Ein Buch für Selberdenker aus der EDITION TICHYS EINBLICK.
www.tichyseinblick.de – das Online-Magazin für Selberdenker.

Der Selbstmord Europas

Douglas Murray

Sinkende Geburtenraten, unkontrollierte Masseneinwanderung und eine lange Tradition des verinnerlichten Misstrauens: Europa scheint unfähig zu sein, seine Interessen zu verteidigen. Sehen die Regierungen Europas nicht, dass ihre Entscheidungen nicht nur die Bevölkerung ihrer Länder auseinandertreiben, sondern letztlich auch Europa zerreißen werden? Oder sind sie so sehr von ihrer Vision eines neuen Europas und der arroganten Überzeugung von deren Machbarkeit geblendet?

Der Selbstmord Europas ist kein spontan entstandenes Pamphlet einer vagen Befindlichkeit. Akribisch hat Douglas Murray die Einwanderung aus Afrika und dem Nahen Osten nach Europa recherchiert und ihre Anfänge, ihre Entwicklung sowie die gesellschaftlichen Folgen über mehrere Jahrzehnte ebenso studiert wie ihre Einmündung in den alltäglich werdenden Terrorismus. Eine beeindruckende und erschütternde Analyse der Zeit, in der wir leben, sowie der Zustände, auf die wir zusteuern.

384 Seiten | Hardcover | 24,99 € (D) | ISBN 978-3-95972-105-9

Ein Buch für Selberdenker aus der EDITION TICHYS EINBLICK.
www.tichyseinblick.de – das Online-Magazin für Selberdenker.

White Rabbit oder Der Abschied vom gesunden Menschenverstand

Matthias Matussek

»Schlimmer als die Zensur der Presse ist die Zensur durch die Presse.« Das schrieb der hellsichtige Gilbert K. Chesterton – Schöpfer der weltbekannten Figur Pater Brown – bereits Anfang des vorigen Jahrhunderts. Chesterton, der journalistische Star seiner Zeit, ist das Vorbild für Matusseks Bericht aus dem Innenraum der Vierten Gewalt. Denn die Medien haben sich – so scheint es – in den letzten Jahren in einen unkritischen Jubelchor der Regierung verwandelt und das Land in einen Hippiestaat, der so verrückt agiert, als gäben die Woodstock-Veteranen Jefferson Airplane mit ihrer psychedelischen Hymne »White Rabbit« den Takt vor.

In seinem neuesten, vor Witz und Ironie funkelnden Werk verfolgt Matussek den Wahnsinn in deutschen Landen, die teils komische, teils absurde Selbstbeschränkung der Presse und kommt immer wieder auf seinen Referenzheiligen Chesterton zurück, den man zu Recht als »Apostel des gesunden Menschenverstandes« bezeichnete.

320 Seiten | Hardcover | 22,99 € (D) | ISBN 978-3-95972-080-9

Ein Buch für Selberdenker aus der EDITION TICHYS EINBLICK.
www.tichyseinblick.de – das Online-Magazin für Selberdenker.

Die Diesel-Lüge

Holger Douglas

Millionen von fast wertlosen Dieselfahrzeugen verrosten auf riesigen Halden. Der Wertverlust für Diesel-Besitzer geht in die 100 Milliarden. Fest steht, der Diesel-Skandal ist einer der größten jemals entstandenen Schäden für Wirtschaft und Verbraucher. Doch was sollen Besitzer von Dieselfahrzeugen nun ganz konkret tun? Gegen die Autohersteller klagen? Trotz kommender Verbote in die Innenstädte fahren? Plötzlich sollen sie mit Begriffen wie NOX-Speicherkatalysator, Partikelfilter und Harnstoffeinspritzung umgehen können, aber was kann und was muss jeder Diesel-Besitzer über diesen Skandal wirklich wissen?
Holger Douglas, langjähriger Wissenschafts- und Technikjournalist, hat den ersten unabhängigen und neutralen Ratgeber zusammengestellt mit allen notwendigen Informationen darüber, was Sie als Verbraucher rund um den Diesel-Skandal wissen müssen und aktuell tun können.

144 Seiten | Softcover | 9,99 € (D) | ISBN 978-3-95972-144-8

Ein Buch für Selberdenker aus der EDITION TICHYS EINBLICK.
www.tichyseinblick.de – das Online-Magazin für Selberdenker.